CORRENDO MAIS RÁPIDO

Instituto Phorte Educação
Phorte Editora

Diretor-Presidente
Fabio Mazzonetto

Diretora Financeira
Vânia M. V. Mazzonetto

Editor-Executivo
Fabio Mazzonetto

Diretora Administrativa
Elizabeth Toscanelli

Conselho Editorial
Francisco Navarro
José Irineu Gorla
Marcos Neira
Neli Garcia
Reury Frank Bacurau
Roberto Simão

Pete Pfitzinger | Philip Latter

CORRENDO MAIS RÁPIDO
Da corrida de 5 km à meia maratona

Tradução: Balão Editorial
Revisão técnica: Alexandre Lopes Evangelista

São Paulo, 2020

Título original: *Faster Road Racing*: 5k to Half Marathon
Copyright © 2015 by Human Kinetics
Correndo mais rápido: da corrida de 5 km à meia maratona
Copyright © 2020 by Phorte Editora

Rua Rui Barbosa, 408
Bela Vista – São Paulo – SP
CEP 01326-010
Tel.: (11) 3141-1033
Site: www.phorte.com.br
E-mail: phorte@phorte.com.br

    Nenhuma parte deste livro pode ser reproduzida ou transmitida de qualquer forma, sem autorização prévia por escrito da Phorte Editora.

CIP-BRASIL. CATALOGAÇÃO NA PUBLICAÇÃO
SINDICATO NACIONAL DOS EDITORES DE LIVROS, RJ

P63c

  Pfitzinger, Pete
    Correndo mais rápido : da corrida de 5 km à meia maratona / Pete Pfitzinger, Philip Latter ; tradução Balão Editorial ; revisão técnica Alexandre Lopes Evangelista. - 1. ed. - São Paulo : Phorte, 2020.
    360 p. : il. ; 24 cm.

    Tradução de: Faster road racing : 5k to half marathon
    Apêndice
    Inclui bibliografia e índice
    ISBN 978-85-7655-754-8

  1. Corridas (Atletismo) - Treinamento. I. Latter, Philip. II. Balão Editorial (Firma). III. Evangelista, Alexandre Lopes. IV. Título.

  20-62203   CDD: 796.425
                    CDU: 796.422.14

Meri Gleice Rodrigues de Souza - Bibliotecária CRB-7/6439
ph2397.1

    Este livro foi avaliado e aprovado pelo Conselho Editorial da Phorte Editora.

Impresso no Brasil
Printed in Brazil

Agradecimentos

Este livro não teria sido possível sem a contribuição de muitas pessoas. Agradecemos a todos os treinadores inspiradores que moldaram nossa filosofia de treino, incluindo Jack Daniels, o falecido Arthur Lydiard, Bill Squires, Arch Jelley, Joe Vigil, Renato Canova, Scott Simmons e Chris Pilone. Philip estende seus agradecimentos a Dean Duncan, Chris Suppes e Jim Halford, treinadores que abriram os olhos dele para a ciência e a sabedoria de um bom treino. Pete gostaria de agradecer a Tom Cole, Jack Warner e Kevin Ryan, que instigaram a ideia de que participar das Olimpíadas não era um sonho grande demais.

Agradecemos aos atletas inspiradores que permitiram que compartilhássemos suas histórias com o mundo. Um agradecimento superespecial a Kara e Adam Goucher, por dedicarem um tempo para escrever um prefácio tão profundo. Também estamos em dívida com nossos modelos – Brenae Edwards, Jonathan Hernandez, Macy Latter e Jeremiah Wiggins —, por dedicarem seu tempo para demonstrar com clareza todos os exercícios contidos neste livro.

Este trabalho de amor talvez nunca tivesse decolado se Tom Heine, da Human Kinetics, não tivesse sugerido que o fizéssemos. Um agradecimento especial a ele e a Amy Stahl, por enxergarem a necessidade de um livro dedicado a corredores sérios e por terem tido fé na nossa capacidade de escrevê-lo. Seríamos tolos se não mencionássemos o sempre prestativo Scott Douglas nessa mesma leva. Ele uniu os autores, e sua crítica construtiva e seu encorajamento foram sentidos durante a produção do livro.

Nem todo encorajamento do mundo teria tornado este livro possível sem o apoio de nossas esposas e de nossos filhos, incrivelmente compreensivos. Cada um deles testemunhou as várias horas que passamos olhando para a tela do computador. A Christine, Annika e Katrina Pfitzinger, e a Macy, Aspen e Willow Latter: obrigado, muito obrigado.

Apresentação

Somos apaixonados por ajudar corredores a alcançar seu potencial máximo e vivemos essa paixão como treinadores e como escritores. Essa é a explicação mais simples para o motivo pelo qual decidimos escrever este livro. Também entendemos que o tempo de treino é valioso e limitado. Para esse fim, trabalhamos para combinar nossas décadas de experiência como treinadores com as evidências científicas mais recentes em uma fonte única que ajudará o leitor a aproveitar ao máximo os treinos e a melhorar sua *performance* como corredor. *Correndo mais rápido* é um guia completo para corredores comprometidos que buscam correr na sua velocidade máxima por distâncias de 5 km, 8 km, 10 km, 15 km, 16 km ou a meia maratona.

O que qualifica um corredor como comprometido? Não é o número de quilômetros que percorreu ou o *pace*[1] em que pode correr. É a paixão pelo esporte e a disposição para se comprometer com uma meta e superá-la. Seguir os planos de treino deste livro demandará dedicação. Isso não quer dizer que estamos pedindo para o leitor abandonar o trabalho ou negligenciar sua família; pelo contrário, os planos deste livro são adaptáveis para uma formação atlética variável e para maximizar o impacto do seu precioso tempo de treino. Mas esperamos que o leitor faça dos treinos uma das prioridades da sua vida, independentemente de fazer parte do grupo de baixa quilometragem do programa de 5 km, que começa com 48 km por semana, ou nas altas quilometragens dos programas de meia maratona que chegam a 161 km por semana.

Com isso em mente, deve-se notar que este livro não é para iniciantes. Certa experiência em corrida e em treinamento físico é necessária para obter o máximo dos benefícios que esses planos de treino oferecem. Vários outros livros são direcionados para iniciantes no esporte, e esperamos que esses leitores se apaixonem em pouco tempo por correr e fiquem prontos para ler *Correndo mais rápido*.

Leitores da segunda edição de *Advanced Marathoning* (Pfitzinger e Douglas, 2009) perceberão alguns paralelos entre os dois livros, tanto no formato quanto na funcionalidade. A filosofia central em ambos é similar e, juntos, estes livros cobrem todo o espectro das distâncias populares de corrida de rua. O conhecimento sobre os treinamentos continua evoluindo, e *Correndo mais rápido* contém novas informações sobre treino no limiar de lactato (LL), corrida em ladeira, treino de velocidade, dietas, alongamentos, treinos com pesos e muito mais, para fazer de você um corredor ainda mais rápido.

---

[1] N. do T.: ritmo médio de corrida, medido em minutos por quilômetro.

Para esse fim, dividimos este livro em duas seções. A Parte I é focada na ciência e nos métodos de treino para obter sucesso nas corridas em distância. Ela inclui capítulos sobre fisiologia na corrida, treino equilibrado e recuperação, metodologia de treinos suplementares (treino funcional aeróbio, treino de força, rotinas de formação etc.), nutrição, considerações especiais para corredores *master* e polimento (*tapering*). A Parte II enfoca como aplicar tudo o que é explicado nos seis primeiros capítulos no seu treino e contém planos de treino para correr melhor as competições de 5 km, 8 km, 10 km, 15 km, 16 km e a meia maratona. Também inclui um capítulo sobre treino de base e outro sobre competir em múltiplas distâncias durante a temporada de corridas.

Agora que você está intrigado, vamos dedicar um pouco mais de tempo para examinar o que há dentro de *Correndo mais rápido*.

A ciência de *Correndo mais rápido*

O treinamento ótimo é baseado em uma combinação entre experiência e evidências científicas. A Parte I deste livro é dedicada a analisar a fisiologia na corrida, de forma a ser útil tanto para alguém que pergunta "Por que estou fazendo isso?", quanto para quem pergunta "O que estou fazendo?".

Essa abordagem começa no Capítulo 1, que é o capítulo mais longo e, provavelmente, mais importante, porque oferece o conhecimento que você precisa para ter o controle do seu treino. Compreender os princípios por trás das corridas longas, das corridas no LL, dos estímulos de $\dot{V}O_2$máx e do trabalho de velocidade ajudará a garantir que você execute os treinos de forma eficaz para atingir seu potencial máximo como corredor.

Muitos corredores acreditam, de forma errônea, que treinos intensos são a única coisa que importa. Na verdade, o ganho atlético ocorre quando o estresse do treino é equilibrado com uma recuperação adequada. O Capítulo 2 explora esse equilíbrio ao apresentar seções sobre como o corpo se adapta ao treino, os princípios do difícil/fácil, formas para se recuperar mais rápido, a importância do sono e meios de evitar o supertreinamento.

Não é de surpreender que o treino de corrida seja o ingrediente mais importante para correr com o máximo da sua capacidade. No entanto, atividades suplementares também podem aumentar sua capacidade de corrida. O Capítulo 3 explora os benefícios do treino funcional aeróbio, tanto para corredores saudáveis quanto para os lesionados, o papel do treino com pesos, do fortalecimento do *core* e dos exercícios pliométricos em um programa de treinamento bem balanceado e como melhorar a flexibilidade e o modo de correr por meio de vários alongamentos e exercícios. Esse capítulo também aborda como esses exercícios podem ajudar a melhorar a resistência a lesões.

Outra forma de melhorar a *performance* na corrida é com uma nutrição saudável. O Capítulo 4 é voltado para as necessidades esportivas específicas de um corredor, incluindo a quantidade e o tipo de carboidratos, de proteínas e de gorduras que ajudarão o corredor a atuar no seu máximo. Quando comer também é importante para a *performance* e para a recuperação, e esse capítulo trata sobre como se alimentar melhor antes, no decorrer e depois de um treino ou de uma corrida. Além de trazermos informações atualizadas sobre a hidratação, tratamos do índice glicêmico (IG), da dieta paleolítica e do papel do ferro para ajudar correr com o melhor desempenho.

As necessidades de um corredor mudam com a idade. Corredores mais velhos precisam de maior tempo de recuperação e mais treinos funcionais. Ainda assim, com frequência, podem manter de forma segura muitos dos ganhos físicos conquistados, por meio de treinos de força, de uma quilometragem contínua e de treinos intervalados. O Capítulo 5 aborda as pesquisas mais recentes sobre corredores *master* e oferece sugestões concretas de treino, que devem permitir o ajuste do plano de treino para se adequar à idade e ao nível de experiência. Também trata da classificação etária e das competições na categoria *master* como forma de manter a paixão pelo lado competitivo do esporte conforme os tempos começam a ficar mais lentos.

Para garantir que todo o planejamento cuidadoso não seja para nada, o Capítulo 6 é dedicado a como fazer o polimento no treino antes de uma corrida. Um polimento bem planejado pode render uma melhoria de 2% a 3% no tempo de corrida, e oferecemos as diretrizes para ajudar a aproveitar ao máximo esse período. Esse capítulo inclui seções sobre períodos de polimento curtos, para corridas menos importantes, bem como sobre períodos de polimento de duas semanas, para uma corrida-alvo.

Treinando para correr mais rápido

A parte II aplica os princípios discutidos nos primeiros seis capítulos ao plano de treino que ajudará o atleta a atingir as metas de corrida. Para garantir a compreensão de como executar esses planos de treino para ter o melhor aproveitamento, o Capítulo 7 aborda os tipos de corridas encontradas nos planos de treino, como se preparar para os treinos, como interpretar os cronogramas e o que fazer se o atleta é forçado a tirar um tempo de descanso por causa de lesões, de doenças ou de outras circunstâncias da vida. É possível pular os seis primeiros capítulos do livro e mergulhar direto nos planos de treino, mas é recomendada a leitura do Capítulo 7, para compreender totalmente como seguir os planos.

O Capítulo 8 tem foco no treino de base e em como melhorar sua resistência aeróbia de modo seguro e eficaz. São incluídos os planos de treino de base de dez semanas para aumento gradual do volume de treino para corredores de quilometragem baixa, média e alta. Criar uma base sólida dará a aptidão física necessária para avançar para treinos mais desafiadores com planos de corrida específicos.

Os Capítulos 9 a 12 oferecem planos de treino de 12 semanas sob medida para correr com sucesso provas de 5 km, 8 km, 10 km, 15 km, 16 km e meia maratona. São oferecidos planos para corredores de quilometragem baixa, média e alta (o capítulo de meia maratona também inclui um plano para corredores de quilometragem muito alta). Cada capítulo traz conselhos sobre como ler e seguir os planos de treino, sobre as melhores estratégias de corrida para cada distância, como acelerar a recuperação pós-corrida e como é possível continuar a temporada de corridas depois de terminar a corrida-alvo.

A última peça do quebra-cabeça de treinos é o Capítulo 13, que prepara o atleta para correr com seu melhor desempenho em corridas de múltiplas distâncias. São oferecidos planos de treino de dez semanas para corredores de quilometragem baixa, média e alta. Os planos de treino trabalham com o pressuposto de que o corredor está se preparando para uma corrida principal e, depois, continuará correndo em diferentes distâncias durante sua temporada de corrida.

O final do livro contém três apêndices. Eles ajudarão a encontrar os *paces* de treino apropriados e os *paces* de corrida equivalentes para uma variedade de distâncias e um gráfico de *pace*, para garantir que o atleta está no caminho certo.

Este livro foi um trabalho de amor, e esperamos que você use *Correndo mais rápido* como manual de treino por anos.

Prefácio

No seu nível mais básico, a corrida é um esporte simples. Trabalhe duro, recupere-se bem, e coisas boas acontecerão. Encontrar o equilíbrio perfeito, contudo, normalmente é mais complicado do que parece. Nas nossas carreiras universitárias e profissionais, experimentamos uma mistura incrível de altos e baixos. Vencemos competições nacionais da National Collegiate Athletic Association (NCAA), entramos para times olímpicos e trouxemos para casa medalhas de campeonatos. Também treinamos e corremos quando não deveríamos, tentando cumprir obrigações contratuais e outras expectativas em vez de ouvir nossos corpos. Nós dois somos muito competitivos (e, no caso do Adam, muito teimoso). Com isso, nossa maior força se transforma, ao mesmo tempo, na nossa maior fraqueza.

Nos últimos anos, tivemos muito tempo para refletir sobre nossas carreiras. Ambos enfrentamos os efeitos das lesões e da idade, escrevemos livros e mudamos de volta com nossa família para o Colorado, depois de passarmos nove anos no Oregon. Se houve uma coisa que aprendemos é que a preparação geral e os quilômetros percorridos ficam com você por muito tempo. Ter sucesso nesse esporte depende de se manter saudável e conciliar períodos consistentes de treino.

Essa é a abordagem usada por Pete Pfitzinger e Philip Latter em *Correndo mais rápido*. A ênfase que eles dão a um processo longo, paciente e gradual, seguido de períodos de treinos direcionados, é uma grande receita para o sucesso nesse esporte, independentemente de a sua meta ser uma corrida rápida de 5 km, de 10 km ou uma meia maratona. Também gostamos do fato de eles pesquisarem, por muito tempo, meios para que os corredores possam se manter saudáveis e para que possam melhorar suas *performances* quando não estão correndo, seja por meio de treino funcional, de exercícios para o *core*, de treino de força, da melhora nutricional ou de mais ênfase na recuperação.

Nas palestras que fazemos em eventos de corrida ou de divulgação de livros, passamos muito tempo debatendo sobre o que faz um corredor ser bem-sucedido: adaptação ao treino, manter-se saudável e perseverar em longo prazo. É isso. Não há segredos nem atalhos em relação às corridas em distância, apenas princípios sólidos. *Correndo mais rápido* desenvolve esses princípios e dá a qualquer um que o leia a melhor chance para se dar bem nesse esporte que amamos.

Desejamos a todos o melhor em seus treinos e corridas.

Kara e Adam Goucher

Sumário

Parte I – Componentes do treino 17

1. Elementos do treino 19
    Resistência para *performance* 22
    Treino no limiar de lactato 27
    Treino de $\dot{V}O_2$máx 36
    Melhorando a velocidade básica 47

2. Equilibrando treino e recuperação 55
    Adaptação ao treino 55
    Periodização: criando uma estrutura para o treinamento 56
    Princípio do difícil/fácil 57
    Usando treino funcional aeróbio para melhorar a recuperação 62
    Recuperação em longo prazo 64
    Volta à calma para melhorar a recuperação 66
    Recuperação pós-corrida 68
    Técnicas para acelerar a recuperação 68
    A importância do sono para a recuperação 72
    Overtraining e falta de recuperação 74
    Monitorando a recuperação 76

3. Treino suplementar 81
    Flexibilidade 82
    Treino de força 95
    Exercícios técnicos de corrida 117
    Treino funcional aeróbio 121

4. A dieta do corredor bem alimentado 135
    Carboidratos: a principal fonte de combustível para a corrida
       em distância 135
    Demanda de proteína para corredores 141
    O papel da gordura na dieta do corredor 142
    O papel do ferro na dieta do corredor 144
    O papel da hidratação para a melhor *performance* 149
    Suplementos nutricionais: corredores, fiquem alerta! 152
    Alimentação no dia da corrida 155

5. Considerações para a categoria *master* **161**
    Tipos de atletas *master* 162
    Abordando os problemas do envelhecimento 165
    Performances classificadas por faixa etária 172

6. Polimento para máxima *performance* **177**
    Os benefícios do polimento 177
    Como reduzir o treino 178
    Duração do polimento 181
    Projetando o polimento ótimo 182
    Outras considerações para um polimento eficiente 184

Parte II – Treinando para máxima *performance* **187**

7. Seguindo planos de treino **189**
    Tipos de treinos de corrida 189
    Compreendendo os planos de treino 198
    Ajustando o plano de treino 200

8. Treino de base **205**
    Quanto o atleta deveria aumentar a quilometragem e com
      qual velocidade? 207
    Entendendo os planos de treino de base 209
    Seguindo os planos de treino de base 210

9. Treino para corridas de 5 km **219**
    Entendendo os planos de treino 219
    Seguindo os planos de treino 220
    Estratégias de corrida 221
    Depois da corrida 222
    Continuando a temporada 222
    Planos de treino para corridas de 5 km 227

10. Treino para corridas de 8 km e de 10 km **241**
    Entendendo os planos de treino 241
    Seguindo os planos de treino 242
    Estratégias de corrida 245
    Depois da corrida 245
    Continuando a temporada 245
    Planos de treino para corridas de 8 a 10 km 248

11. Treino para corridas de 15 km e de 16 km **263**
    Entendendo os planos de treino 264
    Seguindo os planos de treino 264
    Estratégias de corrida 267
    Depois da corrida 267
    Continuando a temporada 268
    Planos de treino para corridas de 15 km e de 16 km 271

12. Treino para a meia maratona **285**
    Entendendo os planos de treino 285
    Seguindo os planos de treino 286
    Estratégias de corrida 287
    Depois da corrida 288
    Continuando a temporada 288
    Planos de treino para a meia maratona 293

13. Treino para múltiplas distâncias de corrida **311**
    Entendendo os planos de treino 312
    Seguindo os planos de treino 312
    Estratégias de corrida 313
    Depois da corrida 314
    Continuando a temporada 314
    Planos de treino para múltiplas distâncias de corrida 319

Apêndice A: Tabela de *pace* 333

Apêndice B: Equivalência de *performance* em corridas 335

Apêndice C: *Paces* de treino 337

Referências e leituras recomendadas 339

Índice remissivo 349

Sobre os autores 357

Parte I

Componentes do treino

Elementos do treino

Como mencionado na Apresentação, este livro é sobre a preparação para correr, na melhor forma física, distâncias dos 5 km à meia maratona. Cada uma dessas distâncias requer os mesmos atributos fisiológicos, mas com graus diferentes de ênfase. Para se preparar para uma corrida, é essencial compreender as demandas que serão feitas ao corpo para resistir e completar a tarefa. Com esse conhecimento, o atleta terá uma chance maior de assumir o comando do seu treino e atingir a excelência no dia da corrida.

Cientistas esportivos descobriram que os determinantes fisiológicos para o sucesso na corrida são poucos e previsíveis, e que a maioria deles pode ser melhorada com treino. Os treinadores se basearam nesses conhecimentos básicos para projetar treinos específicos e modelos de treinamento distribuídos em semanas e meses que otimizam o preparo dos corredores para a corrida. Neste livro, enfatizamos quatro tipos primários de treinos de corrida. Cada um prepara especificamente para um dos desafios físicos da corrida. Neste capítulo, discutimos cada tipo de treino de corrida em detalhes. Estruturar o treino para tirar o maior proveito do tempo limitado requer um equilíbrio apropriado desses quatro tipos de treino para o preparo para as demandas da corrida-alvo. Vistos como um todo, esses treinos oferecem a melhor chance de cada um realizar seu potencial de corrida em distância.

Os quatro tipos primários de treinos são:

1. corridas longas para criar resistência;
2. treinos de ritmo[2] para melhorar o *pace* no limiar de lactato (LL);

---
[2] N. do T.: *tempo runs*, no original.

3. estímulos longos para melhorar o consumo máximo de oxigênio ($\dot{V}O_2$máx);
4. estímulos curtos e rápidos para melhorar a velocidade e a técnica de corrida.

Os treinos específicos com enfoque nesses quatro tipos oferecem estímulos para o corpo se adaptar e se preparar para correr. Os planos de treino também incluem dois tipos de dias de treinos mais leves.

Corridas aeróbias básicas[3] são realizadas com esforço moderado e melhoram a capacidade física aeróbia geral ao aumentar o volume de treino. Corridas de recuperação são suaves e permitem ao corredor se recuperar e se preparar para os dias de treinos mais desafiadores. O treinamento combina, de maneira inteligente, esses seis componentes para estimular as adaptações fisiológicas necessárias para chegar à melhor forma física para corrida.

Molly Huddle

Recordes pessoais: 5.000 m em 14:42; 10.000 m em 30:47; 12 km em 37:50; recordista americana dos 5.000 m; recordista mundial nos 12 km; corredora olímpica dos 5.000 m em 2012; nove títulos de corrida nos EUA

Há alguma coisa que Molly Huddle não possa fazer? A recordista americana dos 5.000 m com certeza é mais conhecida por sua *performance* na pista oval, mas Huddle também venceu corridas de rua dos Estados Unidos nos 5 km, 10 km, 7 milhas, 12 km, 16 km e 20 km e recentemente fez o segundo melhor tempo de uma americana na história dos 10.000 m. Essa versatilidade a torna uma das corredoras mais completas da sua geração.

Continua

---
[3] N. do T.: *general aerobic runs*, no original.

Continuação

Isso não quer dizer que a jornada foi simples para essa nativa de Elmira, Nova York, escolhida dez vezes para o All-American[4] na Universidade Notre Dame. Preparando-se para seu primeiro recorde em uma corrida de 5.000 m na Bélgica, em 2010, Huddle, com frequência, teve dificuldade para balancear o seu desejo de ir mais rápido com os seus instintos competitivos. "Quando decidi colocar a corrida em primeiro lugar e deixar a preocupação com o *pace* como meta secundária, ficou mais fácil correr rápido", ela diz. "Tento sempre seguir a ideia de que 'a corrida e os tempos virão'. Aquela corrida [na Bélgica] definitivamente me deu confiança, por me mostrar que os meus limites eram bem mais rápidos do que eu pensava."

Ela forçou e desenvolveu esses limites de forma consistente ao longo dos anos de trabalho com o técnico Ray Treacy, em Providence, Rhode Island. Para atender melhor às demandas específicas do plano de corridas de Huddle, Treacy enfatiza sistemas de energia diferentes em épocas diferentes do ano. Como ela compete quase o ano todo, Huddle nunca se afasta muito dos treinos feijão com arroz e se certifica de que a recuperação também tenha ênfase.

"Fazemos treinos de $\dot{V}O_2$máx relativamente intensos quase uma vez por semana durante o ano todo, mas o treinador Treacy usa alguns dias a mais de descanso entre os treinos" – conta Huddle. "Não me recupero muito rápido de esforços intensos e acho que isso tem permitido a absorção desses treinos e o uso de um treino para construir o outro."

Para transitar da temporada de corridas de verão, com provas de 3.000 m e de 5.000 m, para os trajetos mais longos durante o outono, Treacy rearranjou um pouco as prioridades de treino da Huddle. A mudança mais notável foi ele ter colocado Huddle com os corredores de maratona para aumentar a força dela. "Fiz um pouco mais de treino no limiar do que estava acostumada", diz Huddle. "Esse é normalmente meu ponto fraco, então, achei que passar por isso ajudaria nas corridas."

Essa força acumulada foi demonstrada na U.S. National Road Racing Championships de 2013, na qual Huddle venceu a recordista americana dos 10.000 m, Shalane Flanagan, na distância mais incomum de 12 km. Correndo lado a lado pelos primeiros 9 km, Huddle avançou na marca dos 10 km e não olhou mais para trás, seguindo a rota para terminar a corrida em 37:50. Essa marca se mantém como a corrida mais rápida nessa distância.

Mesmo não tendo planos de deixar as pistas, a paixão de Huddle pela corrida de rua é genuína. "É muito legal ver tantas pessoas com níveis de habilidades diferentes, com razões diversas para correr, fazendo o mesmo percurso" – ela diz. "Acho que todo mundo se beneficia da sinergia e da adrenalina da multidão que o cerca. Acho que as ruas deixam você um pouco mais forte por causa das eventuais ladeiras, dos trechos desnivelados e da sensação de que a linha de chegada está muito distante. Eu tento abraçar tudo isso."

---

[4] N. do T.: All-American é um título concedido pela U.S. Track & Field e Cross-Country Coaches Association aos oito melhores corredores de cada competição atlética individual universitária.

Resistência para *performance*

Como o alicerce de uma casa, nenhum treino pode se sustentar sozinho sem uma base sólida de resistência. Conforme a resistência aumenta, ela permite a manutenção de um *pace* mais rápido por mais tempo. O treino de resistência também serve como um pré-requisito para lidar com treinos de intensidade mais alta descritos mais à frente neste capítulo. Apesar de a resistência se tornar mais crítica conforme as distâncias aumentam, ela é um atributo essencial para todas as corridas a partir de 5 km.

Melhorando a resistência

Todo o treinamento gira em torno dos princípios da especificidade e da supercompensação. Isso quer dizer que há melhora em uma habilidade específica com a prática repetitiva dela (especificidade) e que, depois de um período inicial de grande fadiga, o corpo responderá a um estímulo, voltando a ficar mais forte do que nunca (supercompensação). No caso da melhora da resistência, melhora-se a habilidade de correr distâncias mais longas ao forçar os limites de forma progressiva e prudente. Forçar repetidas vezes esses limites estimula o ganho de resistência necessário para os treinos mais duros que virão a seguir. O aumento gradual da distância das corridas mais longas oferece o maior estímulo para melhorar essa capacidade. O quão longe se pode ir em corridas longas depende do histórico de treino e das distâncias que se planeja correr. Corredores inexperientes de 5 km podem precisar percorrer apenas 11 a 12 km nas suas corridas mais longas, ao passo que corredores sérios de meia maratona demandarão corridas longas de mais de 25 km para atingir suas metas. Cobrimos a duração ideal das corridas longas nos capítulos para distâncias específicas de corridas.

A quilometragem geral também influencia muito a capacidade de resistência. Cada corredor tem um limite único de quilometragem, que é determinado por treinos anteriores, histórico de lesões, biomecânica, calçados, superfície de corrida, dieta e vários fatores que geram estresse na vida. Felizmente, o limite de quilometragem pode ser aumentado com o tempo (isso quer dizer que a quilometragem que contribuía para as canelites do atleta cinco anos atrás não necessariamente causará problema de novo). O desenvolvimento em longo prazo nesse esporte é baseado nos anos de treinos saudáveis. Para se manter saudável, é preciso ser um bom detetive e descobrir o que causou as lesões anteriores e outras armadilhas. Com um planejamento melhorado e mais anos de experiência em corrida, é possível descobrir que o atleta consegue lidar com uma quilometragem maior e, portanto, é capaz de treinar e se adaptar a um nível superior.

O aumento da distância das corridas mais longas e da quilometragem geral de treino precisa ser feita com cuidado; com o aumento do volume de treino, vem o aumento do risco de lesões. As chances são maiores ainda se o aumento é feito rápido demais. Uma regra geral prática é não aumentar a quilometragem mais de 10% por semana. Recomenda-se evitar aumentar a quilometragem mais de três semanas seguidas; em vez disso, manter-se no novo nível por algumas semanas antes de avançar de novo. Também ajuda trabalhar com intensidades mais leves no treinamento quando está se aumentando a quilometragem. Depois de se adaptar a uma carga maior, é preciso aumentar a intensidade para o nível anterior antes de aumentar de novo a quilometragem.

Vale a pena notar que, neste livro, enfatizamos a construção de uma base sólida de resistência antes de focalizar corridas com distâncias específicas, porque uma base de treino de resistência permite que o corpo ganhe benefícios de outros tipos de treinos de corrida. Nos capítulos de treino, definimos corridas de resistência como qualquer corrida, cujo o propósito principal seja melhorar a resistência. Para leitores do livro *Advanced Marathoning*, que Pete escreveu com Scott Douglas em 2009, isso vale tanto para corridas longas quanto para as médias.

Adaptação para o treino de resistência

Os músculos se adaptam ao treino de resistência de várias formas que ajudam a melhorar a habilidade de correr distâncias de 5 km ou mais. O que acontece dentro dos músculos durante esses trajetos longos que os torna tão benéficos?

Aumento do uso de gordura em um determinado *pace*

Durante o treino e a corrida, o corpo usa uma mistura de carboidratos e gorduras como combustível. O treino de resistência permite que o corpo use mais gordura em relação aos carboidratos em determinado *pace*. Essa é uma adaptação positiva, porque permite correr mais antes de o corpo diminuir os estoques de glicogênio (a forma em que o carboidrato fica armazenado no corpo para consumo). Níveis baixos de glicogênio reduzem a *performance*, porque o corpo passa a depender mais da gordura, que usa oxigênio de forma menos eficiente do que o carboidrato na produção de energia.

Aumento do armazenamento de glicogênio

Corridas longas também estimulam o corpo a armazenar mais glicogênio. Quando o estoque de glicogênio diminui, os músculos e o fígado são estimulados a reabastecê-los em uma quantidade maior. Isso pode ser visto como um mecanismo simples de sobrevivência para garantir que o corpo aumente novamente o glicogênio. Ao aumentar gradualmente as distâncias das corridas longas, aumenta-se também, gradualmente, o estoque de glicogênio. Quanto mais rápido o atleta corre, mais glicogênio ele utiliza, assim, fazer as corridas longas em um ritmo relativamente rápido é uma forma mais eficiente de esgotar os estoques de glicogênio (e, por conseguinte, fornecer o estímulo para que esses estoques aumentem) do que correr lentamente.

Aumento da densidade capilar

Células musculares são envoltas em fileiras de capilares. Esses pequenos vasos sanguíneos levam oxigênio e nutrientes para os músculos ao mesmo tempo que retiram os dióxidos de carbono e outras substâncias. Corridas longas e outras formas de treinos aeróbios aumentam o número de vasos capilares nos músculos estimulados, por oferecerem uma demanda constante de oxigênio. Isso permite que os músculos trabalhem de forma aeróbia em um nível mais alto.

Aumento do número e do tamanho das mitocôndrias

O treino de resistência estimula o aumento tanto em número quanto em tamanho das mitocôndrias, que são as fábricas produtoras de energia nas células musculares. Isso permite que os músculos produzam mais energia de forma aeróbia. O treino de resistência também aumenta a atividade enzimática nas mitocôndrias, possibilitando que os músculos produzam mais energia com mais rapidez.

Adaptações dos tipos de fibras

A proporção de fibras musculares de contração lenta e de contração rápida na musculatura de cada corredor é determinada pela genética. Quanto mais alto o percentual de fibras de contração lenta nos músculos, maior a probabilidade de sucesso na corrida em distância. Isso ocorre porque as fibras musculares de contração lenta naturalmente têm mais atributos fisiológicos positivos para a resistência na *performance*, como uma quantidade maior de mitocôndrias, mais atividade das enzimas aeróbias e mais capilaridade do que têm as fibras de contração rápida.

Apesar de o treino de resistência não ter demonstrado um aumento no percentual de fibras de contração lenta nos músculos, ele dá às fibras de contração rápida mais das características positivas das fibras de contração lenta (Midgley, McNaughton e Jones, 2007; Noakes, 2003). Se a pessoa nasceu com uma proporção maior de fibras de contração rápida, o treino de resistência pode não transformá-la em uma campeã de corrida em distância, mas melhorará sua *performance*.

Obtendo o máximo de benefícios das corridas longas

Como mencionado anteriormente, há uma faixa de intensidade ótima para corridas longas. O ideal é correr com intensidade o suficiente para estimular as adaptações desejadas, mas não tanto ao ponto de requerer uma recuperação longa que interfira em outras sessões primordiais de treino. A intensidade apropriada para as corridas longas está em torno de 74% a 84% da frequência cardíaca máxima ou em torno de 65% a 78% da frequência cardíaca de reserva. Para mais informações sobre frequência cardíaca de reserva, veja o boxe *Soluções tecnológicas para corredores: monitores de frequência cardíaca e treino baseado em frequência cardíaca* mais à frente, neste capítulo. Como mostrado na Tabela 1.1, outra forma de estabelecer o *pace* apropriado para as corridas longas é correr por volta de 20% a 33% mais devagar do que o *pace* em corridas de 10 km, ou 17% a 29% mais devagar do que o *pace* numa prova de 15 km ou numa meia maratona. Fazer as corridas mais longas nessa intensidade estimulará as adaptações fisiológicas, como o aumento do estoque de glicogênio e a oxidação de gordura, sem comprometer treinos posteriores. Trata-se de uma corrida constante,[5] e não, definitivamente, de um trote.[6]

Os melhores resultados são atingidos ao começar as corridas mais longas perto dos limites mais lentos e ir gradualmente aumentando o *pace* durante a corrida. Por exemplo, se o *pace* na corrida de 10 km é 3:44 por quilômetro, comece as corridas longas com o *pace* logo abaixo de 4:58 e gradualmente desça para algo em torno de 4:28, conforme a corrida progride. É importante terminar a corrida com um *pace* forte, porque esse é o momento em que é criado o maior estímulo para melhoras.

O terreno para as corridas longas deve ser variado e simular o da competição. Se esta for em ladeiras, então, é preciso incorporar ladeiras nas corridas longas e no treinamento diário. Ao buscar um trajeto de treino montanhoso e ao aumentar os esforços moderadamente a cada ladeira durante os treinos, haverá melhora na capacidade física aeróbia como um todo. Também haverá ganho de resistência mental ao aprender a lidar com o esforço contínuo. Uma das muitas coisas úteis que Pete aprendeu durante seus anos na Universidade Cornell foi a investir em corridas nas altas montanhas de Ithaca, Nova York, criando, assim, a resistência para evoluir de um corredor colegial

---

[5] N. do T.: *steady running*, no original.
[6] N. do T.: *jog*, no original, que também poderia ser traduzido por *corrida leve*.

promissor para um maratonista olímpico. Se o atleta cria o hábito de aumentar moderadamente seu esforço nas subidas, isso se tornará algo automático e ele perceberá que é possível se distanciar dos outros corredores nas ladeiras durante as provas.

Assim como com outras formas de treino, a frequência ideal das corridas longas depende das metas e de quantas semanas faltam até a corrida-alvo. Durante a maior parte das semanas de treino, haverá uma corrida longa, assim como outra corrida para criar a resistência. Os planos de treino dos Capítulos 8 a 13 prescrevem as corridas apropriadas para construir resistência para cada distância pretendida.

Corridas longas progressivas são outra abordagem útil para melhorar a resistência, em especial na preparação para corridas de 15 km ou mais. Corridas longas com ritmo progressivo começam na mesma intensidade das outras corridas longas, mas continuam a aumentar o esforço até atingir o *pace* no LL. Por exemplo, uma corrida longa de 25 km, com ritmo progressivo começaria como uma corrida-padrão longa e, no meio do trajeto, aumentaria a intensidade para algo em torno de 20% mais lento do que o *pace* de corrida de 10 km. Durante a segunda metade da corrida, o esforço continua a aumentar até atingir o *pace* do LL para os últimos 5 km. Essas corridas longas mais intensas oferecem um estímulo de treino mais forte, mas, por exigirem mais tempo de recuperação, são incluídas com moderação nos planos de treino.

Tabela 1.1 – Exemplos de *paces* de corridas longas (minutos por quilômetro)

Pace de corrida de 10 km	Parte inicial (33% mais lenta do que o *pace*-alvo)	Parte final (20% mais lenta do que o *pace*-alvo)
3:07	4:08	3:44
3:25	4:33	4:06
3:44	4:58	4:28
4:02	5:22	4:51
4:21	5:47	5:13
4:40	6:12	5:36
4:58	6:36	5:58
5:17	7:01	6:20
5:36	7:26	6:43
6:13	8:16	7:27

Observação: o Apêndice C oferece conversões métricas para os *paces* de corridas longas.

Treino no limiar de lactato

Poucos conceitos na corrida são mais malcompreendidos e mal-interpretados do que o ácido láctico e o treino no LL. O lactato é produzido nos músculos durante o metabolismo dos carboidratos e também é usado pelos músculos como combustível. Quando a pessoa anda ou corre devagar, os níveis de lactato permanecem baixos e relativamente constantes, porque a taxa de produção é igual à taxa de uso. Conforme o indivíduo progride de uma caminhada para uma corrida suave, tanto a taxa de produção de lactato dos músculos quanto a taxa de consumo pelos músculos e outros tecidos do corpo aumentam. Em algum momento, atinge-se um esforço no qual a taxa de formação de lactato é maior do que a taxa de remoção, fazendo a concentração de lactato subir nos músculos e no sangue. Esse é o *pace* de LL, a intensidade de exercícios a partir da qual a absorção de lactato não acompanha mais a produção. Melhorias no LL ocorrem por causa da diminuição da produção de lactato e pelo aumento da absorção causada por adaptações dentro das fibras musculares.

O significado fisiológico disso é um tópico de constante debate entre os fisiologistas esportivos (Billat, 1996; Midgley, McNaughton e Jones, 2007), mas o *pace* de LL é um dos conceitos mais úteis para prescrever intensidades de treinos. Na verdade, o *pace* de LL é o melhor prognosticador de *pace* de corrida para distâncias a partir de 8 km até meia maratona (para corredores de 5 km, é o segundo mais importante, ficando atrás do $\dot{V}O_2$máx). Vamos analisar o que determina o *pace* de LL e quais as formas mais eficientes de melhorá-lo.

Soluções tecnológicas para corredores: monitores de frequência cardíaca e treino baseado em frequência cardíaca

Durante os exercícios, a frequência cardíaca oferece informações valiosas sobre a intensidade de treino sem a necessidade de procedimentos invasivos (como exames de sangue ou uso de máscara respiratória). Pode-se basear o treino no percentual máximo da frequência cardíaca ou na frequência cardíaca de reserva (que é mais precisa, mas exige mais cálculos). A frequência cardíaca de reserva é particularmente útil, porque estima com mais precisão o percentual de $\dot{V}O_2$máx no treino.

Continua

Continuação

Apesar de ser possível aferir a pulsação com os dedos depois de cada estímulo, os monitores de frequência cardíaca oferecem um modo mais prático de analisar essa informação durante e após uma corrida. A seguir, os três principais tipos de monitores cardíacos:

- relógios com GPS que mostram as informações de frequência cardíaca, com a velocidade e a distância, que usam uma cinta peitoral;
- monitores simples de frequência cardíaca que usam uma cinta peitoral e mostram apenas a frequência cardíaca e o tempo;
- aplicativos para celulares que usam cintas peitorais *Bluetooth* para capturar dados de frequência cardíaca e que também podem integrar tecnologia GPS.

Relógios com GPS e smartphones são particularmente valiosos, pois oferecem duas camadas de informações, demonstrando o quanto o atleta se aproximou de seus objetivos de treino. A maioria dos relógios desse tipo também vem com um software que pode criar um gráfico da taxa cardíaca e do pace correspondente durante a corrida. Ambos os métodos de treino baseado em frequência cardíaca demandam o conhecimento da frequência cardíaca máxima. Várias fórmulas populares feitas com base na idade estão disponíveis para estimar a frequência cardíaca máxima.

Infelizmente, essas fórmulas apenas dizem a média da frequência cardíaca máxima para uma pessoa em determinada idade; a frequência cardíaca máxima verdadeira de uma pessoa pode variar de até 20 batimentos acima ou abaixo da média. Por exemplo, a frequência cardíaca máxima do Phil, coautor do livro, era de apenas 192 quando ele tinha 17 anos, 11 batimentos a menos da fórmula mais comum: 220 menos a idade. Uma fórmula mais recente, 207 − (idade × 0,7), pode ser mais precisa, mas ainda é uma aproximação. Se o treino for baseado nessas fórmulas e se a frequência cardíaca máxima for muito acima ou abaixo da média, ele não será feito na intensidade apropriada.

Por sorte, não é difícil encontrar a frequência cardíaca máxima. Depois de um aquecimento completo e alguns tiros (acelerações curtas de 15 a 25 segundos, que preparam para uma corrida constante mais rápida), realizam-se três tiros de alta intensidade de 600 m em uma subida moderada, com um trote na volta para baixo, logo após cada um. Após correr essa sequência inteira, será muito provável que o atleta esteja a menos de dois ou três batimentos da frequência cardíaca máxima ao final do terceiro tiro.

Para calcular a frequência cardíaca de reserva, também é necessário encontrar a frequência cardíaca em repouso. Para isso, é preciso aferir a pulsação por vários dias antes de se levantar pela manhã ou, para ter mais precisão, pode-se usar o monitor cardíaco na cama. Se for checar a pulsação, deve-se tentar fazê-lo quando acordar, sem a surpresa de um despertador.

Continua

Continuação

Uma vez determinadas essas duas variáveis, basta subtrair a frequência cardíaca de repouso da frequência cardíaca máxima para determinar a frequência cardíaca de reserva.

Frequência cardíaca de reserva (FCR) = frequência cardíaca máxima – frequência cardíaca de repouso

Por exemplo, digamos que a frequência cardíaca máxima da Katrina é 190 e a de repouso é 50; a de reserva, portanto, é 140.

Frequência cardíaca recomendada = frequência cardíaca de repouso + percentual prescrito da FCR

A Tabela 1.2 mostra a faixa de intensidade de frequência cardíaca recomendada para os tipos de treinos usados nesse livro, tanto para treino em frequência cardíaca máxima quanto para o de frequência cardíaca de reserva. Katrina calcula sua faixa de intensidade de frequência cardíaca recomendada ao multiplicar por 140 a intensidade prescrita na Tabela 1.2 e adicionar a frequência cardíaca de repouso dela.

Como um exemplo, digamos que Katrina pretenda fazer uma corrida de resistência. Usando o método da frequência cardíaca máxima, ela manteria a frequência cardíaca entre 74% e 84% da máxima (141–160 batimentos por minuto – bpm). Usando o método da frequência cardíaca de reserva, Katrina calcularia 65% a 78% (91–109 bpm) da sua taxa de reserva de 140 bpm e, então, somaria esse número a sua frequência cardíaca de repouso de 50 e obteria a faixa de intensidade de frequência cardíaca recomendada de 141 a 159 bpm.

Tabela 1.2 – Intensidades de frequência cardíaca recomendada para treinos

	Frequência cardíaca máxima (%)	Frequência cardíaca de reserva (%)
$\dot{V}O_2$máx	94–98	92–97
Limiar de lactato	80–91	75–88
Resistência	74–84	65–78
Corrida aeróbia básica	70–81	62–75
Recuperação	< 76	< 70

A faixa de frequência cardíaca para o treino no LL é bastante ampla para refletir as diferenças entre os corredores novatos e os mais experientes. Corredores menos experientes tendem a estar na parte mais baixa da faixa, e os mais experientes, próximos ao topo.

A frequência cardíaca em determinado *pace* será mais alta em um dia quente. Ao fazer um treino em condições quentes, a frequência cardíaca aumentará vários batimentos por minuto conforme o treino progride por duas razões: mais sangue

Continua

Continuação

é enviado para a pele para o sistema de resfriamento por evaporação ao correr no calor, deixando menos sangue disponível para o trabalho muscular, e o volume de sangue diminui com o suor, forçando o coração a bater mais rápido para bombear a mesma quantidade de sangue.

Para compensar esse aumento em dias quentes, deve-se começar o treino próximo da parte mais baixa da faixa de intensidade prescrita, ciente de que a frequência cardíaca aumentará durante a sessão. Em um dia de baixa umidade com temperaturas entre 21 e 26 °C, aumente a zona de frequência cardíaca de treino em 5 a 10 batimentos para obter os mesmos benefícios que em um dia mais frio. Em um dia de alta umidade com temperaturas entre 21 e 26 °C ou em baixa umidade entre 27 e 32 °C, aumente as zonas em 5 a 10 bpm. Em um dia de umidade alta entre 27 e 37 °C, o atleta não será capaz de fazer treinos de $\dot{V}O_2$máx e de LL com a intensidade o suficiente para os benefícios desejados do treinamento e correrá o risco de sofrer um grave superaquecimento. Reserve o treino de alta intensidade para outro dia.

Como é produzido e usado o lactato

O lactato é formado durante o metabolismo do carboidrato. Quando o corpo quebra os carboidratos para produzir energia, forma-se o piruvato. Nas fibras musculares, o piruvato é usado ou para produzir energia de forma aeróbia nas mitocôndrias ou para produzir o lactato (o sal do ácido láctico).

A chave para a formação do lactato é a taxa de produção de piruvato em relação à taxa de uso de piruvato pelas mitocôndrias. Um fator limitador principal é haver enzimas aeróbias e oxigênio o suficiente nas mitocôndrias para usar o piruvato na mesma velocidade em que é produzido. Acredita-se que a redução no pH causada pela liberação de íons de hidrogênio associada ao acúmulo de lactato nos músculos é o que inativa as enzimas e, portanto, o que limita a produção de energia. Isso também pode interferir na absorção de cálcio, reduzindo, portanto, a habilidade de contração dos músculos. É por esse motivo que é difícil sustentar por muito tempo um *pace* mais rápido do que o LL.

O corpo tem vários mecanismos para remover o lactato. Durante os exercícios, muito do lactato é convertido de novo em piruvato, para produzir energia de modo aeróbio dentro dos músculos que estão trabalhando; o restante eventualmente se difunde para fora dos músculos pela corrente sanguínea. O lactato entra e sai das células com a ajuda de proteínas transportadoras de lactato. Acredita-se que um aumento na síntese dessas proteínas é uma das adaptações específicas que melhoram o LL. Depois de entrar no sangue, a função principal do lactato é ser usado como combustível pelos músculos e pelo coração ou ser convertido em glicose e armazenado no fígado como glicogênio.

Compreendendo o *pace* de limiar de lactato

O *pace* de LL é determinado apenas por dois fatores: o consumo de oxigênio no LL e a economia de corrida. O nível de consumo do oxigênio no LL é o quanto de oxigênio o corpo usa para produzir a energia necessária para correr naquele *pace*. A economia de corrida (veja o boxe *Economia de corrida*) determina o quão rápido o atleta pode correr usando aquela quantidade de oxigênio. Sabemos que é possível continuar a aumentar o LL bem depois de maximizar os ganhos em $\dot{V}O_2$máx, uma medida de capacidade aeróbia máxima é discutida mais à frente neste capítulo. Essa é uma boa notícia para os corredores veteranos, porque significa que é possível continuar melhorando a *performance* de corrida mesmo depois de anos de treino. A melhora contínua parece ser resultado de melhoras constantes, tanto nos níveis de consumo de oxigênio no LL quanto na economia de corrida; ambos estão relacionados principalmente com as adaptações dentro dos músculos.

Determinando o limiar de lactato

A melhor forma de determinar o LL é um teste em um laboratório de fisiologia esportiva. Durante o teste de LL, o atleta corre na esteira em uma velocidade que aumenta progressivamente. A concentração de lactato no sangue é medida por picadas nos dedos ou nas orelhas e pela análise sanguínea. Um teste típico de LL consiste em seis estágios de 4 minutos cada, com aumento de velocidade, com 1 minuto entre os estágios para colher a amostra de sangue. O primeiro estágio normalmente é mais lento do que o *pace* de maratona, e o último estágio é por volta do *pace* de uma corrida de 5 km. Ao criar um gráfico com a concentração de lactato no sangue em várias velocidades de corrida, o fisiologista pode dizer o *pace* e a frequência cardíaca que coincide com o LL.

O método menos tecnológico de estimar o LL é o que usa os tempos de corrida. Para corredores mais experientes, o *pace* de LL é o que se pode correr por volta de uma hora; para corredores mais rápidos, o *pace* de LL é aproximadamente o de corridas de 15 ou 16 km; e para corredores de elite, o *pace* de LL, em geral, está entre o *pace* de corridas de 15 km e o de meia maratona. O *pace* de LL quase coincide com o *pace* para essas distâncias. Se o atleta tem mais experiência em corridas curtas, o *pace* de LL é normalmente de 6 a 9 segundos por quilômetro mais lento do que o *pace* de corridas de 10 km ou de 12 a 19 segundos por quilômetro mais lento do que o *pace* de corridas de 5 km. A Tabela 1.3 mostra os valores típicos de limiares de lactato como um percentual do $\dot{V}O_2$máx.

Também é possível estimar o *pace* de LL baseando-se na frequência cardíaca. O *pace* de LL costuma ocorrer por volta de 80% a 91% da frequência cardíaca máxima, a qual coincide com 75% a 88% da frequência cardíaca de reserva. Como a relação entre o LL varia dependendo da genética e da condição física, a frequência cardíaca no *pace* de corrida de 15 km (ou o esforço possível de ser mantido por uma hora) é provavelmente a estimativa mais precisa.

Tabela 1.3 – Valores típicos de limiar de lactato

	Limiar de lactato (% do $\dot{V}O_2$máx)
Pessoa sedentária	60
Corredor recreativo	78
Corredor de elite de 5 km	84
Maratonista de elite	90

Melhorando o limiar de lactato

Apesar de o treino de LL ser o tipo de treino mais importante para corredores de longas distâncias, muitas teorias oferecem ideias conflitantes sobre o que é de fato o LL e quais são os melhores meios para melhorar o *pace* de LL. Na verdade, o conhecimento sobre a intensidade ótima de treino para melhorar o *pace* de LL continua evoluindo. Durante vinte anos, acreditou-se que a abordagem mais eficaz era treinar no *pace* de LL (Billat, 1996; Midgley, McNaughton e Jones, 2007), porém, agora, os treinadores estão reconsiderando isso, por causa de uma melhora na compreensão sobre como os músculos usam o lactato como combustível e sobre como ele é transportado nas fibras musculares (Bentley *et al.*, 2009; Cruz *et al.*, 2012).

A seguir, estão as duas novas abordagens desenvolvidas por treinadores com base na compreensão melhorada da fisiologia:

1. treinar até 6 segundos por quilômetro mais rápido do que o *pace* de LL;
2. intercalar esforços maiores com treino em um *pace* um pouco mais lento do que o de LL.

Ambos os métodos de abordagem podem oferecer um estímulo maior para a adaptação nas fibras musculares que leva a melhorias no *pace* de LL. A Tabela 1.4 mostra o *pace* recomendado para o uso nesses treinos de LL baseados no *pace* da corrida de 15 km (ou no *pace* mais rápido que o atleta é capaz de manter por uma hora).

Os quatro tipos principais de treinos de LL são os treinos de ritmo clássicos, os treinos de ritmo com mudança de *pace*, os estímulos de LL (também chamados de *cruise intervals*) e as subidas no LL. Para determinar a faixa de frequência cardíaca para os treinos de ritmo clássicos, para os estímulos de LL e para as subidas no LL, basta acrescentar 4 bpm na faixa da frequência cardíaca no LL. Para treinos de ritmo com mudança de *pace*, a taxa cardíaca deveria ser aumentada em 5 ou 6 bpm acima do LL durante o componente rápido e reduzida para a metade ou para a menor porção da faixa de LL durante o componente constante. Treinar com mais eficácia não significa necessariamente treinar com a maior intensidade possível. Ao contrário, quanto mais tempo o treino for feito na intensidade apropriada, maior será o estímulo de treino.

Os planos de treino nos Capítulos 8 a 13 incluem o volume e a frequência apropriados para os 4 tipos de treino no LL para melhorar a *performance* nas corridas de longas distâncias. Treinos de LL deveriam dar uma sensação de estarem sendo feitos em uma intensidade confortável. Isso significa que o atleta deveria se sentir desafiado, mas em um nível que possa aguentar. Caso sinta alguma dor ou rigidez no dia seguinte ao treino de LL, então, a corrida foi mais intensa do que deveria.

Tabela 1.4 – Treinamento para melhorar o *pace* de LL

Pace de corrida de 15 km (min/km)	Treinos de ritmo clássicos ou estímulos de LL (min/km)	TREINOS DE RITMO COM MUDANÇA DE *PACE* (MIN/KM)	
		Componente rápido	Componente constante
3:07	3:00–3:06	2:57–3:03	3:06–3:12
3:25	3:18–3:25	3:15–3:21	3:25–3:31
3:44	3:37–3:43	3:34–3:40	3:43–3:49
4:02	3:56–4:02	3:53–3:59	4:02–4:08
4:21	4:14–4:20	4:11–4:17	4:20–4:27
4:40	4:33–4:39	4:30–4:36	4:39–4:45
4:58	4:52–4:58	4:48–4:55	4:58–5:04
5:17	5:10–5:17	5:07–5:13	5:16–5:23
5:36	5:29–5:36	5:26–5:32	5:35–5:41

Observação: o Apêndice C oferece conversões métricas para exercícios de limiar de lactato.

Treinos de ritmo clássicos

O treino clássico para melhorar o LL é o treino de ritmo, uma corrida contínua de 20 a 40 minutos no *pace* de LL. A abordagem revisada é correr essas sessões entre o *pace* de LL e 6 segundos por quilômetro mais rápido do que o *pace* de LL. Um exemplo de treino de ritmo é um trote de 10 a 20 minutos para aquecer, seguido por 20 a 30 minutos entre o *pace* de LL e 6 segundos por quilômetro mais rápido do que o *pace* de LL e, depois, um trote para a volta à calma. Esse treino pode ser feito em uma pista ou em ruas. No início, é uma boa ideia fazer treinos de ritmo em um percurso medido com precisão, para ter uma forma de verificar o *pace*. Se for usado um monitor cardíaco em um trajeto medido com precisão, é possível usar a frequência cardíaca atingida para determinar a intensidade apropriada para os treinos de ritmo subsequentes. Seja qual for o método escolhido, depois de alguns treinos de ritmo, o atleta deve ser capaz de sentir qual o *pace* apropriado e o esforço. A maioria dos corredores pode executar esse *pace* com confiabilidade depois de aprendê-lo. Provas de menor relevância de 5 km a 10 km são um excelente substituto para treinos de ritmo. Apenas é preciso tomar cuidado para não se deixar levar e, então, dar o máximo na corrida.

Treinos de ritmo com mudança de *pace*

Essa abordagem relativamente nova dos treinos de ritmo envolve alternar esforços mais intensos com um treino no *pace* de LL ou um pouco abaixo dele. A explicação para essa abordagem é que a corrida mais rápida leva a um aumento na produção de lactato, e um *pace* um pouco mais lento melhora a habilidade do corpo de usar o lactato como combustível. Ao combinar vários turnos de corrida mais rápidos do que no *pace* de LL com turnos no *pace* de LL ou um pouco mais lentos, oferece-se estímulos para os músculos se adaptarem e para eliminarem com mais rapidez o lactato.

Um exemplo de treino de ritmo com mudança de *pace* (feito entre um bom aquecimento e uma boa volta à calma) são 20 a 45 minutos alternando um *pace* que é de 3 a 9 segundos por quilômetro mais rápido do que no *pace* de LL com um que está no *pace* de LL ou até 6 segundos por quilômetro mais lento. O primeiro componente rápido deveria ter pelo menos 4 minutos de duração para iniciar um aumento nos níveis de lactato, e os esforços mais rápidos subsequentes normalmente duram entre 1 e 4 minutos. Os componentes constantes mais lentos deveriam ter, no mínimo,

4 minutos para garantir que o treino como um todo fique na faixa de intensidade desejada.

Também é possível fazer os treinos de ritmo com mudança de *pace* em um terreno ondulado ao aumentar o esforço nas subidas e reduzir moderadamente nas descidas. Veja exemplos de treinos de ritmo com mudança de *pace* na Tabela 1.5.

Tabela 1.5 – Exemplos de treinos de ritmo com mudança de *pace*

Tempo total de treino	Duração dos esforços rápidos e constantes
23 min	4 min rápidos seguidos por 4 min constantes, depois, 3 tiros de 1 min rápidos e 4 min constantes
32 min	4 min rápidos seguidos por 4 min constantes, depois, 4 tiros de 2 min rápidos e 4 min constantes

Estímulos de LL

Em vez de fazer um treino de ritmo contínuo, pode-se ganhar um benefício similar ao dividir o treino de ritmo em vários estímulos. Esses treinos, também chamados de *cruise intervals*, foram popularizados pelo renomado fisiologista esportivo e treinador Jack Daniels. A exemplo dos treinos de ritmo clássicos, esses esforços são feitos entre o *pace* de LL e 6 segundos por quilômetro mais rápido que o *pace* de LL. O trote de recuperação entre os esforços deveria ser relativamente breve. Por exemplo, três esforços de 8 minutos cada um, com um trote de 3 minutos entre eles, vão fornecer 24 minutos no *pace* de LL. A duração dos esforços também pode variar nos estímulos de LL. O exemplo favorito do Pete é um treino com esforços de 16 minutos, de 12 minutos e de 8 minutos no *pace* de LL, com um trote de 4 minutos entre eles, o que resulta em 36 minutos no *pace* de LL (Tabela 1.6). Os estímulos de LL dão variedade ao treino, aumentam a quantidade de tempo gasto no LL e são uma boa opção para quem tende a evitar treinos de ritmo. A natureza contínua dos treinos de ritmo os torna mentalmente mais exigentes, contudo, isso pode ajudar a praticar a determinação requerida durante corridas.

Tabela 1.6 – Exemplos de treinos de estímulo de LL

Estímulos de LL	Trote de recuperação
4 × 6 min	2 min
3 × 8 min	3 min
20 min, 16 min	4 min
16 min, 12 min, 8 min	4 min

Subidas no LL

Uma forma ótima de aumentar o LL é correndo longas subidas. Quem tem a sorte de viver em uma área com várias subidas longas, pode fazer treinos de LL correndo nessas ladeiras com muita intensidade. Suponha que há a disponibilidade de um trajeto de 16 km que inclui quatro subidas de 800 m e uma de 1.600 m. Se o atleta forçar nas subidas, ele acumulará pelo menos 20 minutos na intensidade de LL durante a corrida. Ele também pode correr tiros de subida mantendo a intensidade de LL durante a subida, com um trote na volta para baixo entre os esforços.

Seja correndo em um local com muitas inclinações ou fazendo tiros de subida, o atleta pode adquirir uma vantagem para corridas em percursos montanhosos ao manter o esforço por 30 segundos a 1 minuto no topo e na descida da ladeira. Isso ajudará nas transições de subida para descida durante corridas e também ajudará na melhora da técnica de corrida em descidas. A Tabela 1.7 mostra exemplos diferentes de treinos eficazes de subidas no LL.

Tabela 1.7 – Exemplos de treinos de subida no LL

Subidas no LL	Recuperação
Percurso de 16 km, esforço no LL nas subidas longas	Corrida constante entre os esforços
4–6 × 6 min subindo	Trote na descida de volta para o início
4–6 × 6 min (5 min subindo e 1 min mantendo o esforço no topo e na descida da ladeira)	Trote na descida de volta para o início

Treino de $\dot{V}O_2$máx

O $\dot{V}O_2$máx, ou capacidade máxima aeróbia, é importante, porque é a taxa máxima na qual se pode produzir energia de modo aeróbio. Aumentar o $\dot{V}O_2$máx é um dos fatores mais importantes na melhora da *performance* de corrida, porque quanto mais energia pode-se produzir de modo aeróbio, mais rápido será o *pace* possível de ser mantido. O $\dot{V}O_2$máx é a variável fisiológica mais importante para determinar a *performance* em corridas de 1.500 m a 5 km. Também é uma variável fisiológica fundamental para corridas mais longas, apesar de ser secundário ao *pace* no LL para determinar a *performance*. Infelizmente, muitos corredores que desejam aumentar seu $\dot{V}O_2$máx fazem treinos ineficazes. Vamos olhar mais atentamente para o $\dot{V}O_2$máx e como melhorá-lo.

O $\dot{V}O_2$máx é a quantidade máxima de oxigênio que o coração pode bombear para os músculos e que os músculos podem usar para, então, produzir energia. Essa variável é determinada pelos três fatores a seguir:

1. Frequência máxima cardíaca.
2. Quantidade máxima de sangue bombeada por batimento cardíaco.
3. Proporção de oxigênio extraído do sangue e usado pelos músculos.

A combinação do treino e da genética determina o $\dot{V}O_2$máx de uma pessoa.

O primeiro fator determinante do $\dot{V}O_2$máx é a frequência cardíaca máxima, que é determinada pela genética e tende a diminuir com a idade. Pesquisas com atletas mais velhos sugerem que a frequência cardíaca máxima decai mais lentamente em pessoas que mantêm uma atividade física cardiovascular (Rogers *et al.*, 1990). Não é possível, contudo, aumentar a frequência cardíaca máxima com o treino.

Economia de corrida

Assim como alguns carros têm um consumo de combustível mais econômico do que outros, os corpos de alguns corredores são mais econômicos no uso do oxigênio. A economia de corrida determina o quão rápido uma pessoa pode correr usando determinada quantidade de oxigênio. Se um corredor pode correr mais rápido do que os outros usando a mesma quantidade de oxigênio, então, ele é mais econômico. Economia energética também pode ser vista como a quantidade de oxigênio necessária para correr certa velocidade. Se um corredor usa menos oxigênio enquanto corre na mesma velocidade que outro, então, ele é mais econômico. Ele também queima menos combustível e gera menos calor, dois itens que são uma vantagem para corredores em distância.

A economia de corrida varia muito, mesmo entre os corredores de elite. No laboratório, Pete descobriu diferenças de mais de 20% em economia de corrida, o que pode ter um impacto grande na *performance* de corrida. Por exemplo, digamos que dois corredores estão em uma corrida de 15 km em um *pace* de 3:43 por quilômetro e que ambos têm o mesmo nível de oxigênio consumido no LL de 53 mililitros por quilograma por minuto (ml/kg/min). Parece que ambos devem estar se esforçando na mesma intensidade, certo? Não se um deles tem uma economia de corrida melhor do que a do outro. Se Eric Econômico tem uma demanda de oxigênio de 49 ml/kg/min naquele *pace* e Larry Laborioso precisa de 57 ml/kg/min, Eric estará confortavelmente abaixo do seu LL e deveria ser capaz de manter o *pace* pela corrida inteira, ao passo que Larry estará se esforçando muito para manter o *pace* e terá que reduzir.

Continua

Continuação

Fatores determinantes na economia de corrida

A economia de corrida é um dos fatores mais importantes para determinar a *performance* na corrida em distância, mas, em comparação com o $\dot{V}O_2$máx ou com a resistência, ainda não é bem-compreendida. Assim como acontece com muitos aspectos na *performance* de corrida, diferenças genéticas desempenham um papel significativo na variação da economia de corrida entre corredores, mas também é possível melhorá-la de forma significativa com o treinamento.

Acredita-se que os seguintes fatores são os principais influenciadores na economia de corrida:

- **Tipo de fibra muscular**: a proporção de fibras de contração lenta *versus* as de contração rápida nos músculos é um fator relevante na economia de corrida. Fibras musculares de contração lenta usam o oxigênio de forma mais eficaz, e os corredores mais econômicos tendem a ter uma proporção maior de fibras de contração lenta. Infelizmente, não é possível converter fibras de contração rápida em fibras de contração lenta. Entretanto, as fibras de contração rápida melhoram suas características parecidas com as das fibras mais econômicas de contração lenta com o treino de resistência.
- **Retorno energético**: durante a fase de pouso da passada, os músculos e os tendões se alongam e acumulam energia, que é liberada depois, quando os músculos contraem para impulsionar. A habilidade dos músculos de armazenar e utilizar a energia em uma ação semelhante à de uma mola varia entre corredores e contribui para as diferenças em economia de corrida. Músculos e tendões mais rígidos nas pernas, como molas duras, são mais eficientes nesse processo.
- **Oscilação vertical**: os dois pés ficam no ar durante cada passo de corrida, assim, um grau de movimento vertical é inevitável. Porém, um movimento de subida e descida excessivo é um desperdício de energia. Uma adaptação decorrente de meses e anos de treino de resistência pode reduzir a oscilação vertical que, por consequência, deixa a passada mais econômica. Com o passar do tempo, corredores novatos "saltitantes" podem evoluir para veteranos mais econômicos.
- **Proporções corporais**: uma quantidade grande de variáveis biomecânicas (como o comprimento do fêmur em relação à tíbia) pode influenciar na economia de corrida, mas nenhum aspecto individual das proporções do corpo é o mais importante. A economia de corrida parece estar relacionada à interação complexa entre muitas variáveis biomecânicas, e não a um fator individual.
- **Flexibilidade**: a relação entre a flexibilidade e a economia de corrida não é clara; alguns estudos descobriram uma economia melhorada em corredores menos flexíveis e outros em corredores mais flexíveis (Bonacci *et al.*, 2009; Saunders *et al.*, 2004). Pode haver uma faixa ótima de flexibilidade abaixo da qual a amplitude de passada fica comprometida e acima da qual

Continuação

não há benefícios. Como já discutido, a rigidez na musculatura da coxa parece ser um elemento-chave na melhora da energia acumulada o músculo, assim, um treino excessivo de flexibilidade pode ser contraproducente. Manter a flexibilidade enquanto se faz exercícios específicos de alongamento para melhorar a rigidez na perna pode oferecer uma grande amplitude de movimento ao mesmo tempo que maximiza a habilidade muscular de armazenar e reutilizar energia. Os treinos de flexibilidade e força são discutidos no Capítulo 3.
- **Habilidade de corrida**: um erro conceitual comum é achar que um treinador pode olhar para um corredor e dizer se ele é "eficiente" ou econômico. A maioria das diferenças em economia de corrida entre corredores ocorre dentro dos músculos e não são óbvias nem mesmo para o treinador mais experiente. Com o passar de anos de treino, entretanto, mudanças sutis na técnica de corrida parecem trazer para melhoras pequenas, mas úteis na economia de corrida conforme a habilidade de correr melhora. Vários fatores podem causar isso, incluindo a melhora no ritmo de ativação das fibras musculares, a habilidade de relaxar músculos antagonistas e a redução do uso de músculos estabilizadores. Essas mudanças reduzem o consumo de oxigênio do corpo.
- **Nível de fatiga**: conforme os músculos ficam fatigados, usa-se mais oxigênio para correr em determinado *pace*. Isso pode ser causado pela redução do retorno energético e pelo aumento do uso de fibras musculares adicionais conforme os músculos ficam fatigados. Isso sugere que começar uma corrida com os músculos mais relaxados em razão de um período de polimento de vários dias pode levar a uma melhora na economia de corrida durante a sua prática.

Melhorando a economia de corrida

Apesar de as evidências mostrarem que a economia melhora com o treino (Barnes *et al.*, 2013a; Barnes *et al.*, 2013b; Burgess e Lambert, 2010a; Saunders *et al.*, 2004), os segredos para a melhora da economia de corrida permanecem um mistério. Uma das razões para a falta de clareza em como melhorar a economia de corrida pode vir do fato de que ela depende das vantagens e das desvantagens de cada corredor em determinado momento. Vários elementos-chave que determinam a economia de corrida, como a proporção de fibras de contração lenta em relação às de contração rápida nos músculos, não podem ser mudados, limitando as opções para a prescrição de um treino para melhorar a economia.

O fator mais importante para a melhora da economia pode ser o número de anos que a pessoa vem correndo e a quilometragem acumulada, em vez de tipos específicos de treino. O acúmulo maior de treino leva a mais adaptações fisiológicas dentro das fibras musculares e pode aumentar a habilidade de corrida.

Isso posto, as seguintes estratégias foram estabelecidas como formas confiáveis e eficazes de melhorar a economia de corrida:

Continua

Continuação

- **Treino resistido** (treino de força): um conjunto crescente de evidências mostra que tanto o treino com cargas pesadas quanto o pliométrico podem melhorar a economia de corrida. As melhorias na economia de corrida depois de um treino de força podem ser causadas pelo progresso na coordenação muscular e na coativação, aumentando o retorno energético e reduzindo o desperdício. Essas mudanças podem potencializar a contração dos músculos das pernas, permitindo uma transição mais rápida da fase excêntrica (desaceleração) da passada para a fase concêntrica (propulsão). Vários estudos descobriram grandes melhoras na economia de corrida com o treino de força em homens e em mulheres (Barnes *et al.*, 2013b; Burgess e Lambert, 2010a; Saunders *et al.*, 2004). Pode ser que certo nível de força seja ideal para a economia de corrida e que aumentos além dele tragam menos melhorias. O treino de força é abordado no Capítulo 3.
- **Treino em ladeiras**: outra forma de treino de força que é bem específica para a *performance* de corrida é o treino em ladeiras. Esse treino oferece todos os benefícios para a economia discutidos no treino de força, de uma forma em que são transmitidos diretamente para a corrida, como foi percebido em estudos recentes. Um desses estudos colocou cinco grupos de corredores e usou tipos diferentes de treinos em ladeiras; as melhorias mais significantes foram observadas em corridas curtas, com tiros de subida intensos de 10 a 12 segundos (Barnes *et al.*, 2013a). Mesmo que todo tipo de treino em subida possa melhorar a economia de corrida, esse tipo de tiro curto e em potência pode ser o mais eficiente.
- **Treino de velocidade**: uma corrida rápida pode melhorar a economia de corrida por ensinar o atleta a correr rápido, mas relaxado, com uma técnica de corrida eficiente. As forças maiores produzidas e a coordenação maior requerida durante as corridas com mais velocidade podem oferecer alguns dos benefícios obtidos com o treino de força e o treino em subidas, e também podem melhorar a habilidade de corrida. Treinos eficientes são encontrados na Tabela 1.12.
- **Treino de *pace* de corrida**: a economia de corrida é específica para o quão rápido o atleta está correndo; para ter sucesso na corrida, deseja-se a melhor economia possível no *pace* de corrida. As melhorias mais diretas na economia de corrida no *pace* de corrida podem ser obtidas correndo uma parte do treino com o *pace* próximo ao de corrida. Com base nessa premissa, o treino de $\dot{V}O_2$máx deveria ser o mais eficiente para melhorar economia no *pace* de corrida para um corredor de 5 km, ao passo que um atleta em treinamento para meia maratona se beneficiaria mais do treino no LL.
- **Simulação do terreno de corrida**: a economia de corrida varia entre subidas, descidas e terrenos planos. Se há a intenção de correr em percursos com grandes ladeiras ou em terrenos ondulados, faz sentido o preparo tanto para as subidas quanto para as descidas. Isso pode fazer diferença no dia da corrida, porque corredores que são mais econômicos nas subidas, com frequência, são capazes de abrir uma vantagem considerável nas maiores inclinações.

O segundo fator determinante do $\dot{V}O_2$máx é a quantidade de sangue que o ventrículo esquerdo do coração pode bombear a cada contração. Conhecido como volume sistólico, esse fator aumenta com os tipos corretos de treinamento. O aumento do volume de ejeção é tido como a principal adaptação para melhorar o $\dot{V}O_2$máx por meio do treino. Juntos, a máxima frequência cardíaca máxima (número de batimentos por minuto) multiplicada pelo volume sistólico (quantidade de sangue bombeado a cada batimento), determinam a quantidade de sangue rico em oxigênio bombeada pelo coração por minuto. Pense nisso como a capacidade fluxo nos encanamentos do corpo para abastecer os exercícios aeróbios.

O determinante final do $\dot{V}O_2$máx é a proporção de oxigênio no sangue usada para produzir energia. Uma adaptação importante decorrente do treinamento acontece nos músculos que podem extrair mais oxigênio do sangue. Isso ocorre porque o treino aumenta a circulação sanguínea nos músculos em funcionamento, bem como o número e o tamanho dos capilares ofertando sangue rico em oxigênio para fibras musculares individuais. As adaptações nas fibras musculares, como o aumento do número e do tamanho das mitocôndrias e o aumento da atividade enzimática aeróbia, permitem aos músculos usarem mais oxigênio para produção de energia.

Para a corrida, o $\dot{V}O_2$máx é dado em relação ao peso corporal. As unidades usadas são mililitros de oxigênio consumidos por quilograma de peso corporal por minuto (ml/kg/min). Os valores típicos de $\dot{V}O_2$máx estão na Tabela 1.8.

Mulheres tendem a ter valores mais baixos de $\dot{V}O_2$máx do que os homens, porque elas, no geral, têm estoques maiores de gorduras corporais essenciais e níveis mais baixos de hemoglobina do que os homens. Como o $\dot{V}O_2$máx normalmente se expressa em relação ao peso corporal, os estoques maiores de gorduras corporais essenciais das mulheres são uma desvantagem. A química sanguínea também desempenha um papel. A hemoglobina é uma proteína nas células vermelhas do sangue que carrega o oxigênio para os músculos e outros tecidos. Com níveis baixos de hemoglobina, mulheres têm menos oxigênio por unidade de sangue. Os valores de $\dot{V}O_2$máx de mulheres bem-treinadas são, em geral, de 10% a 12% mais baixos do que os dos homens bem-treinados.

O treinamento melhora o $\dot{V}O_2$máx dentro da faixa de determinação genética. Isto é, o $\dot{V}O_2$máx aumentará com o treino, mas, em dado momento, a taxa de melhora diminuirá, conforme a pessoa se aproximar do potencial genético dela. Nos primeiros anos de treinamento, pessoas sedentárias podem esperar um aumento em torno de 20% a

30% no $\dot{V}O_2$máx. Se o atleta já treina há vários anos, contudo, é difícil obter um aumento no $\dot{V}O_2$máx. Por isso, é ainda mais importante que os corredores veteranos, que buscam melhorar seus $\dot{V}O_2$máx, façam treinos eficientes sob medida.

Tabela 1.8 – Valores típicos de $\dot{V}O_2$máx

	$\dot{V}O_2$máx (ml/kg/min)
Mulher sedentária de 35 anos	35
Homem sedentário de 35 anos	40
Mulher maratonista de nível de mundial	68
Mulher corredora de 5 km de nível de mundial	74
Homem maratonista de nível de mundial	77
Homem corredor de 5 km nível de mundial	82

Melhorando o $\dot{V}O_2$máx

O maior estímulo para a melhora do $\dot{V}O_2$máx é obtido ao treinar em uma intensidade que requer de 95% a 100% do $\dot{V}O_2$máx atual. Quando o atleta corre mais rápido do que o *pace* de $\dot{V}O_2$máx, aumenta o uso do sistema anaeróbio, o que estimula esse sistema a melhorar. O sistema anaeróbio é importante para corridas de 800 m ou menos. Para corridas de 5 km ou mais, usa-se o sistema anaeróbio basicamente só para fazer um disparo na reta final da corrida. Se um atleta fez treinos aeróbios enquanto, ao passo que outros corredores igualmente talentosos enfatizaram o treino anaeróbio de alta intensidade, ele estará tão à frente quando chegar à reta final, que nem se preocupará com a velocidade final.

É possível descobrir o valor exato do $\dot{V}O_2$máx em um laboratório de fisiologia ao correr em uma esteira (com a velocidade e a inclinação aumentando até que o atleta não possa mais acompanhar), usando uma máscara que coleta o ar expirado. Felizmente, é possível fazer uma estimativa com uma precisão razoável do *pace* de corrida no $\dot{V}O_2$máx com base nos tempos de corrida.

Em geral, corredores bem-treinados podem manter um *pace* de $\dot{V}O_2$máx por cerca de 8 minutos e podem correr a 95% $\dot{V}O_2$máx por algo em torno de 15 minutos. Essas faixas são equivalentes ao *pace* de corrida de 3 até 5 km para homens corredores de elite e um pouco mais rápido que do que o *pace* de 3 até 5 km para os demais corredores. Completar sessões-chave de treino nessa faixa de intensidade oferecerá um estímulo maior para melhorar o $\dot{V}O_2$máx; isso forçará o sistema cardiovascular nos limites atuais dele, o que ajudará a aumentar o volume sistólico e melhorará a habilidade dos músculos de extrair oxigênio do sangue.

Também é possível estimar a intensidade apropriada para o treino de $\dot{V}O_2$máx baseando-se na frequência cardíaca. O *pace* de treino de $\dot{V}O_2$máx coincide com 94% a 98% da frequência cardíaca máxima ou 92% a 97% da frequência cardíaca de reserva. Deve-se manter a frequência cardíaca com vários batimentos abaixo do máximo durante esse tipo de treino. Caso contrário, o esforço será muito intenso, o que encurtará o treino e oferecerá menos estímulo para melhorar o $\dot{V}O_2$máx.

Atinge-se o melhor estímulo para melhorar a capacidade aeróbia máxima ao manter o sistema cardiovascular em 95% a 100% do $\dot{V}O_2$máx pelo máximo de tempo possível durante o treino. Usar a estratégia de maximizar o tempo na zona de intensidade ótima ajuda a determinar a duração que os estímulos deveriam ter, quantos estímulos fazer e quanto se recuperar entre os esforços.

Os planos de treino usam essa faixa de intensidade para todos os treinos de $\dot{V}O_2$máx, exceto para alguns dos treinos para 8 e 10 km, que são corridos com o *pace* de corrida para 8 km ou para 10 km. O motivo para essa exceção é que é útil para a preparação para corridas específicas correr uma parte do treino no *pace* de corrida de fato. Corredores em treinamento para corridas de 5 km praticam seu *pace* de corrida automaticamente nos treinos de $\dot{V}O_2$máx, ao passo que os corredores de 15 km até a meia maratona estão bem próximos do *pace* de corrida durante o treino de LL. Os planos de treino nos Capítulos 9 a 13 usam as seguintes premissas para criar um estímulo ótimo para melhorar o $\dot{V}O_2$máx.

Duração dos estímulos

Esforços de 2 a 6 minutos normalmente permitem que os corredores acumulem o máximo de tempo em 95% a 100% do $\dot{V}O_2$máx. Para corredores mais experientes, isso significa estímulos de aproximadamente 500 a 1.600 m. No geral, deve-se correr estímulos mais curtos (por exemplo, 600 ou 800 m) nas velocidades mais rápidas da faixa e estímulos mais longos (por exemplo, 1.200 m ou 1.600 m) perto das velocidades programadas mais lentas.

Quando o corredor começa um estímulo, leva um minuto ou mais para que o consumo de oxigênio e a frequência cardíaca subam até a faixa ótima. Estímulos curtos, portanto, têm uma proporção mais alta de tempo de treino menos eficiente do que estímulos mais longos. Por exemplo, se o corredor faz tiros de 400 m, será mais fácil manter o *pace* de $\dot{V}O_2$máx, mas ele só estará nesse *pace* por um curto período de tempo em cada estímulo. Como resultado, será preciso correr muitos tiros de 400 m para obter o resultado que melhorará o $\dot{V}O_2$máx. Se os estímulos forem muito longos, contudo, o corredor não será capaz de manter a faixa de intensidade ótima durante todo o treino. Ao correr estímulos de 2 a 6 min, por exemplo, tiros de 1.200 m, na intensidade correta, o sistema cardiovascular estará a 95% a 100% do $\dot{V}O_2$máx por vários minutos durante cada estímulo. Assim, durante o treino, o atleta acumulará mais tempo na intensidade de treino mais eficiente.

Volume de treino por sessão

Para a maioria dos corredores, as sessões que consistem em corridas de 5.000 a 8.000 m oferecem um forte estímulo de treino sem requerer muitos dias de recuperação. O volume ótimo nessa faixa depende do histórico de treino. Se o atleta correr menos de 5 km, ainda haverá o estímulo de treino, mas sua taxa de melhoria tenderá a ser mais lenta. Se o atleta tentar correr bem mais que 8 km nessa intensidade, é provável que não seja capaz de manter o *pace* ótimo durante todo o treino ou que fique tão desgastado com o esforço que não se recupere rápido o suficiente para o próximo treino.

Frequência de treinos por sessão

A melhora mais rápida no $\dot{V}O_2$máx se dará ao correr com volume alto na intensidade de 95% a 100% do $\dot{V}O_2$máx durante a maioria das semanas em um treino. Dependendo da distância para a qual o corredor está se preparando e o número de semanas até a corrida-alvo, pode ser benéfico completar um segundo treino com um volume menor do que o de $\dot{V}O_2$máx durante certas semanas. A distribuição recomendada desses treinos de $\dot{V}O_2$máx é discutida nos capítulos de treinos.

Duração da recuperação entre estímulos

O objetivo do trote de recuperação entre esforços intensos é permitir que se complete o treino no *pace* planejado. Se os trotes de recuperação forem muito curtos, então, os esforços subsequentes terão que ser mais lentos do que o *pace* ótimo, ou será preciso encurtar o treino. Se a recuperação for muito longa, a frequência cardíaca e o consumo de oxigênio decairão tanto que demorará muito para atingir a faixa ótima durante o próximo estímulo.

A quantidade de recuperação entre estímulos depende da duração dos estímulos que estão sendo corridos. Como recomendação geral, o repouso entre os estímulos deve durar de 50% a 90% do tempo que se leva para correr o estímulo, com uma proporção menor de descanso para os estímulos mais longos. A Tabela 1.9 lista os tempos recomendados de recuperação baseados na duração de cada esforço intenso. Por exemplo, se Rebecca está correndo tiros de 1.000 m em 4 minutos, seu trote de recuperação deve durar de 2 a 3 minutos.

Tabela 1.9 – Tempo de recuperação recomendado com base no tempo dos estímulos

Duração do estímulo	Duração da recuperação
2:00	1:00–1:45
3:00	1:30–2:30
4:00	2:00–3:00
5:00	2:30–3:00
6:00	3:00–3:30

Entre os estímulos, deve-se resistir à tentação de ficar inclinado com as mãos no joelho. Apesar de parecer contraintuitivo, a recuperação é mais rápida quando o atleta faz um trote durante a recuperação. Os benefícios de continuar em movimento incluem:

1. aumentar a retirada de lactato dos músculos e do sangue;
2. manter os músculos aquecidos e relaxados;
3. manter a frequência cardíaca e o consumo de oxigênio um pouco elevados, a fim de que seja necessário menos tempo para atingir a zona ótima durante o próximo estímulo.

Se o corredor está cansado demais para fazer um trote na recuperação, é provável que esteja correndo os estímulos com intensidade exagerada. Não é incomum precisar ficar em pé ou andar por alguns segundos depois de um esforço de 1.200 m em um *pace* de corrida de 3 km ou 5 km, mas é preciso tentar partir para um trote de recuperação o mais rápido possível.

Projetando o treino

Vimos que o treino ideal para estimular o $\dot{V}O_2$máx consiste em correr estímulos de 2 a 6 minutos a 95% a 100% do $\dot{V}O_2$máx para 5.000 ou 8.000 m. Pode-se chegar a essa fórmula por meio de uma variedade de treinos, como mostrado na Tabela 1.10. Além do treino em pista, pode-se correr os treinos de $\dot{V}O_2$máx em estradas, trilhas ou um campo de golfe. Os treinos podem ser feitos no plano, em subida ou em terreno ondulado. As sessões de $\dot{V}O_2$máx em subida são muito eficientes, em especial no começo do ano de treinamento, quando a aptidão cardiovascular é mais importante do que a velocidade de corrida.

Treinos de $\dot{V}O_2$máx recaem em duas categorias: sessões em que a distância do estímulo é constante e sessões em que a distância varia. Muitos treinadores alternam a distância dos estímulos dentro de uma sessão para oferecer variedade, o que pode deixar o treino mentalmente mais fácil. Outro caso em que há variação da distância do estímulo é em uma sessão de *fartlek* (termo sueco para *jogo de velocidade*), um treino menos estruturado, que alterna tiros intensos com corrida constante.

Uma excelente forma de incorporar subidas e descidas no mesmo treino é um estímulo de $\dot{V}O_2$máx no qual o atleta corre em uma subida com muita intensidade, mantém a intensidade no topo e na descida do outro lado. Essas sessões de treino são eficientes na questão do tempo e reforçam a tática vencedora de corrida de manter o esforço no topo da ladeira. Um exemplo de treino desse tipo são 4 a 6 esforços de 4 minutos. Cada esforço intenso começa no plano, aumenta a intensidade na subida e, depois, mantém essa intensidade na descida. Também é possível misturar estímulos de subida e no plano no mesmo treino, correndo vários estímulos em subida e, depois, vários no plano, para converter a potência de subida em velocidade.

Tabela 1.10 – Exemplos de treinos eficazes de $\dot{V}O_2$máx

Distância do estímulo	Número de estímulos	Distância ou tempo total
600 m	8–10	4.800–6.000 m
800 m	6–10	4.800–8.000 m
1.000 m	5–8	5.000–8.000 m
1.200 m	4–6	4.800–7.200 m
1.600 m	3–5	4.800–8.000 m
Progressão (1.200 m, 1.000 m, 800 m)	2 séries	6.000 m
3 min de subida	5–7	15–21 min
Subidas mistas (4 min, 2 min)	3 ou 4 séries	18–24 min
4 min subida e descida	4–6	16–24 min

Por que treino mais curto e mais rápido não é melhor para aumentar o $\dot{V}O_2$máx

Vimos que o melhor estímulo para potencializar a capacidade aeróbia máxima é obtido ao acumular o máximo de tempo possível durante o treino na faixa ótima de intensidade (95% a 100% do $\dot{V}O_2$máx). Muitos corredores ambiciosos e bem-intencionados dirão que esses tipos de treinos são bons, mas que é possível fazer um treino mais intenso correndo mais rápido os estímulos, reduzindo os estímulos de repouso, ou ambos. E eles estão certos: o treino será mais intenso. Mas também será menos eficaz.

Lembre-se de que o tema deste livro é que cada distância de corrida estressa vários atributos fisiológicos que maximizarão o potencial do corredor a certa distância por meio do desenvolvimento desses atributos de maneira apropriada. O treino mais eficaz não é necessariamente o com maior demanda física.

Este exemplo ilustra esse ponto. Considere as duas opções de sessão de treino para o Dan na Tabela 1.11. A sessão 1 consiste em 8 tiros de 400 m em um *pace* de corrida de 1.500 m, correndo cada tiro em 75 segundos. Dan ficará cansado depois desse treino, mas terá feito apenas 10 minutos de trabalho, dos quais, no máximo, 7 minutos estavam na intensidade mais eficiente para melhorar o $\dot{V}O_2$máx. A sessão 2 consiste em 5 tiros de 1.200 m em um *pace* entre o *pace* de corrida de 3 km e o de 5 km. Dan corre 1.200 m em 4:15 (85 segundos por volta) para um total de 21 minutos de treino intenso e acumula 17 minutos na faixa ótima de intensidade para estimular melhorias no $\dot{V}O_2$máx. A sessão 1 é de maior intensidade e estressará em um grau maior o sistema anaeróbio do Dan, ao passo que a sessão 2 é voltada para melhorias no $\dot{V}O_2$máx.

Tabela 1.11 – Por que treino mais curto e mais rápido não é melhor para aumentar o $\dot{V}O_2$máx

	Treino 1	Treino 2
Distância do estímulo	400 m	1.200 m
Tempo do estímulo	1:15 (*pace* de corrida de 1.500 m)	4:15 (*pace* de corrida de 3-5 km)
Velocidade do estímulo	75 segundos por 400 m	85 segundos por 400 m
Número de estímulos	8	5
Quantidade de corrida intensa	10 minutos	21 minutos
Quantidade de tempo na intensidade ótima para melhorar o $\dot{V}O_2$máx	Cerca de 7 minutos	Cerca de 17 minutos

Melhorando a velocidade básica

Para corridas de 5 km até meia maratona, aperfeiçoar a velocidade básica é um aspecto importante, mas, muitas vezes, subestimado da preparação para a corrida. A velocidade básica é o quão rápido o corredor pode ir a um tiro curto. Ela é determinada pela frequência de passada multiplicada pela amplitude de passada. Se o corredor aumentar a frequência ou a amplitude de passada (mantendo a outra variável constante), correrá mais rápido.

Correr tiros rápidos e curtos não apenas aumenta a velocidade básica, mas também melhora a técnica de corrida e pode melhorar a economia de corrida (veja o boxe *Economia de corrida*). O treino de velocidade é mais importante para um corredor de 5 km do que para um de meia maratona, mas tem seu lugar no programa de treinamento independentemente da distância em foco. Os benefícios do treino de velocidade incluem o aumento da frequência de passada, da amplitude de passada e da técnica de corrida.

Aumento da frequência de passada

A frequência de passada é determinada em grande parte pela proporção de fibras de contração rápida em relação as de contração lenta nos músculos. Nos melhores corredores em distância, a maior parte das fibras tende a ser de contração lenta, o que é uma vantagem para a resistência. Nos melhores velocistas, a maior parte das fibras é de contração rápida, o que oferece uma frequência de passada mais rápida e maior potência por passada. Como mencionamos, não é possível aumentar a proporção de fibras musculares de contração rápida com o treino, mas é possível aumentar a habilidade dos músculos e do sistema nervoso para trabalharem mais rápido e de forma mais potente.

A frequência máxima de passada é controlada pelo sistema neuromuscular e, como com qualquer outra habilidade, uma passada rápida requer prática. O sistema nervoso ativa as fibras musculares, e o padrão de disparo é, em grande parte, determinante para o quão rápido é possível correr. Ao correr tiros curtos e rápidos, o atleta ensina o sistema nervoso a deixá-lo correr rápido. Depois de algumas sessões curtas de velocidade, uma frequência de passada mais rápida parecerá mais natural e demandará menos esforço para ser mantida. Ativar as fibras musculares de contração rápida durante esses treinos também permite que elas se ativem com maior prontidão durante uma corrida. Isso pode ser um traço particularmente desejável para a tentativa de invocar a velocidade para um forte disparo na reta final.

No livro *Daniels' Running Formula*[7] (2014, p. 26-7), o treinador Daniels comenta sobre as frequências de passada para corredores a partir de 800 m até a maratona nas Olimpíadas de 1984, em Los Angeles: "De todos os corredores avaliados, apenas um levou menos de 180 passos por minuto". Corredores menos experientes, no geral, têm uma passada mais lenta, normalmente entre 160 e 170 passos por minuto. Daniels explica: "Tenha em mente que quanto mais lenta for a passada, mais tempo é passado no ar [...], eleva-se mais a massa

---

[7] N. do E.: publicado no Brasil com o título *Fórmula de corrida de Daniels* (Artmed Editora).

corporal e [...] choca-se com mais força no solo na próxima aterrissagem". Uma frequência de passada mais lenta também indica que o corredor está indo muito para a frente com o calcanhar. Conhecido como *overstriding*, esse hábito deixa o corredor mais lento e intensifica as forças de impacto que o corpo precisa absorver em cada passo. Aumentar a frequência de passada não melhora apenas o potencial para correr mais rápido, mas também pode reduzir as chances de lesões.

Aumento da amplitude de passada

A amplitude de passada quando o corredor está na sua velocidade máxima é determinado pelo comprimento das pernas, pela potência que os músculos das pernas podem gerar e pela flexibilidade. Não é possível fazer muito a respeito do comprimento das pernas, mas é possível trabalhar tanto a flexibilidade quanto a potência.

O trabalho de velocidade aumenta a amplitude de movimento, a potência e a coordenação, o que ajuda a aumentar a amplitude de passada. Correr rápido alonga de modo dinâmico os isquiotibiais e os flexores de quadris, permitindo que se tenha uma melhor amplitude de movimento. Sessões de velocidade também ampliam a passada ao melhorar a tração no joelho e a habilidade de girar os dedos dos pés para fora. Corridas curtas e vigorosas em subidas também propiciam maior resistência, o que melhora, por conseguinte, a potência e o comprimento da passada.

Melhora na técnica de corrida

Muitos corredores em distância têm uma forma desleixada de correr, com erros como ombros tensionados ou extensões de perna consideradas ruins. Corridas curtas de velocidade podem ajudar a superar as imperfeições técnicas por ensinarem a correr rápido, mas de forma relaxada, enquanto o foco se encontra em uma boa forma de corrida. Esses treinos breves melhorarão a técnica de corrida e a postura para todas as velocidades. Podem, também, melhorar a economia de corrida.

Melhorando a *performance* com treino em ladeiras

Como já discutimos, um treinamento eficiente requer que seja oferecido um estímulo para o corpo se adaptar e melhorar. As duas formas de aumentar os estímulos de treino são correndo mais rápido e por distâncias mais longas no plano para aumentar a resistência ao lutar com a gravidade e correr em subidas.

Apesar de ser prudente a inclusão de corridas em subidas se o corredor planeja competir em percursos montanhosos, os benefícios fisiológicos do treino em ladeiras se estendem a todos os aspectos do treino. Esses benefícios incluem o aumento do alongamento e da potência dos músculos das pernas (que podem ser transferidos para uma corrida mais rápida no plano), a melhora da atividade cardiovascular, o aumento da amplitude de passada e a melhora da economia de corrida.

O treino em ladeiras pode ser o elemento de treino mais subestimado pelos corredores. A resistência extra desenvolvida nas ladeiras se transfere para uma corrida mais rápida em qualquer terreno. Corredores de elite compreendem os benefícios do treino em ladeiras, em especial no treino de base, feito por vários meses antes de uma grande competição.

Qualquer uma das sessões nos planos de treino pode ser corrida em ladeiras ou em terrenos montanhosos. A corrida em ladeiras pode ser incorporada ao treino específico de $\dot{V}O_2$máx, de *pace* no LL e ao treino básico de velocidade, bem como às corridas de resistência e às corridas aeróbias básicas. É preciso apenas ajustar o *pace* para manter o esforço na intensidade correta. Em um terreno ondulado, o atleta deve permitir que frequência cardíaca aumente até 8 bpm nas subidas; é preciso certificar-se de diminuir a intensidade no topo para retornar na faixa apropriada. Exemplos de treinos eficientes em ladeiras estão incluídos nas discussões de cada tipo de treino visto anteriormente neste capítulo.

Se o corredor vive em uma região plana, não precisa se desesperar. Com um pouco de criatividade, é possível obter os benefícios da corrida em ladeiras. Os corredores de Miami são conhecidos por subirem as rampas de um estacionamento nas manhãs de domingo, e velhos aterros com frequência são rebatizados de Monte Trashmore[8] e transformados em parques públicos. Também é possível replicar quase todos os treinos de ladeira em uma esteira.

Técnica de corrida na subida

Uma técnica eficiente de corrida na subida requer mudanças sutis em relação à corrida no plano. Deve-se deixar a passada encurtar um pouco e deixar os joelhos subirem naturalmente. O erro mais comum quando se está correndo na subida é inclinar para a frente, o que é contraproducente para a manutenção da velocidade. Olhar para frente e não para baixo ajudará a manter uma postura mais ereta. Há a tendência de usar mais os braços conforme se eleva os joelhos, mas o atleta deve tentar manter os braços e os ombros relaxados.

Não se esqueça das descidas

Muitos corredores evitam as descidas nos treinos e as usam como um repouso entre as corridas. Ao incluir a corrida em descida no programa de treino,

---

[8] N. do E.: trocadilho que alude ao Monte Rushmore (no qual estão esculpidos rostos de ex-presidentes dos Estados Unidos) e à palavra "lixo" (*trash*).

Continua

Continuação

o atleta pode ganhar uma vantagem competitiva sobre o adversário ao melhorar a habilidade de correr em descidas. Isso pode se dar na forma de uma corrida (e não de um movimento por inércia) em descida durante as sessões de treino de resistência ou pode ser incorporado ao treino específico de $\dot{V}O_2$máx, ao de *pace* no LL e às sessões de treino de velocidade básica. Conforme o atleta fica mais acostumado a trabalhar em descidas de forma mais agressiva, isso gradualmente dará uma sensação de algo mais natural. Não há nada melhor do que a sensação de flutuar descendo uma ladeira com a ajuda da gravidade.

Como outros aspectos do treino, deve-se iniciar com pequenos estímulos de corrida em descida e ir aumentando aos poucos. Ainda que correr em uma descida seja relativamente fácil para o sistema cardiovascular, esse exercício pode cobrar um preço dos músculos, das articulações e do tecido conjuntivo. Se o atleta aumentar as corridas em descidas de modo gradual, ele, na prática, reduzirá o risco de lesões, porque o corpo se adaptará da forma adequada a quaisquer desafios que possa enfrentar.

O treino em descidas também vai melhorar a habilidade de correr em descidas durante as corridas. Pete se lembra de correr ao lado do grande Bill Rodgers em muitas corridas ao longo dos anos, observando-o com inveja enquanto ele se distanciava nas descidas. Bill provavelmente nasceu para ser um grande corredor de descidas, mas ele transformou isso em uma arma letal ao afiar essa habilidade durante os treinos. O corredor também ganha uma vantagem por melhorar a técnica e a confiança de correr em descidas.

O treino de descida também reduz a dor muscular tardia (DMT) pela corrida. Quando o atleta corre intensamente na descida, os músculos trabalham de forma excêntrica para resistir à força da gravidade, o que causa danos microscópicos às fibras musculares e ao tecido conectivo que as envolve. A inflamação resultante e a dor muscular podem durar até cinco dias. Por sorte, o treino em descidas e a DMT causada, em última análise, protege os músculos de danos subsequentes e de dores musculares. Os músculos não se reparam apenas, eles, na verdade, preparam-se para lidar com uma carga excêntrica futura por causa das adaptações estruturais internas deles. Considere o treino em descidas como um seguro contra dores futuras.

Técnica de corrida em descidas

A chave para uma corrida eficaz em descida é permitir que a gravidade ajude a "flutuar" pela ladeira. Isso requer um ajuste na posição do corpo para a frente, a fim de que o corredor permaneça perpendicular à ladeira e aumente a passada conforme ganha velocidade. Aterrissar na direção do meio do pé ajudará a manter a velocidade enquanto se permanece em controle. Alguns corredores pensam em se inclinar um pouco para a frente nos quadris. Evite os erros típicos de se inclinar para trás e do *overstriding*, ambos aumentam as forças de impacto no corpo e fazem que haja uma frenagem a cada passo. Para melhorar o equilíbrio e se manter em controle, o atleta deve manter os ombros relaxados, mas permitir que os cotovelos se movam de forma moderada para os lados.

Treinando para melhorar a velocidade

Dentro dos limites impostos pelas fibras musculares, o atleta pode melhorar a velocidade com o aumento de força, de coordenação e de flexibilidade ao fazer treinos que o auxiliam a atingir o potencial pleno da rotação do quadril.

Como esse livro foca em corridas de 5 km ou mais, os treinos para melhorar a velocidade básica são relativamente curtos e bastante eficientes para não deixarem o corredor exausto para outras sessões de treino. A Tabela 1.12 mostra exemplos de treinos eficientes de velocidade. Alguns desses treinos são corridos em pistas, ao passo que outros devem ser corridos em uma subida moderada e em uma descida suave. Vários incorporam uma mistura de trabalho de pista e de ladeira, unindo o útil ao agradável.

Um dos melhores treinos de velocidade para corredores em distância é uma série de tiros (acelerações curtas com duração de 15 a 25 segundos). Depois de um aquecimento completo, o atleta corre várias voltas na pista, acelerando nas retas e realizando trote nas viradas. Ele acelera firmemente durante os primeiros 50 m de cada tiro, mas não força tanto ao ponto de começar a fatigar. Mantém velocidade máxima por outros 40 ou 50 m e, então, de maneira gradual, relaxa, voltando para um trote. Fazer isso em uma das faixas externas da pista oferece uma recuperação maior entre os esforços. Se o atleta correr seis voltas, fará 12 tiros de cerca de 100 m cada. Permanecer relaxado durante os tiros é importante. O corredor não deve treinar tenso; isso não se transformará em uma corrida relaxada em outras velocidades.

O corredor deve concentrar-se em manter uma boa forma de corrida e em permanecer relaxado durante esse treino. Deve evitar tensionar os músculos do pescoço, os ombros e os braços. Como é quase impossível pensar em todas as facetas de uma boa forma de corrida de uma vez, o atleta pode focar em um elemento em cada tiro. Por exemplo, ele pode alternar a concentração em manter a mandíbula relaxada, em mover os braços para a frente e para trás, em empurrar os metatarsos, em manter a postura apropriada e os ombros, eretos. Essa sessão de treino administrável melhorará a habilidade de atingir uma velocidade mais rápida de corrida com coordenação e relaxamento.

É possível aumentar mais os benefícios do treino curto de velocidade trabalhando em uma descida leve, de preferência, em uma superfície macia como a grama. O efeito extra da gravidade puxando para baixo ajuda a fazer a passada com mais rapidez. Depois disso, correr em uma superfície plana parecerá mais fácil, porque os músculos aprenderam a contrair mais rápido. O corredor deve se aquecer bem e aumentar de modo gradual os esforços durante os treinos em descidas; é fácil distender um músculo quando se está correndo rápido em uma descida, em especial se o atleta não fez muitos treinos de velocidade por várias semanas.

Também é possível melhorar a velocidade básica ao aumentar a força dos membros inferiores. Pode-se fazer isso de várias maneiras, incluindo musculação, exercícios pliométricos (como discutido no Capítulo 3) e corrida com potência em subidas curtas. Correr em subidas é uma forma eficaz de ganhar força nos membros inferiores, porque a força obtida dessa forma se transfere diretamente para a corrida e tem o menor risco de lesão.

Para obter mais benefícios, corre-se tiros de subida curtos, com potência e com forte impulso dos braços e extensão das pernas. Os esforços de subida deveriam ser de apenas 8 a 15 segundos para ser possível manter uma intensidade alta. Essa corrida em subida baseada na potência melhora a velocidade e a aceleração, além de recrutar fibras musculares que são usadas apenas durante os esforços máximos. Um pequeno risco de lesões está associado a esse tipo de treino, em especial durante as primeiras sessões, então, deve-se ter cuidado ao começar. Ademais, aumentam as evidências que mostram que um treino curto e potente em subidas pode melhorar a força da perna, a aceleração e a economia de corrida (Barnes *et al.*, 2013b). Uma mistura de subidas curtas potentes e tiros no plano compõem um treino muito eficiente.

Tiros de velocidade, outro tipo de treino de velocidade, estão inclusos nos planos de treinos de 5 km, 8 km e 10 km. Essas sessões são estruturadas de forma similar aos treinos de $\dot{V}O_2$máx, mas executadas no *pace* de corrida de 800 m a 1.600 m. Uma regra de ouro é, durante o período de recuperação, realizar trote em distância igual ou um pouco maior do que a do tiro de velocidade. Por exemplo, se o treino consiste em 2 séries de 5 × 200 m, realizar trote de 200 m de volta à largada após cada tiro. O trote de recuperação pode levar até três vezes mais tempo do que a velocidade do tiro para ser completado, mas isso é normal. A meta é correr os tiros de velocidade no *pace* apropriado. Não é necessário monitorar a frequência cardíaca em treinos de velocidade, porque os esforços são tão curtos que a frequência cardíaca ainda está aumentando quando o atleta reduz para um trote.

Tabela 1.12 – Exemplos de treinos eficientes de velocidade

Localização	Treino
Pista	5-8 voltas, com tiro nas retas e trote nas curvas
Pista	2 séries de 4 voltas, com tiro nas retas e trote nas curvas (4 min de trote entre séries)
Pista	2 séries de 5 × 150 m (250 m de trote de recuperação entre os estímulos; 4 min de trote entre as séries)
Pista	2 séries de 5 × 200 m (200 m de trote de recuperação entre os estímulos; 4 min de trote entre as séries)
Pista	2 séries de 4 × 300 m (300 m de recuperação entre os estímulos; 4 min de trote entre as séries)
Subida e pista	6 × 12 segundos de subida, seguidos por 6 × 100 m de tiros na pista (trote na descida entre os estímulos em subida)
Subida e pista	6 × 12 segundos subida, depois, 5 voltas, com tiro nas retas e trote nas curvas (trote na descida entre os estímulos em subida)
Subida, plano e descida	4 × 12 segundos de subida, 4 × 20 segundos no plano, 4 × 20 segundos em uma descida suave (45 segundos de trote entre os esforços)
Plano e descida	6 × 20 segundos no plano, 6 × 20 segundos em uma descida suave (45 segundos de trote entre os esforços)

Observação: estímulos em subida devem ser corridos próximo da intensidade máxima; tiros devem ser em um *pace* que pode ser mantido por aproximadamente 1 minuto; e tiros de velocidade de 150 a 300 m devem ser entre o *pace* de corrida de 800 m e o de 1.500 m.

2

Equilibrando treino e recuperação

No Capítulo 1, mergulhamos na fisiologia da corrida em distância e nos métodos para treinar de modo eficiente. Este capítulo tem foco em maximizar os ganhos com base nesse treino. Discutimos agora como o corpo se adapta ao treino e como seguir o princípio do difícil/fácil para oferecer tanto os estímulos para o corpo melhorar quanto o tempo e o ambiente para a adaptação positiva. Várias estratégias de treino podem melhorar a recuperação, e analisamos diversas abordagens úteis, como a volta à calma após um treino pesado e a programação de corridas suaves de recuperação entre treinos mais intensos, bem como métodos para melhorar a recuperação em longo prazo. Também discutimos fatores de estilo de vida, como a influência do sono e da alimentação na recuperação e de que forma técnicas suplementares, como imersão em água fria, massoterapia e vestimentas de compressão podem melhorar a recuperação. Por fim, olhamos para o conceito de *overtraining* e para como monitorar a recuperação.

Adaptação ao treino

Compreender como o corpo se adapta ao treino é essencial para melhorar a *performance* de corrida. O treino oferece um estímulo para o corpo se adaptar, para que possa lidar com uma carga ainda maior. Isso também cria uma fadiga em curto prazo e causa a ruptura dos músculos (rabdomiólise), o que requer vários dias de recuperação. O equilíbrio correto dos elementos de treino, intercalados com a recuperação suficiente, leva o atleta para um nível superior de aptidão física. Isso é chamado de supercompensação (Figura 2.1).

FIGURA 2.1 – Processo de supercompensação.

O desenvolvimento de programas eficientes de treino demanda encontrar o equilíbrio correto entre o estímulo de treino (por exemplo, corridas longas e treinos de $\dot{V}O_2máx$) e a recuperação. Como a supercompensação é um efeito cumulativo vindo de vários treinos, é difícil afirmar quanto tempo levará para o corpo se adaptar por completo para um nível melhorado de aptidão física. Um único treino intenso oferece um estímulo para o corpo melhorar, mas os estímulos têm vida curta. Se o atleta adere a um programa de treino que desafia seu corpo, semana após semana, ele proverá um estímulo contínuo que levará a uma adaptação significativa do corpo. Esses estímulos de treino (como a demanda constante de oxigênio para os músculos) ativam ou desativam genes específicos, o que, com o tempo, altera as taxas de produção e processamento de proteínas do corpo. Por exemplo, como discutido no Capítulo 1, um treino eficiente de limiar de lactato (LL) ativa os genes que geram as proteínas transportadoras de lactato nas células musculares.

Periodização: criando uma estrutura para o treinamento

Estruturar de forma sistemática um treinamento para as metas de corrida é algo chamado de *periodização*. O desafio para desenvolver um plano de treino periodizado é decidir como mudar a ênfase dos treinos durante as várias semanas de preparação para a corrida-alvo. *Macrociclos, mesociclos* e *microciclos* têm conceitos úteis para planejar o treino, além de envolverem uma visão de equilíbrio em longo, médio e curto prazos. Vamos olhar rapidamente esses conceitos.

- Um **macrociclo** é o período inteiro de treino que leva para a corrida-alvo. Inclui o treino de base para formar a resistência como um todo, as preparações específicas para a corrida, várias corridas preparatórias com vistas à preparação para a corrida-alvo, a corrida em si e o período de recuperação posterior. É provável que um atleta programe dois ou três macrociclos por ano, cada um durante vários meses. Ver um macrociclo como um todo

garante que o corredor não está perdendo nenhum componente crítico de treino e ajuda a manter o foco na corrida-alvo.
- Um macrociclo é dividido em vários **mesociclos**. Cada mesociclo tem enfoque no treinamento direcionado a um objetivo específico de treino por várias semanas. Na preparação para corridas de 5 km até a meia maratona, um mesociclo típico dura de três a seis semanas. O primeiro mesociclo, normalmente, foca em melhorar a resistência ou o *pace* no LL. Conforme a corrida se aproxima, as prioridades de treino mudam. Cada mudança nas prioridades se reflete em um novo mesociclo.
- Cada mesociclo é dividido em vários **microciclos**, que são blocos curtos de treino com duração de cinco a dez dias. A intensidade e a duração desses treinos variam entre os microciclos, dependendo do momento em que estes estão no plano de treino. Como a vida da maioria dos corredores gira em torno de uma semana de treinamento de 7 dias, usamos isso como um padrão para o microciclo no decorrer do livro.

Além de estruturar o treino para uma meta específica, há um benefício em planejar em longo prazo o desenvolvimento, no decorrer da carreira do corredor. Para continuar melhorando a *performance*, o corredor precisa continuar aumentando os estímulos de treino no corpo. Se ele se prende dentro da mesma faixa de quilometragem e dificuldade de treino ano após ano, as *performance*s ficarão estagnadas. Entretanto, se ele determina uma meta em longo prazo, desenvolve um plano inteligente e ajusta o nível de treinamento (e o estilo de vida) de acordo, pode atingir um novo nível de *performance*.

Princípio do difícil/fácil

Para melhorar a *performance* de corrida, é preciso balancear o treino e a recuperação da forma correta, para o que corpo possa se adaptar de forma positiva. Isso é alcançado usando o princípio do difícil/fácil, que é, simplesmente, seguir um treino intenso com um mais leve para recuperação.

Como discutido anteriormente, a supercompensação ocorre ao longo de semanas e meses de treino, conforme o atleta repetidamente realiza estresse de treino intercalado com recuperação. Considerando que a maioria dos corredores treina todos os dias, a supercompensação requer uma recuperação não apenas do treino do dia, mas, também, da fadiga acumulada e do estresse de muitos treinos. O corpo está constantemente ajustando a síntese e a quebra de proteínas para responder aos vários estímulos providenciados pelo treino.

A carga de treino de determinada sessão é definida por sua combinação da intensidade e da duração. Uma sessão de 90 minutos de treino de $\dot{V}O_2$máx teria uma carga de treino maior do que uma corrida de resistência de 90 minutos. Essa mesma corrida longa daria uma carga de treino maior do que uma corrida de 60 minutos. Treinos mais intensos exigem mais tempo de recuperação do que treinos mais leves, e a intensidade é um fator mais importante do que a distância para determinar quanto de recuperação é necessária. A partir da sua experiência pessoal, Pete pode atestar que, com a idade, é normal que os corredores precisem de mais dias de recuperação antes da próxima sessão intensa.

Não é a intensidade ou a duração de qualquer sessão única de treino que determina se o atleta está treinando de forma ideal, mas, sim, a *densidade* do treino, que se refere à frequência dos esforços intensos. Vários esforços intensos muito próximos podem, eventualmente, sobrecarregar a habilidade de recuperação. Como veremos mais à frente neste capítulo, a continuidade desse padrão pode levar ao *overtraining*.

Modelos de treino difícil/fácil

O modelo clássico de treino difícil/fácil segue um dia de treino intenso com um dia de treino leve ou sem treino. Essa abordagem funciona bem para corredores novatos ou para aqueles que correm até quatro vezes por semana. Após certo limiar de treino, contudo, outros modelos de trabalho e de recuperação se tornam mais efetivos para a maximização dos ganhos do treino.

Ao fazer tipos diferentes de treinos intensos dois dias seguidos, o atleta pode aumentar com segurança o estímulo de treino. O importante é que as duas sessões de treino intenso sejam de tipos diferentes. Exemplos de dois dias intensos que funcionam bem juntos são uma sessão de $\dot{V}O_2$máx, um treino de ritmo ou um treino curto de velocidade seguido de uma corrida longa. Um treino curto de velocidade também pode ser seguido por um treino de ritmo. Os programas de treino nos Capítulos 8 a 13 seguem esse padrão difícil/fácil.

Na sequência desses dias consecutivos intensos, faça um ou mais dias mais leves. Uma vantagem de dias consecutivos de recuperação é que eles oferecerem mais tempos para reabastecer por completo os estoques de glicogênio para a próxima sessão de treino intensa. Dias de recuperação seguidos também oferecem um repouso mental merecido e mais tempo para a musculatura se reparar.

Um modelo difícil/fácil que funciona dentro do espaço de uma semana de treinamento de sete dias tem dois intensos, dois leves, dois intensos e um leve. Um exemplo desse modelo é mostrado no Quadro 2.1, com quatro corridas oferecendo um estímulo para adaptação positiva e três dias de recuperação. Dependendo do nível de treinamento, os dias de recuperação podem consistir em corridas leves, treinos funcionais ou dias de repouso.

Quadro 2.1 – Modelo de treino semanal

Dia da semana	Tipo de treino	Propósito
Sábado	$\dot{V}O_2$máx	Estímulo
Domingo	Corrida longa de resistência	Estímulo
Segunda-feira	Corrida leve	Recuperação
Terça-feira	Corrida leve	Recuperação
Quarta-feira	Treino de ritmo	Estímulo
Quinta-feira	Corrida de resistência	Estímulo
Sexta-feira	Corrida leve	Recuperação

Um momento em que é preciso dois ou três dias sucessivos de recuperação é após um treino intenso ou uma corrida com um componente longo de descida. Como discutido no Capítulo 1, as corridas em descidas envolvem contrações musculares excêntricas, o que causa danos às fibras musculares e aos tecidos conjuntivos em torno delas, resultando na dor muscular tardia (DMT). Fazer uma corrida intensa com DMT é doloroso e dificulta o processo de reparação; evitar corridas intensas até que a DMT diminua. Corridas leves, contudo, são aceitáveis em casos moderados de DMT. Treino funcional aeróbio é outro bom método de aumentar a circulação sanguínea para os músculos e de ajudar a reparar e a recuperar.

Obtendo o máximo do treino de recuperação

No Capítulo 1, aprofundamo-nos nos quatro tipos de treinos que oferecem estímulos para preparar o atleta para correr na sua melhor forma. Mas o treino bem-sucedido requer um quinto componente, que permite ao corpo recuperar-se, regenerar-se e adaptar-se para um nível maior de condicionamento físico: as corridas de recuperação. Como o nome indica, as corridas de recuperação podem melhorar a recuperação de um treino intenso ou de corridas e somar-se ao condicionamento aeróbio geral. É preciso tomar cuidado para equilibrar corretamente, porque é fácil cair na armadilha de treinar demais ou com muita intensidade entre os treinos principais planejados, o que deixa o corredor fatigado e incapaz de atingir as metas de treino. Isso pode resultar em uma espiral descendente para corredores muito motivados, que passam a correr com ainda mais intensidade nos dias planejados para treinos leves, para compensar o descontentamento com os treinos.

Treinos de recuperação melhoram a circulação sanguínea dos músculos, acelerando a recuperação e deixando o atleta mais preparado para o próximo treino intenso. O aumento na circulação sanguínea transporta nutrientes, ajuda a remover os resíduos e melhora a reparação muscular. Corridas curtas e leves de recuperação também permitem a reposição dos estoques de glicogênio e contribuem para o volume geral de treino e para o desenvolvimento aeróbio.

Quão leve?

A maioria dos corredores treina com muita velocidade nos dias de recuperação, o que pode retardar a recuperação. Para ser mais eficaz, o treino deve ser polarizado. Isto é, os dias intensos devem ser intensos o suficiente para oferecer um estímulo potente, e os dias leves devem ser leves o suficiente para permitir que as adaptações positivas ocorram. É muito fácil correr com mais intensidade do que a planejada nos dias de recuperação, em especial quando o treino é feito com outros corredores que podem ter metas diferentes para o dia. Correr com mais intensidade do que a planejada não costuma ser uma boa ideia. Assim como os treinos intensos planejados têm um propósito no ciclo de estresse e melhora, os dias de recuperação também têm sua função.

Talvez o maior benefício do treino com um monitor de frequência cardíaca seja prevenir que o atleta corra com muita intensidade durante os treinos de recuperação. Como visto no Capítulo 1, enfoque em manter a frequência cardíaca abaixo dos 76% da frequência cardíaca máxima (ou 70% da frequência cardíaca de reserva) durante as corridas de recuperação, para estar pronto para o próximo treino intenso.

Como exemplo, digamos que o Scott tem uma frequência cardíaca de repouso de 50 bpm e uma frequência cardíaca máxima de 190. Baseando o esforço no percentual da frequência cardíaca máxima, ele estaria abaixo de 144 bpm (190 multiplicado por 76%) durante as corridas de recuperação. Usando o método da frequência cardíaca de reserva, Scott manteria o coração abaixo dos 148 bpm (140 vezes 70 mais 50). Usando qualquer um dos métodos, ele correria leve o suficiente para manter a frequência cardíaca abaixo desse teto durante a corrida de recuperação. Scott pode ajustar seu monitor de frequência cardíaca para apitar nesse limite, o que funcionaria como um lembrete para reduzir caso ele começasse a aumentar o *pace* indevidamente.

Como correr afeta o seu sistema imunológico

Um dos muitos benefícios dos exercícios é a melhora no funcionamento do sistema imunológico. Uma variedade de estudos descobriu que corredores e outras pessoas que se exercitam com regularidade têm menos resfriados e outras infecções do que pessoas sedentárias (Hackney, 2012; Walsh *et al.*, 2011). Com corridas moderadamente intensas, de uma hora ou mais, pode-se esperar uma melhora no sistema imunológico se o indivíduo tiver uma boa saúde no geral. Depois de corridas prolongadas de alta intensidade, contudo, o sistema imunológico é temporariamente suprimido, criando uma janela durante a qual o corredor está com um risco aumentado de infecções. Em geral, a queda no sistema imunológico dura apenas algumas horas, mas pode perdurar por até três dias. A função de alguns tipos de células de defesa é reduzida após um treino ou uma corrida muito intensa. A combinação de correr com a intensidade e a duração requerida para aumentar os riscos de infecções depende da força-padrão do sistema imunológico, bem como do nível de treino a que o atleta está acostumado.

Aumentos repentinos na intensidade geral ou no volume de treino têm maior probabilidade de reduzir a resistência a infecções do que uma abordagem mais gradual. Conforme o corpo se adapta ao aumento da carga de treino de forma geral, o sistema imunológico também se adaptará. Uma abordagem útil é aumentar ou a quilometragem ou a intensidade de treino de forma moderada, por uma ou duas semanas antes de aumentar novamente.

Os tipos de corrida com maior possibilidade de levar para uma supressão imunológica temporária são corridas de 15 km ou mais, sessões de estímulo de $\dot{V}O_2$máx de alto volume e corridas intensas mais longas do que 90 minutos. Depois de uma corrida ou de um treino exaustivo não deveria ser feita outra sessão intensa até que o sistema imunológico se recuperasse. Dependendo da intensidade do esforço, o atleta deve fazer de um a três dias de recuperação suave.

O esgotamento dos carboidratos tem sido relacionado à redução da função imunológica (Nieman, 2007; Walsh *et al.*, 2011). Ao consumir carboidratos durante e logo após a corrida ou uma sessão intensa de treino, o atleta pode reabastecer os níveis de carboidratos com rapidez, e isso reduz a queda na função imunológica. Dietas deficientes em proteína, ferro, zinco e vitaminas A, B_6, B_{12} e E também enfraquecem o sistema imunológico. A melhor aposta é fazer uma dieta rica em frutas e vegetais, o que oferece muitos antioxidantes e outras vitaminas. Megadoses de vitaminas podem ter um impacto negativo na função imunológica, então, evite altos níveis de suplementação.

Além de treinar de forma prudente e de manter uma dieta saudável, é possível reduzir os riscos de infecções seguindo conselhos tradicionais. Isso inclui lavar as mãos com frequência e dormir bem.

Outra forma de ajustar o *pace* correto para as corridas de recuperação é fazê-las a 75 s/km mais lentas que o *pace* de 15 km até o de meia maratona. Por exemplo, se o *pace* de meia maratona é de 4:21 min/km, as corridas de recuperação deveriam ser feitas com o *pace* em torno de 5:36 min/km.

Corridas de recuperação agregam volume ao treino, o que aumenta o desenvolvimento aeróbio, mas levar isso além de certo ponto começa a ser contraprodutivo para a recuperação. Para corredores experientes treinando mais de 95 km por semana, as corridas de recuperação deveriam ser de 30 a 50 minutos, mas, algumas vezes, podem chegar a 60 minutos. Um dia de recuperação também pode incluir duas corridas curtas de recuperação para corredores de alta quilometragem. Corredores menos experientes devem limitar suas corridas de recuperação para, no máximo, 40 minutos. Evite acrescentar quilometragem ao treino de recuperação com o único propósito de turbinar a quilometragem semanal, pois isso limita a recuperação do treino intenso anterior e a prontidão para o próximo.

É claro, tirar dias de folga dos treinos é outra opção. Dias de folga dão uma recuperação passiva, na qual o corpo se repara e se desenvolve sem os efeitos benéficos da circulação sanguínea na corrida suave. Se o corredor não está pronto para um treino de sete dias por semana ou está reprogramando o treino depois de uma lesão ou uma doença, deveria tirar uma folga do treino por um ou mais dias por semana.

Usando treino funcional aeróbio para melhorar a recuperação

O treino funcional aeróbio é um meio de melhorar a recuperação ao mesmo tempo que reduz a probabilidade de lesões. A corrida de recuperação é uma parte importante do programa de treino de corrida como um todo, mas, para corredores com histórico de lesões, pode ser vantajoso substituir uma parte das corridas de recuperação com outras formas mais suaves de treinos aeróbios. O treino funcional aeróbio melhora a recuperação e também pode diminuir a probabilidade de lesões ao reduzir as forças de impacto acumuladas nos músculos, tendões, ligamentos e ossos. A quilometragem semanal diminuirá, mas outras formas de treinos aeróbios servem como substitutas para manter a aptidão física e melhorar a recuperação.

Recomenda-se programar os dias de recuperação depois de dias de treinos intensos, quando os níveis de fadiga estão no máximo. A resiliência dos músculos também está no seu ponto mais baixo nesse momento, então, é possível reduzir o risco de lesões ao fazer um treino funcional aeróbio de baixo impacto, em especial se os músculos estão enrijecidos e doloridos. Como exemplo, o treino funcional às segundas-feiras, depois de um domingo de corridas longas, é uma ótima maneira de ganhar os benefícios do aumento da circulação sanguínea dos músculos, com risco reduzido de lesões.

O Capítulo 3 discute as melhores opções de treino funcional aeróbio e traz sugestões de sessões de treino. Para muitos corredores, uma ou duas sessões de treino funcional aeróbio inseridas estrategicamente no programa semanal de treino podem melhorar a recuperação, além de oferecer variedade e os benefícios do condicionamento aeróbio.

Chris Solinsky

Recordes pessoais: 5.000 m em 12:55; 10.000 m em 26:59; ex-recordista americano dos 10.000 m; cinco vezes campeão individual da NCAA

Chris Solinsky chocou o mundo da corrida em 2010. Fazendo sua estreia nos 10.000 m no Payton Jordan Invitational na Universidade de Stanford, Solinsky surgiu em uma pista de corrida internacionalmente famosa para correr surpreendentes 26:59.60. Esse tempo não tornou o ex-fenômeno colegial de Stevens Point, Wisconsin, só o novo recordista americano, mas, também, colocou o atleta como o primeiro não africano a correr a distância em menos de 27 minutos.

Ser capaz de correr nessa velocidade por tantos metros requereu anos de treinamento contínuo. Mesmo com um currículo impressionante, que incluía 15 menções honrosas no All-America na Universidade de Wisconsin, Solinsky nunca parou de acreditar que era um azarão. "Sempre fui um daqueles corredores teimosos, com a crença de que não era tão talentoso como os outros contra quem estava correndo" – disse ele. "Definitivamente treinei mais duro do que muitas outras pessoas com quem corri no ensino médio, na faculdade e depois dela. Eu meio que adotei a mentalidade de que tinha que treinar mais."

Impulsionado pelo sucesso, Solinsky resolveu aumentar o volume e a intensidade do seu treinamento ainda mais em um esforço para atingir metas ainda mais ambiciosas, como ser medalhista olímpico. A quilometragem dele subiu para

Continua

Continuação

> 193 km por semana. O *pace* de treino dele acelerou. Os ganhos em curto prazo foram tremendos: Solinsky correu 5.000 m em 12:55, o segundo tempo mais rápido de um americano. Mas o estresse do treinamento logo sobrepujou a habilidade do corpo de se recuperar. Ainda assim, ele insistiu, lutando contra a fadiga e ignorando os sinais que sua perna esquerda adoecida enviava.
> "Em 2011, eu definitivamente ignorei todos aqueles sinais de lesões" – disse ele. "Eu estabeleci como meta no início do ano que queria ser um campeão mundial e deixei essa meta meio que me cegar para os sinais que meu corpo estava me enviando."
> O sinal mais claro era a rigidez e a dor no isquiotibial esquerdo. Depois de se recuperar de um início de distensão, Solinsky tropeçou no seu cachorro enquanto descia as escadas. Ele se segurou antes de cair, mas, àquela altura, o isquiotibial já havia se descolado da pelve.
> Depois de uma cirurgia e um hiato de 18 meses nas competições, Solinsky começou seu retorno em 2013 com um conjunto de metas revisitadas e uma nova visão de treinamento. Agora, ele está disposto a tirar uma tarde de folga no treinamento, se o seu corpo mandar. Também acredita que sua experiência ajudou seus colegas do Oregon Track Club (Clube de Corrida de Oregon). "Desde a lesão, aumenta o dever de ouvir o corpo e de fazer ajustes conforme você fica mais velho" – ele diz. "Acho que, todas as vezes que meus colegas veem a minha luta, isso serve como um bom lembrete do que ficar cego pela sede de sucesso pode fazer com você."
> No início, o retorno de Solinsky teve uma série de altos e baixos conforme ele trabalhava na transição para mais corridas de rua e aprendia o que seu isquiotibial reparado cirurgicamente podia aguentar. Encarar sua própria mortalidade atlética também o fez reavaliar o amor pelo esporte e seu lugar nele. Ele pode nunca mais quebrar um recorde americano na pista, mas isso não significa que desistiu dos seus sonhos. "As metas podem ter mudado, mas você tem apenas que seguir dia após dia, semana após semana, mês após mês" – ele diz.

Recuperação em longo prazo

Até agora, falamos sobre o papel da recuperação entre treinos intensos, mas a recuperação em longo prazo também é importante para absorver o máximo do treinamento e progredir em direção às suas metas de corrida. Uma consideração importante no planejamento do treinamento é a inclusão de semanas de recuperação e de blocos de recuperação.

Semanas de recuperação

Da mesma forma que o corpo se adapta melhor seguindo um ou dois dias intensos com um ou dois dias de recuperação, o atleta progredirá mais rápido acompanhando várias semanas de treinos intensos com uma semana de recuperação. Treinar intensamente semana após semana pode levar ao acúmulo de fadiga e de enrijecimento. Depois de várias semanas de treinos sérios, é preciso uma semana mais fácil para se recuperar física e mentalmente, para dar tempo para os tecidos musculares se repararem. A maioria dos corredores responde bem a um ciclo de duas a quatro semanas de treino intenso, seguidas de uma semana de recuperação.

As semanas de recuperação permitem que o corpo se adapte de modo mais completo às séries de sessões intensas executadas nas semanas de treinos intensos. Um ou dois dias de recuperação durante as semanas mais intensas não oferecem tempo suficiente para a recuperação completa, assim, a semana de recuperação oferece um impulso positivo à adaptação ao treino. Se o atleta não planejar as semanas de recuperação no treinamento, elas eventualmente serão determinadas pelos baixos níveis energéticos, por lesões ou por doenças.

Obviamente, o atleta ainda corre durante a semana de recuperação, só não o faz com tanta intensidade nem por distâncias muito longas. Programar não mais do que 80% do volume regular de treino durante as semanas de recuperação e evitar treinos de alta intensidade, como estímulos de $\dot{V}O_2$máx ou treinos de ritmo. Uma sessão curta de velocidade, que requer menos recuperação, encaixa-se bem em uma semana de recuperação para melhorar a preparação para a corrida. Corridas longas também não devem ter mais do que 80% das distâncias normais de treino e deve-se evitar tanto subidas quanto descidas, para permitir que os músculos se recuperem. Também ajuda a substituir uma ou mais corridas por um treino funcional. É preciso manter-se sempre atento aos fatores de estilo de vida, como sono e alimentação, para obter todos os benefícios das semanas de recuperação.

Atenção à saúde mental também é importante para as semanas de recuperação. Muitas semanas e muitos meses de treino podem exaurir o entusiasmo até mesmo do corredor mais esforçado. Uma semana de descanso merecida renova as energias mentais para a próxima sequência de semanas intensas que virão.

Blocos de recuperação

No começo deste capítulo, discutimos o conceito de mesociclos, blocos de treinamento que duram várias semanas e enfocam o treinamento em direção a um objetivo específico. Para progredir do modo ideal, periodicamente inclua um mesociclo com foco na recuperação no programa de treinamento. Isso permitirá uma recuperação total dos meses anteriores de treinamento intenso. Com frequência, um bloco de recuperação de várias semanas se encaixa muito bem no final de uma temporada longa de corridas. Para muitos corredores, isso ocorre em dezembro, depois de uma corrida de outono[9] e prossegue pelo período de festas de fim de ano. Se o atleta focar a energia mental e física em uma corrida-alvo, um bloco de recuperação é adequado logo a seguir, enquanto ele recarrega as baterias e pensa nos próximos desafios.

Esses períodos mais relaxados duram de três a seis semanas, mas o atleta pode querer programar um período mais longo durante o inverno. Alguns corredores não correm nada durante as primeiras semanas de um bloco de recuperação, usando o treino funcional aeróbio como substituto. Durante o bloco de recuperação, as corridas devem ser feitas sem disciplina a exigida de um período de treinamento. É o momento de relaxar, de aproveitar corridas suaves e outras atividades e de evitar aderir a um plano rígido de treino. Depois de um bloco de recuperação, o corredor deve estar com a mente e o físico recuperados por completo, para mais treino intenso, visando à preparação para a próxima corrida-alvo.

Volta à calma para melhorar a recuperação

Uma das peças mais subestimadas do quebra-cabeça da recuperação é a volta à calma após a corrida. A volta à calma é a fase final de um treino de $\dot{V}O_2$máx, de um treino de ritmo ou de uma sessão curta de velocidade e o começo da recuperação pós-corrida. Durante um treino intenso ou uma corrida, o corpo faz muitos ajustes que permitem correr rápido. O propósito da volta à calma é ajudar a retornar o corpo para as condições anteriores ao exercício. Uma volta à calma cuidadosa oferece vários benefícios, como a redução dos níveis de adrenalina no sangue, a redução mais rápida dos níveis de lactato, a ajuda à manutenção da flexibilidade para o próximo treino e a oferta de uma quilometragem extra de treino.

Adrenalina e noradrenalina (também conhecidas como epinefrina e norepinefrina) são os hormônios responsáveis pela reação de lutar ou fugir (também chamada de reação de estresse agudo) e afetam o corpo de várias formas, incluindo: o aumento da frequência cardíaca e a força com a qual o coração se contrai, o que aumenta a pressão sanguínea; o aumento da frequência e da profundidade da respiração; e o aumento da velocidade na qual os músculos quebram o glicogênio. Níveis de adrenalina e noradrenalina no sangue aumentam com rapidez durante exercícios de alta intensidade, como treinos de $\dot{V}O_2$máx, treinos de ritmo e corridas. A noradrenalina pode demorar várias horas para retornar ao nível de repouso, ao passo que a adrenalina decai com mais rapidez. Uma volta à calma ativa ajuda a eliminar mais rápido os níveis desses hormônios.

---

[9] N. do T.: o outono, nos Estados Unidos, ocorre de setembro a dezembro.

Como discutido no Capítulo 1, durante um exercício de alta intensidade, o lactato se acumula nos músculos e no sangue. O lactato não está relacionado diretamente à dor muscular, mas reduzir os níveis dele nos músculos e na corrente sanguínea ainda é útil. Um trote de volta à calma ajuda a manter o sangue fluindo para os músculos, permitindo que o lactato se mova por dentro e entre os músculos. Durante a volta à calma, os músculos também usam o ácido láctico como combustível.

Um benefício extra de um trote de volta à calma é o aumento do volume de treino, o que oferece um acréscimo pequeno, mas útil, ao treino aeróbio. Com o passar das semanas e dos meses, esse tempo adicional de treino também aumenta as adaptações positivas do sistema aeróbio.

Há uma coisa com a qual a volta à calma não ajudará: com a DMT. Isso acontece porque o dano que causa a DMT ocorre antes da volta à calma, e estudos recentes descobriram que a volta à calma não altera o processo inflamatório e de cura dos músculos (Law e Herbert, 2007).

Ao final de uma corrida ou de um treino intenso, continuar se movimentando previne que o sangue se acumule nas pernas, o que pode levar à redução da pressão sanguínea e à tontura. Ingerir carboidratos antes de começar a volta à calma é algo que ajuda. Ao consumir um gel de carboidrato ou uma barra de proteínas e uma bebida de carboidrato logo depois de um treino intenso ou de uma corrida, o corredor mantém o nível de açúcar no sangue, inicia o processo de reabastecimento de carboidratos e pode reduzir a supressão temporária do sistema imunológico.

A volta à calma após corridas de 5 km até a meia maratona deveria começar com uma corrida leve por 10 a 20 minutos. Os músculos usarão o lactato acumulado como combustível, e o corpo reduzirá os níveis de adrenalina durante esse período. Basta seguir com corrida leve em um *pace* confortável e agradável.

O alongamento é outra parte conveniente da rotina de volta à calma. Depois de correr, os músculos estão aquecidos e com uma boa circulação sanguínea, o que permite um alongamento com menor risco de lesão. Uma volta à calma cuidadosa deve incluir um alongamento suave dos principais grupos musculares das costas e da parte inferior do corpo. Sem um alongamento bem-executado, a musculatura de corrida tende a enrijecer progressivamente com o passar do tempo, o que leva à redução da amplitude de passada. Alongamentos pós-corrida devem ser segurados por 20 a 30 segundos. Em 15 minutos, o atleta pode completar 25 alongamentos, o que permitirá que alongue cada um dos grandes grupos musculares nas pernas, nos quadris e nas costas por duas ou três vezes. Uma rotina completa de alongamentos pode ser vista no Capítulo 3.

Recuperação pós-corrida

Depois de correr, é preciso repor os líquidos, reabastecer os estoques de glicogênio e oferecer os nutrientes necessários para a reparação muscular e a adaptação ao treino. Para a recuperação ser ideal, o consumo de líquidos nas horas após o treino deve compensar o que foi perdido na forma de suor durante o treinamento. Corredores e outros atletas, no geral, não bebem o suficiente para repor os líquidos perdidos. Uma boa forma de minimizar essas perdas é ter líquidos à mão durante os treinos no calor ou durante as sessões com um alto nível de intensidade. Estudos descobriram que incluir sódio nas bebidas para recuperação faz que o atleta beba mais líquidos e, também, que os retenha mais, por causa da perda menor na forma de urina (Burke e Deakin, 2010; Eberle, 2014).

Comer e beber carboidratos logo após uma corrida aumenta a restauração dos estoques de glicogênio. A reposição de glicogênio aumenta bem nos primeiros 30 a 60 minutos depois dos exercícios e se mantém moderadamente mais alta por até 6 horas. Consumir de 50 a 100 gramas (representando 200 a 400 calorias) de carboidratos dentro da hora seguinte após terminar a corrida impulsionará o início do processo de restauração. Outros 50 a 100 gramas de carboidratos na próxima hora também ajudará a maximizar a reposição de glicogênio. A restauração do glicogênio e a recuperação como um todo também é melhorada com a ingestão de uma quantidade moderada de proteínas (por exemplo, de 15 a 25 gramas) com o carboidrato. As proteínas também desempenham o papel importante no reparo dos tecidos e na síntese de novas proteínas pelo corpo. Refeições com um alto índice glicêmico (IG) são melhores durante as 2 primeiras horas após o exercício e deveriam ser acompanhadas por uma refeição com muitos carboidratos dentro de 5 a 6 horas depois de completar a corrida. Considerações nutricionais para corredores, incluindo mais informações sobre a alimentação para recuperação, são analisadas no Capítulo 4.

Técnicas para acelerar a recuperação

Além de acertar os treinos e o estilo de vida, várias técnicas podem ajudar a acelerar a recuperação dos treinos e das corridas. Nesta seção, vamos avaliar os benefícios da terapia de imersão em água fria, de choque térmico, da massoterapia e das roupas de compressão.

Terapia de imersão em água fria e de choque térmico

Corredores e outros atletas pelo mundo usam a terapia de imersão em água fria e de choque térmico para acelerar a recuperação.

Como o nome indica, a imersão em água fria consiste em submergir o corpo em água fria (o que dá uma ótima sensação após sair da água). Durante a terapia de choque térmico, o corpo é submergido alternadamente em água quente e fria.

Muitos corredores relatam que se sentem melhores depois da terapia de imersão em água fria ou de choque térmico, ao passo que os benefícios da recuperação ainda são estudados. Alguns estudos descobriram melhora nas dores musculares, na amplitude de movimento, na função muscular, na *performance* na corrida ou na bicicleta e outros fatores de recuperação; outros estudos indicam que não há melhoras (Burgess e Lambert, 2010b; Hing *et al.*, 2008; Poppendieck *et al.*, 2013; Versey, Halson e Dawson, 2012).

A terapia de imersão em água fria e a de choque térmico são mais eficientes nos 20 minutos após o término da corrida. Para ter um efeito positivo na recuperação, tudo indica que a pessoa deve ficar na água gelada tempo o suficiente para abaixar a temperatura dentro dos músculos. Saltar para fora da água gelada depois de um minuto é menos eficaz do que cerrar os dentes e ficar mais.

Imersão em água fria e banhos de gelo

Para obter o melhor aproveitamento de um banho de água fria ou de um mergulho no gelo, a temperatura da água deve estar entre 12 e 15 °C. A água absorve o calor do corpo de modo mais eficiente do que o ar, então, isso dá uma sensação de muito frio assim que se entra na água. Tente ficar na água fria por pelo menos 5 minutos, mas não mais do que 15. Ficar submerso até os ombros é tido como mais eficiente do que mergulhar só os quadris ou a cintura. Uma abordagem prática é encher a banheira com água e colocar um ou dois sacos de gelo do supermercado ou de um posto de gasolina. Uma abordagem mais pitoresca é uma imersão após a corrida em um rio gelado ou nos oceanos gélidos de New England e do noroeste do Pacífico.

Terapia de choque térmico

Essa técnica tem uma logística mais complicada do que a imersão em água fria, porque é preciso submergir de forma alternada em água quente e, depois, em água fria. A água quente normalmente está entre 35 e 40 °C; a fria, entre 11 e 15 °C. Deve-se permanecer na água gelada o dobro do tempo que ficar na água quente. Um protocolo típico é gastar de 2 a 3 minutos na água fria seguido de 1 a 2 minutos na água quente, repetindo isso três vezes. Os atletas com frequência encerram o processo com a água fria em um dia quente e com a água quente no inverno. Se não há disponibilidade de acesso a duas banheiras, uma opção mais conveniente (mas provavelmente não tão eficaz) é encher uma banheira com água fria e com gelo, e alternar 2 a 3 minutos na banheira com 1 a 2 minutos em uma ducha quente.

Massoterapia

Muitos corredores profissionais e outros atletas usam a massoterapia para melhorar a recuperação do treino, para relaxar mentalmente e para prevenir lesões. Muitos dos melhores corredores recebem massagem nas pernas e nas costas uma ou duas vezes por semana. Como os músculos se sentem fatigados por várias horas depois das massagens, normalmente elas são feitas após o treino, e os corredores evitam uma massagem profunda um dia antes de um treino intenso ou de uma corrida.

Os efeitos da massagem na recuperação ainda não têm comprovação científica, mas a experiência com corrida e com treinamento sugere que há um benefício. A massagem melhora o fluxo sanguíneo na área massageada, aumenta o relaxamento muscular e melhora a flexibilidade dos músculos e dos tecidos conjuntivos que os envolvem. Tipos específicos de massagem podem também ser usados para desmanchar cicatrizes de lesões anteriores. Além de aumentar o relaxamento, o maior benefício da massagem pode ser identificar músculos e tendões enrijecidos ou doloridos antes que fiquem lesionados e tratá-los de acordo.

Algumas das pesquisas mais interessantes sobre massagem têm sido feitas em cavalos, o que elimina o efeito placebo. Depois de uma massagem, observou-se que os cavalos passaram a ter um aumento na amplitude do movimento e na de passada durante a corrida, o que seria uma vantagem se o mesmo fenômeno ocorresse em corredores humanos (Wilson e Copeland, 2003).

Há vários tipos de massoterapia disponíveis. Massoterapeutas que são membros da Associação Americana de Massoterapia precisam atender a vários padrões profissionais, o que oferece um nível de confiabilidade nas suas capacidades. Na maioria dos 50 estados americanos, é obrigatório ter uma licença para se apresentar como massoterapeuta. A recomendação de corredores experientes é uma forma útil de selecionar um massoterapeuta que compreende o corpo do corredor.

Além da massagem feita por um massoterapeuta profissional, a automassagem pode ser eficaz em músculos enrijecidos que são fáceis de alcançar, como o quadríceps, as panturrilhas e a musculatura dos pés. Há diversos aparelhos para ajudar na automassagem, incluindo os rolos e as bolas de massagem, e o bastão (Stick), que é um equipamento plástico de automassagem, cuja função é alongar e comprimir os músculos, e é muito popular entre os corredores.

Aproveitando ao máximo a rotina de aquecimento

Aquecer os músculos e o sistema cardiovascular antes de investir em um esforço intenso ajudará a aproveitar ao máximo um treino de $\dot{V}O_2$máx, um treino de ritmo ou uma sessão curta de velocidade. Como o corpo estará mais bem preparado para lidar com o treino, um bom aquecimento também pode reduzir o tempo exigido de recuperação pós-treino.

Um aquecimento ajuda a preparar o corpo para correr com intensidade. Quando o corredor acelera o *pace* de $\dot{V}O_2$máx no começo de um treino, as demandas fisiológicas no corpo aumentam com rapidez. Na transição entre estar parado e a corrida intensa, o coração bombeia cinco ou seis vezes mais sangue, e o consumo de oxigênio aumenta até 15 vezes. Se o corredor não reserva um tempo para o aquecimento, ele coloca mais estresse no coração, bem como nos músculos e nos tendões.

O aquecimento prepara o sistema cardiovascular e os sistemas energéticos para a corrida em alta intensidade, por meio do aumento da frequência cardíaca, da profundidade, da frequência da respiração, do fluxo sanguíneo para os músculos em funcionamento e da ativação das enzimas que agilizam a produção de energia aeróbia. Com o sistema aeróbio preparado para o esforço a seguir, os músculos também produzem menos lactato no início do treino.

Outro benefício de um aquecimento meticuloso é o aumento da temperatura muscular. Correr em um *pace* moderado antes de um treino ou corrida aquece os músculos, deixando-os mais maleáveis. Isso reduz o risco de lesão. O aquecimento também resulta em um treino melhor porque o atleta não desperdiça o primeiro estímulo ou o começo do treino de ritmo se preparando para o esforço requerido. Estudos descobriram que mesmo apenas 10 minutos de aquecimento já resultam em uma redução na DMT em dias de exercícios de alta intensidade. Acredita-se que isso é causado pelo aumento da temperatura nos músculos, o que melhora a flexibilidade deles e reduz os danos causados por fibras musculares alongadas em excesso (Law e Herbert, 2007; Olsen *et al.*, 2012).

O rigor do aquecimento vai depender se o corredor está se preparando para um treino ou para uma corrida, mas os mesmos três passos se aplicam:

1. **Corra por 10 a 20 minutos.** Comece suave e aumente progressivamente o esforço até quase o *pace* no LL para os últimos minutos. O calor produzido pelos músculos soma-se à carga de calor do corpo, então, o atleta deveria reduzir a distância do aquecimento em um dia quente.
2. **Alongue e faça exercícios de corrida.** Alongamentos e exercícios de corrida preparam os músculos para uma maior amplitude de passada e para as contrações excêntricas de uma corrida rápida. Reserve pelo menos 10 minutos para isso antes de um treino ou 15 antes de uma corrida. A maior parte dos alongamentos pré-corrida deve ser dinâmica. Esses aquecimentos usam movimentos gentis para fazer um músculo passar pela sua amplitude

Continua

Continuação

de movimento natural. Alongamentos dinâmicos são preferíveis antes de um treino, porque evidências sugerem que um alongamento estático prolongado (no qual a pessoa mantém um alongamento parado) pode reduzir a força muscular por um curto período de tempo. Se for usar alongamentos estáticos, limite-os a duas ou três repetições por grupo muscular e não segure os alongamentos por mais de 15 segundos. As rotinas recomendadas de alongamento e exercícios de corrida são discutidas no Capítulo 3.

3. **Corra por alguns minutos a mais.** Mantenha essa corrida suave com vários tiros de 100 m até o *pace* de corrida ou o *pace* mais rápido do treino que virá a seguir. Alguns corredores gostam de estender uma das acelerações por 30 segundos ou mais. Quando se aquecer antes de uma corrida, quanto mais curta a corrida, maior o estresse no corpo e mais completo deveria ser o aquecimento.

Antes de uma corrida, o atleta trabalhará outros fatores na rotina de aquecimento, como colar o número dele da corrida, ficar na fila para o banheiro e ir até a largada. Tentar programar o aquecimento para estar pronto para correr por cerca de 5 minutos antes da largada. Manter-se em movimento durante esses últimos minutos. Se o tempo estiver frio, tentar ficar com um chapéu e uma blusa de manga comprida até os últimos minutos possíveis antes da corrida, para manter o calor do corpo. É importante garantir que haverá tempo o suficiente para se aquecer bem, mas não se deve começar o aquecimento muito cedo, a ponto de completá-lo muito antes do início da corrida, perdendo, assim, alguns dos benefícios do aquecimento até que seja dada a largada. Para a maioria dos corredores, 45 minutos de aquecimento pré-corrida é a medida certa.

A importância do sono para a recuperação

Dormir pode ser o fator mais essencial na recuperação dos corredores, mas, ainda assim, com suas vidas ocupadas, a importância do sono com frequência é negligenciada. Um treino sério aumenta muito a necessidade de um sono de qualidade, ao mesmo tempo que estilos de vida estressantes levam a reduzir o tempo e a qualidade do sono. Com o passar do tempo, isso pode levar a uma redução da recuperação e impactar na *performance* de corrida. Também pode contribuir para o *overtraining*. A privação de sono aguda, acumulada por dias, com menos repouso do que o ideal pode ser compensada com certa rapidez, mas muitos estilos de vida levam à insônia crônica.

A privação do sono está ligada à redução do funcionamento do sistema imunológico. Os hormônios liberados durante o sono desempenham um papel importante na manutenção dos níveis ótimos de trabalho do sistema imunológico. A falta de sono pode limitar a síntese de proteínas para recuperação muscular e deixar os corredores mais suscetíveis às infecções. A liberação do hormônio do crescimento e da testosterona, que desempenham um papel central na restauração dos tecidos e na recuperação, aumenta durante o sono.

Como diversas funções de recuperação ocorrem durante o sono, ele é importante tanto para a saúde mental quanto para a física. Dos dois tipos de sono, o REM (*rapid eye movement*, ou movimento rápido dos olhos) é o mais importante para o processo mental e para a função cognitiva. Para atletas, o sono REM é especialmente importante quando estão tentando aprender novas habilidades motoras, como os exercícios de corrida. O sono não REM (ou NREM, sem movimento rápido dos olhos), que é dividido em 4 fases, é mais importante para a recuperação física, para o crescimento e para a recuperação.

Tanto a cafeína quanto o álcool são inimigos do sono de qualidade. Consumir cafeína pode tornar difícil pegar no sono, o que leva para uma noite sem descanso, em especial para pessoas sensíveis à cafeína que a ingerem no final da tarde a ou à noite. Uma dose de uma bebida contendo álcool à noite não é um problema, mas o abuso reduz tanto a quantidade quanto a qualidade do sono.

O corpo e a mente amam uma rotina, e um ter padrão na hora de deitar pode ajudar a enviar os sinais corretos para a mente e para o corpo de que é hora de dormir. Tente manter uma rotina de ir para a cama aproximadamente na mesma hora todas as noites. Aqui vão algumas dicas para ajudar a adormecer: evite luzes intensas antes de ir para a cama, mantenha o quarto levemente frio, não assista à TV na cama e evite computadores e outros dispositivos eletrônicos antes da hora de dormir. Ler um livro relaxante na cama pode ajudar a acalmar e a preparar o corpo para dormir.

A maioria dos adultos precisa de 7 horas de sono por noite, e um atleta treinando intensamente pode precisar de mais. Aumentar a intensidade e a duração do treino estimula o sistema nervoso parassimpático e, com frequência, leva ao aumento da sonolência à noite e a uma noite mais longa de sono. Evite correr muito próximo da hora de dormir, porque o estímulo ao sistema nervoso simpático torna mais difícil pegar no sono.

Quando o atleta tem uma corrida importante se aproximando, deve tentar tirar o atraso do sono com muita antecedência. O corpo não pode compensar semanas de falta de sono na noite anterior à corrida e, se tentar, é provável que o atleta se sinta grogue no dia da corrida. Se a pessoa dorme bem a maior parte do tempo, não precisa se preocupar com a ansiedade na noite anterior à corrida, porque uma noite dormindo menos não afetará a *performance*.

Se o corredor não conseguir dormir o suficiente à noite, um cochilo pode ajudar a compensar o *deficit*. Atletas de elite rotineiramente cochilam após suas principais sessões de treino para promover a recuperação. Embora provavelmente não seja algo prático se a pessoa tem um emprego em tempo integral, até os cochilos podem beneficiar, em curto prazo. Uma soneca de 20 minutos já mostrou oferecer uma melhora na função cognitiva, na função motora e na *performance* de corrida de velocidade (Venter, 2012). É melhor ter a cota toda de sono à noite, mas, se precisar de mais, um cochilo pode fazer a pessoa se sentir renovada. Deve-se evitar cochilar no final da tarde, porque isso pode interferir no sono da noite.

Overtraining e falta de recuperação

Muito já foi escrito sobre o *overtraining*[10] para corredores, e muito dessa informação é enganosa. Cada corredor tem um limite individual para adaptação positiva ao estresse do treinamento. A fadiga do dia a dia de treino intenso normalmente está bem abaixo do limite individual do atleta e é resolvida com facilidade com um ou dois dias de treinos leves de recuperação.

Quando o corredor coloca muitos dias de treinos intensos muito próximos e sem recuperação suficiente, o *overreaching* pode ocorrer. *Overreaching* é, simplesmente, uma sobrecarga temporária das habilidades do corpo de se recuperar e de se adaptar positivamente ao treino. Isso também pode ser denominado falta de recuperação, ou *underrecovery*. A fadiga e a falta de recuperação costumam se desenvolver ao longo de algumas semanas.

Além da fadiga, os sintomas do *overreaching* com frequência incluem:

- aumento geral das dores musculares;
- redução da qualidade do sono;
- supressão temporária do sistema imunológico;
- irritabilidade;
- redução da frequência cardíaca máxima;
- perda de entusiasmo pelo treino e por competições;
- redução do apetite;
- distúrbios do humor.

Corredores também experimentam um aumento na sensação de esforço em determinado *pace* de treinamento (isto é, tudo parece mais difícil do que o usual) durante o *overreaching*.

---

[10] Também conhecido como síndrome do *overtraining*.

Em geral, uma ou duas semanas de treinos suaves são tudo o que se precisa para superar o *overreaching* e retornar para abaixo do limite individual. Após corrigir a falta de recuperação, o treino volta a ficar equilibrado, e o ciclo positivo de estresse, recuperação e melhora pode continuar.

Um fator de *overreaching* pode ser o esgotamento do glicogênio, o que pode ser resolvido com alguns dias de treino reduzido e aumento da ingestão de carboidratos. Corredores que têm vários dos sintomas de *overreaching* podem, na verdade, estar com o nível de ferro baixo, o que pode ser detectado por um exame de sangue simples. O ferro e outros nutrientes críticos para a manutenção do equilíbrio do treinamento são discutidos no Capítulo 4.

Uma condição mais séria para os corredores é o *overtraining*. Isso pode ocorrer quando o atleta ignora os sintomas de *overreaching* e continua com o treinamento rígido. Não estão evidentes a duração em que o *overreaching* precisa ocorrer nem os gatilhos específicos causam um *overtraining* mais persistente. É provável que os fatores incluam o histórico de treino do atleta; a intensidade, o volume e a monotonia do treino recente; a força do sistema imunológico do atleta; vários fatores de estilo de vida e como o atleta responde mentalmente ao estresse.

O *overtraining* é associado a um declínio na *performance* de corrida por muitas semanas ou muitos meses. Os sintomas do *overtraining* podem incluir todos os listados anteriormente para o *overreaching*. Normalmente, o *overtraining* inclui mais sintomas do que o *overreaching*, e eles permanecem por um longo período com pouca melhora. O *overtraining* tem maior probabilidade de envolver alteração nos níveis hormonais e uma supressão mais longa do sistema imunológico, em comparação ao *overreaching*. O modelo do governador central (veja o boxe *O cérebro limita a performance de corrida?*) de fadiga pode explicar como o cérebro avalia muitos dos fatores de estresse e envia sinais para reduzir os níveis de *performance* até que o corpo se recupere por completo.

Se o atleta tem vários sintomas do *overtraining* e eles persistem por várias semanas, ele deveria reduzir tanto a intensidade quanto o volume de treinamento. Deve se afastar por completo do treinamento por vários dias e se dar três semanas consecutivas de recuperação (veja os princípios da recuperação no começo deste capítulo). O atleta ainda deve se certificar de que está comendo carboidratos o suficiente e tendo um sono adequado durante esse período. Se os níveis energéticos não se aproximarem do normal depois de três semanas, o corredor deve procurar um médico.

Monitorando a recuperação

Não há um modo perfeito de avaliar quando o corpo está recuperado e pronto para o próximo treino intenso. Com o registro de alguns dados simples em um diário de treinamento todos os dias, contudo, é possível aprender mais sobre como o corpo responde às diferentes combinações de treino e recuperação. Ao verificar como os padrões nas medidas a seguir se relacionam à *performance* de corrida, o corredor estará mais bem capacitado para sintonizar o treinamento e o estilo de vida.

Qualidade e quantidade de horas de sono

Como discutimos antes neste capítulo, uma redução na qualidade ou na quantidade do sono pode ter um impacto negativo na habilidade do corpo de se adaptar positivamente ao treino. É importante monitorar os padrões de sono, avaliando a qualidade do sono em uma escala de 1 (péssimo) a 10 (excelente) e registrar quantas horas foram dormidas na noite. Se a qualidade e a duração do sono são reduzidas por mais de três dias seguidos, o atleta deve considerar modificar o treinamento e refletir sobre os níveis de estresse como um todo.

Peso

O peso oferece informações sobre o equilíbrio energético e dá uma indicação do nível de hidratação. Para uma comparação melhor no dia a dia, o corredor deve se pesar na mesma hora todos os dias, de preferência pela manhã. Variações no dia a dia de até um quilograma, no geral, são causadas por desidratação. Perda de peso por longos períodos indica que o consumo energético não está equilibrado e, se o atleta não está reduzindo o peso de propósito, pode ser um sinal de *overtraining*.

O cérebro limita a *performance* de corrida?

E se não fossem os nossos corpos, mas, sim, nossas mentes que ditassem o quão rápido podemos correr durante um treino ou uma corrida? De acordo com o professor sul-africano Tim Noakes, um dos maiores fisiologistas esportivos do mundo e um especialista em corridas em longas distâncias, esse pode ser precisamente o caso. Ao longo da última década, Noakes desenvolveu o modelo do governador central (MGC) para explicar os fatores limitadores durante a *performance* nos exercícios (Noakes, 2007, 2011).

Continua

Continuação

De acordo com esse modelo, o cérebro regula a potência de ação do músculo ao reduzir o recrutamento de unidades motoras para prevenir que o corpo (e o cérebro) se lesionem. Ele faz isso levando em conta "o estado fisiológico do atleta no começo do exercício; a distância ou a duração antecipada de cada etapa do exercício; o grau de experiência prévia que o atleta tem, em especial na atividade que se está realizando; o nível de motivação do atleta e os níveis de autoconfiança, entre muitos outros fatores possíveis" (Noakes, 2007, 2011, p. 26-7).

Como um computador para diagnóstico do carro, Noakes explica que, durante uma corrida ou um treino, a troca contínua de sinais entre os principais órgãos e músculos informa ao cérebro o quanto o corpo se aqueceu, como estão as reservas de combustíveis, o nível de hidratação e uma variedade de outros fatores. O cérebro estabelece e ajusta um *pace* permitido com base nesses sinais. A fadiga, então, é a sensação causada pelo cérebro para nos manter em um nível seguro de exercícios. O MGC não pode ser desativado diretamente com um controle consciente, apesar de que Noakes, de fato, inclui a motivação e a autoconfiança como dois dos fatores envolvidos.

Há um grande mérito no MGC em reconhecer o papel do cérebro na *performance* de corrida. Atualmente, o MGC não oferece indicações claras de como prescrever um treino de corrida para melhorar a *performance*, mas esse conhecimento deve evoluir com o passar dos anos.

O MGC tem implicações para o conceito de *overtraining*, as quais, como discutido neste capítulo, parecem envolver múltiplos fatores e, portanto, são difíceis de predeterminar e de prevenir. A redução na motivação e na *performance* que associamos ao *overtraining* pode ser causada pelo sistema de diagnósticos do cérebro, que envia sinais para reduzir a intensidade até que o corpo tenha se recuperado por completo e possa treinar intensamente com segurança de novo.

A principal lição a se aprender com o MGC pode ser o uso de um *pace* constante em corridas, porque o aumento repentino na intensidade, ao disparar com muita velocidade, pode sinalizar ao governador central que o estresse é muito intenso para ser mantido, fazendo-o supercorrigir. Outra lição pode ser evitar condições extremas, como corridas em temporadas muito altas, nas quais o cérebro pode adicionar uma margem protetora maior contra danos futuros. Também parece muito lógico da óptica MGC dar um tempo para uma adaptação gradual ao calor, à umidade ou à altitude antes de uma corrida intensa nessas condições.

Entretanto, pode ser possível para os corredores aumentarem de modo gradual os riscos que o cérebro permite que o corpo assuma por meio da aproximação até os limites atuais, mas com cuidado para não os exceder. Essa é uma área relativamente nova de pesquisa e, até o momento, nenhum estudo foi conduzido para provocar a forma como os limites do cérebro podem ser modificados para permitir a melhora da *performance* de corrida. Até que se saiba mais sobre as implicações do MGC para o treino de corrida, o melhor que podemos fazer é refletirmos sobre seu potencial e ficarmos mais atentos aos efeitos do cérebro na *performance*.

Nível energético

O nível energético é um dos indicadores mais úteis da recuperação do treino. Avalie o nível energético de cada dia em uma escala de 1 (quase morto) a 10 (alto). Níveis de energia mais baixos podem ser causados por treinos muito intensos por muitos dias ou semanas seguidos, por ingestão inadequada de carboidratos, por desidratação, por níveis baixos de ferro, por doença, por falta de sono ou por outros estresses da vida.

Frequência cardíaca ao acordar

A frequência cardíaca do momento em que se acorda na manhã oferece uma indicação de como o atleta está se recuperando do treinamento. Se a frequência cardíaca ao acordar é mais alta do que 5 bpm da frequência normal por dois ou mais dias consecutivos, então, o atleta está se cansando demais com o treinamento. Também pode ser um sinal de alerta do início de uma doença. Verifique a frequência cardíaca assim que puder logo depois de acordar, porque ela aumenta por volta de 10 bpm quando a pessoa se levanta. Essa medida é útil quando considerada em combinação com outras medidas, mas não é possível usar somente ela de forma isolada por causa da variedade de fatores que podem influenciar a frequência cardíaca de repouso.

Qualidade da dieta

As escolhas diárias de alimentação afetam os níveis de energia e de recuperação. É preciso avaliar a qualidade geral da dieta diária, incluindo a ingestão de carboidratos e de proteínas, anotando os alimentos que sentir que causaram um impacto negativo no treinamento. Avaliar a qualidade da dieta desse modo servirá como um lembrete diário para ingerir os alimentos certos para o treino.

Nível de hidratação

A desidratação tem um efeito negativo na *performance* de corrida e atrasa a recuperação do treinamento. O peso diário e a coloração da urina (a urina clara indica que a pessoa está bem hidratada) oferecem uma indicação do nível de hidratação. A hidratação é discutida com mais detalhes no Capítulo 4.

Dores musculares

O nível geral de dores musculares oferece outro indicativo da qualidade da recuperação do treino. Um aumento nas dores musculares como resultado de um treino intenso específico ou de uma corrida (em especial se for uma corrida com descidas, que leva à DMT) é algo esperado, mas um aumento generalizado das dores musculares que dure mais do que alguns dias pode indicar que o atleta está se recuperando de forma inadequada. Avalie as dores musculares gerais diariamente em uma escala de 1 (baixa) a 10 (excruciante) para ter uma indicação do estado de recuperação.

Soluções tecnológicas para corredores: roupas de compressão

Vestuário de compressão para corredores, incluindo meias, *leggings* e meias-calças, estão disponíveis há mais de 10 anos, e muitos corredores profissionais, como Chris Solinsky, Paula Radcliffe e Shannon Rowbury, usam esse tipo de roupa durante e após o treino, para melhorar a recuperação. Esses itens têm ficado cada vez mais populares entre os praticantes de corrida no geral.

Contudo, evidências científicas dos aparatos de compressão são divergentes. Vários estudos descobriram benefícios mínimos, mas positivos, com o uso de vestuários de compressão durante o treino, incluindo o retardamento de até uma hora na fadiga e no tempo de prova (Barnett, 2006; Born, Sperlich e Holmberg, 2013). As evidências são um pouco mais fortes para a recuperação pós-treino, com benefícios moderados para a recuperação da força máxima e da potência e para redução do inchaço muscular e das DMTs (Barnett, 2006; Born, Sperlich e Holmberg, 2013). Não está claro por quanto tempo os aparatos de compressão devem ser usados para serem mais eficientes para a recuperação. Alguns corredores colocam meias ou meias-calças de compressão por uma ou duas horas depois de um treino intenso ou de uma corrida; outros as colocam para dormir ou por até 48 horas após uma corrida.

Para ser eficiente, a roupa de compressão deve aplicar a pressão de forma gradual, com a maior pressão no pé e no tornozelo, reduzindo-a aos poucos conforme sobe para as pernas e as coxas. Quem planeja comprar um vestuário de compressão deve se certificar de que ele oferece uma pressão gradual.

Essa ainda é uma área relativamente nova de pesquisa, então, o conhecimento dos benefícios das roupas de compressão continua evoluindo. Um dos benefícios claros é que as meias de compressão, as *leggings* e as meias-calças são úteis para voos longos, reduzindo o inchaço dos tornozelos e ajudando a pessoa se sentir melhor quando chega ao destino e segue para uma corrida.

Estresse pelo calor

Treinar em condições quentes e úmidas requer mais atenção à recuperação do que em condições mais amenas, por causa dos efeitos do aumento da temperatura interna e da desidratação. Quanto mais alta a intensidade de treinamento, mais calor os músculos geram e maior é o estresse causado pelo calor e pela umidade. Observe como o corpo responde aos climas quentes e úmidos e tente evitar condições extremas, mudando o treino para as horas mais frescas do dia.

Além de balancear o treino de corrida e o tempo de recuperação para obter adaptações mais positivas, outras atividades físicas podem ajudar a melhorar a *performance*. No próximo capítulo, analisaremos como o treinamento suplementar, como o treino com pesos, os alongamentos, os exercícios pliométricos e o treino funcional aeróbio, pode tornar o atleta mais forte, mais saudável e mais rápido na corrida, e como também pode oferecer opções para ficar em forma se o treinamento for interrompido por uma lesão.

Treino suplementar

Como vimos nos dois primeiros capítulos, a habilidade de correr rápido por distâncias de 5 km até a meia maratona requer uma mistura de treino estruturado, recuperação calculada e disposição para ouvir o corpo. O treino feito de forma livre e aleatória não oferece os estímulos apropriados para melhorar o condicionamento físico. Forçar muito e ter pouca recuperação traz o risco de *overtraining*. Otimizar o treino é um verdadeiro número de equilibrista.

O treino pode render mais ao incorporar exercícios suplementares na rotina. Atividades diferentes da corrida, como treino de força, trabalho de flexibilidade e treino funcional aeróbio, acionam os músculos e a mente de forma diferente, aumentando a força, a flexibilidade e a resistência a lesões. O treino suplementar também usa grupos musculares e padrões motores que são ignorados com a prática exclusiva de corrida, ajudando o corredor a se tornar um atleta mais equilibrado. Para corredores que atingiram seu teto de quilometragem ou que estão propensos a lesões, o treino suplementar pode fornecer a eles os benefícios extras do trabalho aeróbio, sem o desgaste para o corpo.

O treino suplementar também pode ser visto como uma estratégia interessante contra lesões. É muito comum os corredores se enxergarem ou como completamente saudáveis (posso correr) ou como completamente lesionados (não posso correr). Na verdade, existe uma área cinzenta enorme no espectro da saúde. Uma dor irritante na panturrilha que dura 10 minutos em todas as corridas pode não impedir o corredor de terminar o treino ainda, mas o impedirá de ter prazer com o esporte e pode sinalizar uma lesão grande se formando no horizonte. Para pré-reabilitar uma preocupação, a pessoa deve reconhecer essa dor e começar a tratá-la antes que lesão a derrube.

Para esses fins, apresentamos quatro tipos de treinos suplementares que podem ser feitos junto com as principais sessões de treino. Na seção da flexibilidade, analisamos os princípios subjacentes aos alongamentos dinâmicos, estáticos e de facilitação neuromuscular proprioceptiva (FNP) e quando incorporá-los ao treino. A seguir, vemos como o treino de força afeta de modo positivo a corrida. Isso inclui exercícios com halteres, exercícios para o *core* e pliométricos. Depois, abordamos os exercícios de corrida e o papel deles no desenvolvimento de uma forma e de uma postura eficientes. Finalmente, discutimos o papel dos exercícios de treino funcional aeróbio, por exemplo, correr na água, nadar e andar de bicicleta, e como isso pode aumentar o condicionamento físico tanto para os corredores saudáveis quanto para os lesionados. Foram incluídas descrições e fotos para todos os exercícios suplementares deste capítulo.

Flexibilidade

Quem já correu com uma faixa dolorosa bem apertada no isquiotibial ou com as costas travadas pode dizer como músculos e tendões inflexíveis restringem o movimento, prejudicam a *performance* e transformam a corrida em uma experiência bem infeliz. A habilidade de mover os membros na sua amplitude de movimento natural, sem interferências, é vital para a pessoa permanecer um corredor produtivo e saudável.

O quanto é preciso ser flexível (e como medir isso) é algo que vem sendo cada vez mais questionado por treinadores e cientistas esportivos. Informações conflitantes sobre os alongamentos dinâmicos e estáticos deixaram muitas pessoas se perguntando o que precisa ser feito, se é que alguma coisa precisa ser feita, para melhorar a flexibilidade de um corredor. Ainda assim, a maioria dos corredores continua se alongando. Isso é uma coisa boa? Acreditamos que sim. Um regime de alongamentos específicos oferece benefícios tangíveis, como maior potência e melhor amplitude de movimento; outros ajudam a relaxar músculos tensos e podem permitir que o atleta corra mais rápido e com mais naturalidade. Ao introduzir as rotinas de alongamentos dinâmicos e estáticos nos momentos apropriados (e usando alongamento de FNP quando os músculos estiverem muito encurtados), o corredor se oferece a melhor chance de estar saudável e de se sentir bem no dia da corrida.

Flexibilidade dinâmica

Se a flexibilidade dinâmica em algum momento foi um segredo, agora não é mais. Vá a uma escola de ensino médio, a uma faculdade ou a um encontro de corredores profissionais e é certeza de que verá atletas por todos os lados na área de aquecimento balançando as pernas, girando os pescoços e saltitando de todas as maneiras possíveis. Bem-vindo à nova era do alongamento!

Diferentemente dos alongamentos estáticos tradicionais, em que um grupo isolado de músculos é mantido em uma posição por 20 segundos ou mais, os exercícios dinâmicos enfatizam a movimentação repetitiva das articulações pela sua amplitude de movimento completa. Apesar de o aumento da flexibilidade muscular ser bem-moderado, os alongamentos dinâmicos têm mostrado um aumento na circulação sanguínea, uma melhoria na mobilidade das articulações e um aumento da potência muscular em comparação aos alongamentos estáticos ou à não realização de qualquer alongamento (Dalrymple *et al.*, 2010; Herda *et al.*, 2008). Essas melhorias são recursos valiosos para o atleta ter a seu favor quando se prepara para correr.

Os alongamentos dinâmicos também imitam melhor o que a pessoa encontrará quando correr, em comparação aos outros tipos de exercícios de flexibilidade. A amplitude de movimento durante a corrida (ou a flexibilidade funcional) deveria ter mais impacto na *performance* do que na habilidade de abrir um espacate no chão. Isso é algo mais importante ainda para os velocistas, para os quais a amplitude de passada tem um papel mais importante no resultado da *performance*.

Alongamentos dinâmicos são mais eficientes quando executados antes da corrida. Encontre um lugar firme para se segurar antes de começar os exercícios, como uma parede, a lateral de um carro ou uma cerca, porque muitos dos exercícios exigem que se coloque o peso em algo firme. Mantenha uma boa postura ao executar cada um dos alongamentos: cabeça erguida, ombros relaxados, costas eretas ao máximo. Certifique-se de alongar os braços e as pernas por toda a amplitude de movimento deles, sem forçá-los. Quando movimentar os braços, os quadris e os joelhos, ouça o corpo e seus limites atuais para evitar lesões.

Uma sessão de alongamentos dinâmicos não substitui a corrida de aquecimento antes de um treino ou de uma corrida, mas pode ajudar em uma transição mais eficiente para o início de uma corrida com mais velocidade. Corredores que treinam logo pela manhã podem tentar esses exercícios antes de correr, porque são uma forma excelente de despertar após uma longa noite de sono. Também são muito eficientes. A sessão inteira de flexibilidade dinâmica não deveria levar mais do que cinco minutos (Tabela 3.1).

Tabela 3.1 – Sessão de flexibilidade dinâmica

Exercício	Repetições
Cruzamento de braços	10
Giro de pernas	15 por perna
Cruzamento de pernas (em pé)	15 por perna
Giro de quadris	10 em cada direção
Giro de joelhos	10 em cada direção
Saltos laterais	10 em cada direção

Cruzamento de braços [*Arm cross*]

Em pé, abrir os braços para os lados. Gentilmente, balançá-los em frente ao corpo, mantendo-os relaxados e alinhados aos ombros. Alternar o braço que fica por cima a cada cruzamento.

Balanço de pernas [*Leg swing*]

Ficar em pé ao lado de uma estrutura de apoio, com os pés juntos. Apoiar-se na estrutura com um braço. Balançar a perna mais próxima da estrutura por toda a sua amplitude de movimento. Virar para o outro lado e repetir com a outra perna.

Cruzamento de pernas (em pé) [*Side swing*]

Ficar de frente a uma estrutura de apoio e colocar as mãos nela, com uma abertura na largura dos ombros. Os pés juntos e a meio metro da estrutura. Balançar uma perna de um lado para o outro por toda a amplitude do movimento da perna. Repita com a outra perna.

Giro de quadris [*Hip circle*]

Apoiar as mãos nos quadris, com os pés abertos na largura dos ombros. Mantendo os pés posicionados, rotacionar de modo gradual os quadris e a pelve em um círculo. Os joelhos devem ficar levemente flexionados. Alternar a direção em cada série.

Giro de joelhos [*Knee circle*]

Colocar as duas mãos nos joelhos e manter os pés juntos. Flexionar os joelhos em um ângulo de 45°. Com os pés no lugar, girar os joelhos em um círculo. Alternar a direção em cada série.

Saltos laterais [*Side skip*]

Começar com os braços ao lado do corpo e os pés na largura dos ombros. Saltar para o lado, batendo as laterais dos pés juntas a cada passo, e, ao mesmo tempo, balançar os braços por toda a amplitude de movimento deles (similar a um polichinelo). Repetir na direção oposta.

Flexibilidade estática

Alongamentos estáticos aumentam a flexibilidade por meio do alongamento das fibras musculares e dos tecidos conjuntivos que as cercam. Diferentemente do movimento presente nos exercícios dinâmicos, os alongamentos estáticos exigem que a pessoa isole um grupo muscular e mantenha a posição alongada. Alongar de forma consistente aumentará a amplitude de movimento dos músculos trabalhados e reduzirá o esforço necessário para movê-lo por essa amplitude.

O corredor também pode descobrir que os alongamentos estáticos o ajudam de formas inesperadas. Por vários anos na faculdade, Phil lutou contra um problema respiratório sério. Toda vez que um esforço de corrida ficava muito intenso, ele começava a ofegar. Os médicos foram sensatos ao presumir que se tratava de uma asma induzida por exercícios, mas os remédios e os inaladores prescritos não ofereceram alívio. Só depois de visitar um massoterapeuta para um problema não relacionado que Phil descobriu que a tensão muscular nas suas costas estava causando o problema respiratório. Depois de implementar um programa diário de alongamentos de 5 minutos, o problema respiratório desapareceu.

Isso não quer dizer que não houve certa controvérsia sobre a eficácia dos alongamentos estáticos nos últimos anos. Muito desse debate foi abastecido por uma série de estudos dos anos 1990 e do começo dos anos 2000, que mostraram que a potência máxima era reduzida em atletas que faziam alongamentos estáticos antes dos exercícios (Kokkonen, Nelson e Cornwell, 1998; Fowles, Sale e MacDougall, 2000). Com base nisso, muitos treinadores e corredores especularam que os corredores teriam uma *performance* pior se fizessem alongamentos estáticos antes dos treinos ou das corridas. Estudos mais recentes que reproduziram melhor a rotina de alongamentos dos corredores descobriram que turnos curtos de alongamentos estáticos não têm efeitos negativos na economia de corrida ou na potência máxima (Bubanj *et al.*, 2011; Hayes e Walker, 2007; Ryan *et al.*, 2008).

Para prevenir lesões, sempre faça alongamentos estáticos quando os músculos estão aquecidos e o fluxo sanguíneo está alto. Isso pode ser feito imediatamente após completar uma corrida ou como uma sessão isolada depois de vários minutos de exercícios moderados (incluindo a caminhada). Progrida pelos alongamentos um a um, mantendo em mente que se deve ficar dentro dos limites atuais do corpo. Segure cada alongamento por 20 ou 40 segundos e faça cada alongamento de uma a três vezes. Apesar de ser a intenção aplicar força o suficiente para alongar os músculos e os tecidos conjuntivos que os envolvem, o alongamento estático não deve causar desconforto. Se sentir dor, reduza o alongamento e verifique se a técnica correta está sendo aplicada.

A rotina mostrada no Quadro 3.1 enfoca grupos musculares que são habitualmente fortes entre os corredores, como os isquiotibiais e a parte inferior da coluna. O atleta pode querer acrescentar ou retirar alongamentos dependendo da necessidade do corpo. Também se certifique de que está alongando os grupos musculares opostos (como os quadríceps e os isquiotibiais) e os lados esquerdo e direito do corpo igualmente.

Quadro 3.1 – Rotina de alongamento estático

Alongamento	Músculos focados
Rotação das costas	Banda iliotibial, partes superior e inferior das costas
Cruzamento de pernas (deitado)	Piriforme e parte inferior das costas
Borboleta	Adutores
Alongamento unilateral dos isquiotibiais	Isquiotibial
Alongamento dos isquiotibiais (deitado)	Isquiotibial
Alongamento dos quadríceps (em pé)	Quadríceps
Panturrilha com a perna reta e flexionada	Gastrocnêmio e sóleo
Cruzamento de braços	Músculos da cintura escapular e deltoides

Rotação das costas [*Back twist*]

Sentado, começar com a perna direita reta à frente e o joelho esquerdo flexionado e puxado próximo ao peito. O pé direito deve ficar posicionado no chão, do lado de fora do joelho esquerdo. Colocar o cotovelo do lado de fora da perna direita e girar as costas para a direita. Segurar até sentir um alongamento na região lombar da coluna, no meio das costas e do lado de fora da perna direita. Inverta a posição das pernas e repita do outro lado.

Cruzamento de pernas (deitado) [*Leg over*]

Posicionar-se em decúbito dorsal, com o joelho esquerdo estendido no chão. Trazer a perna direita para um ângulo de 90° e, depois, cruzá-la sobre a perna esquerda, mantendo os ombros no chão. Alongar até o limite nessa direção, até sentir alongamento máximo do músculo. Inverter a posição das pernas e repita do outro lado.

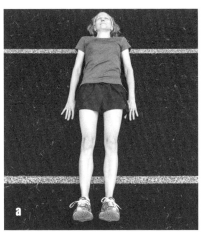 

Borboleta [*Butterfly*]

Sentado, colocar as solas dos pés juntas e puxá-las para perto da parte interna das coxas. Empurrar gentilmente os joelhos para baixo com as palmas das mãos ou com os cotovelos, até sentir um alongamento nos adutores.

Alongamento unilateral dos isquiotibiais [*Single-leg hamstring reach*]

Sentado, começar com o joelho direito reto e o joelho esquerdo flexionado como na posição borboleta. Levar as duas mãos na direção tornozelo direito ou do pé e manter essa posição assim que sentir o alongamento nos isquiotibiais do lado direito. Inverter a posição das pernas e repetir do outro lado.

Alongamento dos isquiotibiais (deitado) [*Lifted hamstring*]

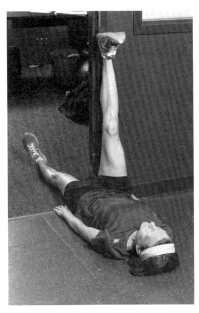

Começar em decúbito dorsal, com o pé direito encostado em um batente de porta, e a perna esquerda estendida na posição vertical. Deslizar o calcanhar direito para cima pelo batente até sentir um alongamento nos isquiotibiais, movendo lentamente a perna esquerda e o tronco na direção do batente, para manter a perna direita reta. Se for capaz de alongar completamente em 90°, os quadris ficarão paralelos ao batente e diretamente abaixo da perna direita. Para aumentar o alongamento, estender, de maneira gradual, a perna esquerda, travando o joelho. Inverter a posição das pernas e repetir do outro lado.

Alongamento dos quadríceps (em pé) [*Standing quadriceps*]

Em pé, com os pés juntos, colocar a mão esquerda em uma estrutura sólida. Flexionar o joelho direito e trazer o pé para baixo do glúteo direito, segurando o tornozelo direito até sentir o alongamento nos quadríceps. Inverter a posição das pernas e repetir do outro lado.

Panturrilha com a perna reta e flexionada [*Straight-leg and bent-leg calf*]

Em pé, afastado de uma estrutura sólida com a distância do comprimento do braço, colocar as duas mãos na estrutura para ter um apoio. Posicionar o pé direito atrás do calcanhar esquerdo e relaxá-lo. Alongar o gastrocnêmio (músculo externo da panturrilha) com o movimento dos quadris para a frente, mantendo o calcanhar esquerdo pressionado contra o chão. Após alongar com a perna reta *(a)*, manter a posição, mas flexionar o joelho esquerdo *(b)*; isso mudará o alongamento para o músculo mais profundo da panturrilha (sóleo). Inverter a posição das pernas e repetir do outro lado.

Cruzamento de braços [*Arm crossover*]

Em pé, flexionar os dois cotovelos em 90°. Entrelaçar os braços à frente do peito, posicionando um cotovelo sobre o outro. Juntar as mãos, levantando um pouco os cotovelos. Deve-se sentir um alongamento no meio da parte superior das costas. Inverter a posição dos braços e repetir.

Ioga para corredores

A maioria dos treinos suplementares oferece um benefício específico e limitado para um corredor em distância. Não a ioga. Muitas pessoas estão familiarizadas com o quanto ela aumenta a flexibilidade, mas a ioga também tem apresentado um aumento na força (em especial nos grupos de músculos do *core*), uma melhora na postura e na correção de desequilíbrios musculares.

Os benefícios da ioga se estendem além da simples força física e da flexibilidade. A ioga tem sido associada com a redução da ansiedade e tem sido usada com sucesso no tratamento da depressão. Seu componente meditativo pode ajudar a reduzir os níveis de estresse. E, como o autor Budd Coates relata no seu livro de 2013, *Running on Air: The Revolutionary Way to Run Better by Breathing Smarter*,[11] o trabalho com a respiração, que é o centro de todos os programas de ioga, pode ajudar a correr mais rápido ao mesmo tempo que reduz o risco de lesões.

Apesar de ser possível aprender ioga por meio de livros e vídeos, a maioria dos iniciantes se beneficia ao se matricular em aulas de ioga. Antes de começar, certifique-se do tipo de aula na qual está se inscrevendo. *Hatha yoga* é o estilo mais popular. Foca muito em manter posições, na concentração e na respiração. *Ashtanga yoga* (mais conhecida como *power yoga* no mundo ocidental) exige mais do físico e muda de uma posição para outra em uma sequência rápida, aumentando a demanda muscular. Na *Bikram yoga* (ou *hot yoga*), as sessões duram 90 minutos em uma sala aquecida a 40,5 °C. Esse tipo de ioga pode causar superaquecimento e desidratação, então, não é recomendada durante períodos de treinos intensos de corrida.

---

[11] N. do T.: *Correndo no ar: a maneira revolucionária de correr melhor com uma respiração mais inteligente*, em tradução livre.

Alongamentos de FNP

Se o corredor estiver lutando contra um músculo particularmente encurtado, ele pode tentar uma forma de trabalho de flexibilidade chamada alongamentos de FNP. Populares na fisioterapia e na medicina esportiva, os alongamentos de FNP apresentam um aumento temporário na amplitude de movimento de até 20% a 30% por meio de uma mudança na forma como o corpo percebe e tolera um alongamento. Esses exercícios necessitam de um parceiro que possa ajudar no alongamento por meio da ativação do grupo muscular oposto.

Não está claro se alongamentos de FNP diários beneficiam corredores ou quais os efeitos desse aumento na amplitude de movimento na capacidade de corrida. Para alívio em curto prazo de músculos mais encurtados, contudo, esse tipo de alongamento parece ser eficiente.

Alongamento de FNP de isquiotibiais [*PNF hamstring stretch*]

Posicionar-se em decúbito dorsal enquanto o parceiro segura a perna direita. Manter o joelho direito reto enquanto o parceiro levanta sua perna. Manter o joelho esquerdo reto no chão. Quando a perna direita alcançar o final da amplitude de movimento, segurar o alongamento passivo por 10 segundos. A seguir, promover uma resistência contra o parceiro, empurrando na direção oposta por 5 a 10 segundos antes de relaxar. O parceiro, então, levanta de novo sua perna e mantém o alongamento passivo. A amplitude de movimento deve aumentar. Repetir o processo de alongar e resistir três ou quatro vezes na perna direita e, depois, trocar para a esquerda.

Alongamento de FNP de flexores de quadris [*PNF hip flexor stretch*]

Posicionar-se em decúbito ventral em uma mesa, com os joelhos estendidos. Flexionar o joelho direito de forma que o pé direito fique diretamente acima do glúteo direito. O parceiro levanta o joelho direito por vários centímetros acima da mesa, até que seja sentido um alongamento no extensor do quadril. Manter esse alongamento passivo por 10 segundos e, então, resistir a ele, empurrando o joelho na direção da mesa por 5 a 10 segundos. Relaxar e deixar o parceiro levantar mais uma vez o joelho e segurar o alongamento passivo. A amplitude de movimento deve ter aumentado. Repetir esse processo de alongamento e resistência por três ou quatro vezes na perna direita, depois, trocar de posição e realizá-lo com a esquerda.

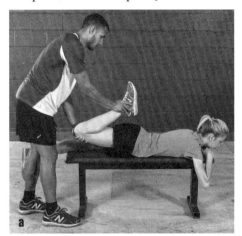

Treino de força

A princípio, pode parecer contraproducente incluir uma sessão de treino de força em um livro sobre treinamento para corridas em distância. Afinal, o treino de força não é para desenvolver músculos maiores, os quais são bem desvantajosos para um corredor?

Mas, feito de forma correta, o treino de força oferece várias vantagens para os corredores, sem produzir efeitos colaterais indesejados. Treinos compostos e exercícios pliométricos podem melhorar a economia de corrida e as características neuromusculares, fazendo que o atleta corra mais rápido na pista. Feito de forma isolada, o treino com pesos pode ajudar a isolar e a corrigir desequilíbrios musculares que, de outra forma, transformariam-se em lesões, além de melhorar a força funcional. E, com foco na força do *core*, pode ajudar a manter uma forma física eficaz durante uma corrida, salvando o corredor de uma redução de velocidade que ocorreria quando os músculos do tronco ficassem fatigados nos últimos estágios de uma corrida.

Corredores deveriam, no geral, fazer exercícios de treino de força de 2 a 3 vezes por semana. Um bom momento para isso é logo depois de um dia de treino intenso. Agrupar atividades intensas dessa forma aumenta o estímulo de treino em curto prazo e dá mais tempo para recuperação entre as sessões. Faça exercícios pliométricos em dias de corrida aeróbia básicas ou de recuperação, para evitar tentar fazê-los quando os músculos estão fatigados. Evite o levantamento de peso de 24 a 36 horas antes de um treino de corrida intenso. Treinos de força cobram um preço do corpo e fatigam temporariamente os músculos, aumentando o risco de lesões e de uma *performance* ruim.

Treino com pesos

As metas principais do treino com pesos para um corredor em distância são fortalecer os músculos e os tecidos conjuntivos, aumentar a força muscular (veja o boxe *Força muscular: quão elástico você é?*), aumentar a resistência a lesões, corrigir desequilíbrios musculares e melhorar a economia de corrida. Só ir até a academia e fazer duas séries de supino, contudo, não trará esses benefícios. Em vez disso, é preciso estruturar o treino com pesos com o mesmo cuidado com que é estruturado o treino de corrida para poder colher todos os benefícios.

Para o nosso propósito, podemos simplificar o levantamento de peso em duas categorias: exercícios isolados e exercícios compostos. Exercícios isolados requerem o movimento de uma única articulação, isolando, portanto, os grupos musculares. Muitos desses exercícios usam aparelhos. Esse tipo de treino com pesos é seguro e é excelente para correção de desequilíbrios musculares e para a melhora da força nos músculos escolhidos. Entretanto, os benefícios dos levantamentos isolados não se transferem de forma tão específica para a corrida quanto os outros tipos de treinos de força.

Exercícios compostos, contudo, movem diversas articulações e usam diversos grupos musculares de uma vez só. Esses exercícios mais difíceis usam halteres, barras e anilhas para oferecer resistência. Eles têm um risco um pouco maior de lesões quando comparados com os exercícios isolados, ao passo que os compostos oferecem benefícios mais diretos e mensuráveis para um corredor em distância. Isso é particularmente verdadeiro em termos de economia de corrida, que já pode aumentar com apenas seis semanas desse tipo de treino. Acredita-se que a mecânica de corrida melhorada e a eficiência neuromuscular melhor estão por trás disso. Por essa razão, eles se tornaram comuns entre grupos profissionais de corredores em distância nos Estados Unidos da América como um todo, incluindo o Nike Oregon Project (lar de Mo Farah e de Galen

Rupp, medalhistas de ouro e de prata nos 10.000 m, na Olimpíada de Londres). Como treinador titular, Alberto Salazar disse ao *The Gardian* (Reino Unido) em 2013: "As pessoas sempre acharam que os corredores em distância devem fazer levantamentos leves. Não acredite nisso".

A meta do treino com pesos para um corredor em distância não é aumentar o condicionamento físico aeróbio, mas, sim, maximizar a força funcional, melhorar a economia de corrida e corrigir desequilíbrios musculares. Por essas razões, não recomendamos levantamentos com pouca carga e muito volume e enfatizamos em exercícios que são mais aplicáveis à corrida. Apesar de parecer mais alinhado com as metas de um corredor em distância repetir agachamentos 20 vezes com uma carga leve em vez de 6 vezes com uma carga mais pesada, vários estudos apontaram que há maiores benefícios com as cargas mais pesadas, em especial para os exercícios da parte inferior do corpo (Jung, 2003; Paavolainen *et al.*, 1999).

Lembre-se de que o treino de força é complementar à corrida, e não a meta principal. Deixe os ganhos de força e de *performance* virem naturalmente com o trabalho feito no programa de treino. Se o corredor perceber que está muito cansado para correr por causa dos levantamentos, então, os levantamentos se tornaram contraproducentes e precisam ser reduzidos.

Incluímos dois programas de levantamento de peso aqui. O primeiro é para pessoas que nunca fizeram levantamentos antes. Corredores que estão iniciando os levantamentos devem desenvolver a técnica apropriada com os exercícios básicos antes de progredir para cargas mais pesadas e levantamentos mais complexos. O American College of Sports Medicine (ACSM) recomenda de 1 a 3 séries de 8 a 12 repetições para iniciantes, com uma carga relativamente baixa (aproximadamente 60% de 1 repetição máxima ou do maior peso que o atleta pode levantar uma única vez). Repetições com essa carga devem dar a sensação de um desafio moderado; quando o atleta completa uma série, ele deve se sentir cansado, mas não próximo ao esgotamento muscular. Essas recomendações estão contempladas no programa para iniciantes na Tabela 3.2.

Tabela 3.2 – Rotina de treino básico com pesos

Exercício	Séries	Repetições (a 60% do máximo)
Desenvolvimento para tríceps (sentado)	1–3	8–12
Afundo	1–3	8–12 por perna
Remada unilateral com halteres	1–3	8–12 por braço
Abdominal com peso	1–3	15–20
Desenvolvimento de ombro alternado	1–3	8–12
Agachamento	1-3	8-12

Força muscular: quão elástico você é?

Quando uma pessoa corre, vários músculos, tendões, ligamentos e articulações trabalham em harmonia para propeli-la para a frente. Os músculos e os tendões ajudam a completar esses movimentos por meio do armazenamento de energia elástica em cada passada, desde que o pé toca o chão até a metade do movimento, liberando, então, essa energia para ajudar a propelir a pessoa para a frente. De muitas maneiras, funcionamos como uma mecânica simples de mola, alongando e retraindo milhares de vezes em cada corrida.

Pernas fortes usam energia de forma mais eficiente do que "molas soltas". Por essa razão, os cientistas esportivos passaram um bom tempo estudando a força muscular dos corredores. Eles fizeram isso por meio do exame da força vertical das pernas e das articulações, as quais servem de medida do quanto as partes do corpo se movimentam em relação à quantidade de força gerada ao pousar na terra (conhecida como força de reação ao solo). Uma força vertical melhor, em especial, mostrou-se relacionada com uma economia de corrida melhor, provavelmente porque aumenta a quantidade de energia recuperada a cada passo, reduz o contato com o chão entre as passadas e leva para uma maior frequência de passada (Brughelli e Cronin, 2008; Fouré et al., 2009).

Ser forte e ser flexível não são opostos. A flexibilidade se refere à habilidade de mover uma articulação por toda a amplitude de movimento. A força, entretanto, olha para o quanto os tendões e os músculos oscilam (ou se movem para cima e para baixo) em relação às forças de reação do solo. Menos movimento indica músculos e tendões mais fortes.

Uma das coisas mais interessantes sobre a força é a habilidade inata do corpo de se ajustar a superfícies diferentes. Pode-se imaginar que correr em uma superfície dura como o concreto levaria a uma passada mais forte do que correr na grama macia. Acontece que o sistema nervoso central leva a superfície em conta e ajusta a rigidez da perna baseada na rigidez do solo. Isso permite que o atleta mantenha uma biomecânica similar tanto em uma corrida corta-mato quanto em vários quilômetros por uma pista nivelada para ciclismo.

Isso não significa que o atleta corre com a mesma velocidade em qualquer terreno. Todas as superfícies armazenam energia de forma passiva e a devolvem para a perna em cada passada. Superfícies duras como o asfalto ou uma pista emborrachada devolvem mais do que superfícies macias, reduzindo a quantidade de oxigênio necessária para correr rápido. Um corredor como Jim Ryun, que correu a 2:23 por quilômetro em uma pista de concreto nos anos 1960, só pode imaginar como teria sido seu recorde pessoal nas atuais superfícies sintéticas super-rápidas.

Por tudo o que sabemos sobre força, muitas das recomendações para melhora permanecem, no máximo, teóricas. Vários estudos mostraram que

Continua

Continuação

exercícios pliométricos aumentam a força muscular, ao passo que outros mostraram que os pliométricos e o treino com pesos melhoram a economia de corrida e podem levar para tempos mais rápidos de corrida (Fouré *et al.*, 2009; Paavolainen *et al.*, 1999). Ainda não há evidências de que esses dois efeitos estão relacionados, mas isso aponta para o papel valioso que o treino de força pode desempenhar no programa de treino.

Se o atleta já faz treino de força por algum tempo, pode obter ganhos ainda maiores com levantamentos mais complexos e com uma intensidade maior. Para a maioria dos exercícios do programa mais avançado (Tabela 3.3), o desejável é encontrar um peso que possa ser levantado por 6 a 8 repetições antes da fadiga total (normalmente, algo em torno de 80% de 1 repetição máxima). Essa carga deve ser pesada o suficiente para exigir a concentração completa, mas não tão pesada a ponto de o atleta precisar trapacear e fazer o movimento de forma inapropriada. Um diário de treino com pesos pode se mostrar valioso no monitoramento da melhora e na busca da carga ótima de peso para cada exercício.

Para aproveitar ao máximo esses programas, faça treinamento com pesos duas ou três vezes por semana. Iniciantes devem passar pelo menos um mês dominando os levantamentos básicos antes de avançarem para os mais complexos. Indivíduos avançados podem se beneficiar de ambos os programas, desde que mantenham a intensidade em um nível adequado. Cada rotina deve levar menos de 20 minutos para ser completada.

Tabela 3.3 – Rotina de treino com pesos mais avançado

Exercícios	Séries	Repetições (a 80% do máximo)
Supino alternado com halteres	2–3	6–8 por braço
Afundo com giro	2–3	6–8 por perna
Hiperextensão da coluna	2–3	6–8
Abdominal com peso	2–3	12–15
Agachamento	2–3	6–8
Levantamento terra	2–3	6–8

Desenvolvimento para tríceps (sentado) [*Seated triceps press*]

Trabalha o tríceps

Sentado, com os pés afastados na largura dos ombros, segurar um halter sobre a cabeça com as duas mãos. Manter os braços retos, flexionar o cotovelo e abaixar o halter, até que esteja paralelo à base do pescoço. Retornar o halter para a posição inicial para completar uma repetição.

Afundo [*Lunge*]

Desenvolve os glúteos, os quadríceps e os isquiotibiais

Em pé, com os pés abertos na largura dos ombros, dar um passo grande para a frente com a perna direita. O joelho direito deve flexionar em um ângulo de 90°; o joelho esquerdo deve quase tocar o chão. Posicionar o braço esquerdo à frente, para ter mais equilíbrio ao dar o passo à frente. Empurrar a perna direita e usar os braços para voltar à posição inicial. Conforme progredir com o exercício, usar halteres de peso moderado para aumentar o desafio. Alternar com a perna oposta a cada repetição.

Remada lateral com halteres [*Dumbbell lat row*]

Desenvolve a parte superior das costas e os ombros

Posicionar a mão esquerda e o joelho esquerdo em um banco. Pegar um halter no chão com a mão direita, mantendo o braço direito reto. Puxar o halter para perto do corpo, levantando o antebraço e o cotovelo. Abaixar o peso até o braço ficar reto e repetir. Alternar o braço depois de completar todas as repetições.

Abdominal com peso [*Weighted crunch*]

Desenvolve os abdominais

Deitado em um colchonete, segurar uma anilha em frente ao corpo com os cotovelos estendidos e os cotovelos estabilizados. Usando os músculos abdominais, levantar a parte superior do corpo a vários centímetros do chão, empurrando a anilha em um ângulo de 45°. Usar os abdominais para retornar lentamente a parte superior do corpo para a posição inicial e completar uma repetição.

Desenvolvimento de ombro alternado [*Alternating shoulder press*]

Desenvolve os ombros e tríceps

Começar sentado, com os pés separados na largura dos ombros. Segurar um halter em cada mão, mantendo-os paralelos aos ombros, com os cotovelos flexionados. Empurrar um halter acima da cabeça até que o braço esteja quase reto, depois, abaixá-lo de volta à posição inicial. Usar os músculos do *core* para manter uma boa postura durante esse exercício. Alternar os braços em cada repetição.

Agachamento [*Squat*]

Desenvolve os quadríceps, os isquiotibiais e os glúteos

Começar em pé, com uma barra nos ombros, os pés um pouco além da largura dos ombros e apontando um pouco para fora. Inspirar e, lentamente, abaixar o corpo para uma posição quase sentada, usando os quadris. Mantenha o peito para fora, os ombros para trás e as costas retas o máximo que puder enquanto abaixa o peso. Os joelhos devem ficar diretamente sobre os pés, e não despontando para além deles ou balançando para dentro ou para fora. Quando alcançar um ponto baixo confortável, no geral, um ângulo nos joelhos entre 60° e 90°, mas não mais do que isso, expire e empurre contra o solo com força para retornar à posição inicial.

Supino alternado com halteres [*Alternating dumbbell press*]

Desenvolve os tríceps, o peitoral e os ombros

Deitar em um banco segurando um par de halteres sobre o peito. Estender um cotovelo por completo acima do corpo e, depois, trazê-lo de volta para a posição inicial. Alternar os braços em cada repetição.

Afundo com giro [*Lunge with twist*]

Desenvolve os glúteos, os quadríceps, os isquiotibiais e os músculos estabilizadores do core

Ficar em pé, com os pés separados na largura dos ombros e segurar uma anilha ou uma *medicine ball* com as duas mãos. Dar um passo grande para a frente com a perna esquerda, flexionando a perna esquerda em um ângulo de 90°; o joelho direito deve quase tocar o solo. Rotacionar a parte superior do corpo em um ângulo de 90° para a esquerda (o cotovelo direito deve ficar logo acima da coxa esquerda). Empurrar com a perna esquerda e, simultaneamente, girar a parte superior do corpo até ficar virado para a frente de novo. Alternar as pernas em cada repetição.

Hiperextensão da coluna [*Back hyperextension*]

Desenvolve as partes inferior, média e superior da coluna, os glúteos e os isquiotibiais

Posicionar-se em uma máquina GHR (*glute-ham bench*, também chamada de cadeira romana) com as coxas paralelas ao chão e o corpo flexionado para baixo, em um ângulo de 60° a 90° a partir da cintura. Pegar uma anilha e, com cuidado, usar os músculos das costas para se levantar até, no máximo, 90°. Nesse ponto, o corpo deve formar uma linha reta. Abaixar o peso de forma controlada para completar uma repetição.

Levantamento terra [*Romanian deadlift*]

Desenvolve os quadríceps, os glúteos, as partes superior e inferior da coluna e dos ombros

Ficar em pé em frente a uma barra com os pés abertos na largura dos ombros. Estender os cotovelos para baixo e pegar a barra com as palmas das mãos viradas para baixo; as costas devem estar paralelas ao chão no ponto mais baixo do movimento. Flexionar os joelhos e usar os quadris para se levantar até uma posição completamente ereta. Manter os braços, as costas e os tornozelos o mais retos quanto possível. Segurar o peso por um segundo na posição em pé antes de reverter o exercício para descer a barra em segurança até o chão.

Exercícios para o *core*

O *core* é formado pelo abdome, a parte inferior da coluna, a pelve, os glúteos e os músculos oblíquos. Toda vez que a pessoa se senta ou dá um passo, esse grupo de músculos trabalha em harmonia para estabilizar o corpo e manter o equilíbrio. A corrida e outros movimentos se tornam ineficientes quando o *core* está fraco, porque os outros músculos precisam compensá-lo.

Cada grupo muscular no *core* desempenha um papel importante e único. Os músculos abdominais, oblíquos e da parte inferior da coluna se alinham da forma apropriada à coluna e à pelve, os músculos da base da pelve atuam como a sustentação de todo o *core* e os glúteos estabilizam o tronco e ajudam a gerar a força que propele a pessoa para a frente quando ela corre. Quando uma dessas áreas está fraca, o funcionamento do *core* fica comprometido.

Músculos fracos do *core* também podem levar a uma postura ruim e a uma passada menos potente conforme a corrida progride. Músculos mais fortes, contudo, podem reduzir o risco de lesões da parte inferior e ajudam a manter o *pace* de corrida por mais tempo.

Infelizmente, muitos corredores em distância negligenciam seus músculos do *core* ou focam a atenção apenas nos abdominais. Uma barriga "tanquinho" tem um visual legal, mas pode se provar insignificante se o restante da musculatura do *core* estiver subdesenvolvida. Um lado positivo é que o treinamento para o *core* é relativamente eficiente, requer pouco equipamento e pode ser feito em casa.

O programa na Tabela 3.4 direciona cada grupo muscular do *core* de forma a ser o mais benéfico possível para corredores. Comece com uma rotina básica para o *core* e execute os exercícios na sequência, dando uma pausa curta de 10 a 20 segundos entre cada um. Tente fazer toda a rotina duas vezes. Conforme o atleta se adapta aos exercícios, acrescente de forma gradual os exercícios da rotina avançada para o *core*. Também é possível aumentar o número de séries ou a duração de cada exercício para aumentar o desafio.

Tabela 3.4 – Rotinas de fortalecimento do *core*

Rotina básica para o *core*	Duração ou repetições
Abdominal reto	20 repetições
Superman no chão	30 segundos
Hidrante	30 segundos
Coice de burro/Glúteo 90°	10 repetições por perna
Rotina avançada para o *core*	Duração ou repetições
Prancha	60 segundos
Prancha lateral	30 segundos por lado
Abdominal Superman	20 repetições
Prancha supinada	45 segundos

Abdominal reto [*Abdominal crunch*]

Posicionar-se em decúbito dorsal, com os joelhos flexionados e os pés no chão, colocar as mãos na região do pescoço. Contrair os músculos abdominais para elevar a cabeça e as escápulas do chão enquanto a parte inferior das costas é pressionada contra o chão. Retornar para a posição inicial para completar uma repetição.

Superman no chão [*Superman hold*]

Posicionar-se em decúbito ventral e levantar os braços e as pernas alguns centímetros acima do chão diretamente à frente e atrás. Apenas o quadril deve permanecer no chão. Manter essa posição pela duração do exercício.

Hidrante [*Fire hydrant*]

Começar em quatro apoios, com as mãos diretamente abaixo dos ombros e os joelhos sob os quadris. Levantar uma perna para o lado, mantendo o joelho flexionado em um ângulo de 90°. Retornar para a posição inicial. Inverter o lado quando completar uma série.

Coice de burro/Glúteo 90° [*Donkey kick*]

Começar em quatro apoios, com as mãos diretamente abaixo dos ombros e os joelhos alinhados com os quadris. Levantar uma perna do chão até que a coxa fique paralela ao chão, manter os joelhos flexionados em um ângulo de 90°. Completar o exercício voltando a perna para baixo do centro de gravidade. Alternar os lados quando completar uma série.

Prancha [*Plank*]

Começar com os cotovelos no chão e a parte inferior do corpo suportada pelos dedos. Manter as costas o mais retas quanto possível e contrair os músculos abdominais, para prevenir o arqueamento. Manter essa posição pela duração do exercício.

Prancha lateral [*Side plank*]

Posicionar-se em decúbito lateral, com a parte superior do corpo apoiada no cotovelo direito e a parte inferior do corpo suportada pela lateral do pé direito. Levantar a parte superior do corpo até formar um triângulo com o chão. Manter o braço esquerdo fora do chão, colocando a mão no quadril. Usar os oblíquos (músculos laterais do abdome) para manter essa posição pela duração do exercício.

Abdominal Superman [*Superman crunch*]

Posicionar-se em decúbito ventral e, ao mesmo tempo, levantar os braços e as pernas alguns centímetros acima do chão. Apenas o quadril deve permanecer no chão. Retornar lentamente à posição inicial para completar uma repetição.

Prancha supinada [*Supine plank*]

Em decúbito dorsal, com os cotovelos no chão, perto do corpo, e os pés juntos. Sustentar o peso do corpo sobre os cotovelos e os calcanhares, mantendo a coluna alinhada e os joelhos travados. Contrair os músculos do *core* para manter a posição.

Exercícios pliométricos

Para os corredores, nenhuma forma de treino de força se mostrou mais eficaz do que os exercícios pliométricos. Esses exercícios explosivos de salto têm mostrado um aumento na economia de corrida e na melhora na *performance* de corrida em corredores em distância bem-treinados (Jung, 2003; Paavolainen *et al.*, 1999).

Com a aplicação da força máxima em uma série de saltos explosivos, os exercícios pliométricos reduzem o contato com o chão, ativam os músculos com mais rapidez e melhoram a eficiência mecânica. A potência muscular também aumenta, tornando maior a quantidade de energia elástica que pode ser armazenada e usada em cada passo da corrida. Isso permite uma passada mais potente e mais econômica.

Deve-se começar os execícios pliométricos com uma intensidade leve para prevenir dores desnecessárias e possíveis lesões. Para prevenir lesões, deve-se usar as primeiras sessões de exercícios pliométricos como um período de teste para aprendê-los antes de fazer um esforço maior. Os exercícios devem ser executados em uma superfície plana que não seja muito dura, como um gramado ou uma pista de corrida. Os exercícios pliométricos são mais bem aproveitados quando feitos nos dias em que os músculos estão descansados, como quando há uma corrida aeróbia básica programada. É preciso se aquecer com 1,5 km de corrida leve e fazer alongamentos dinâmicos para garantir que os músculos e os tendões estejam preparados. Sob nenhuma circunstância devem ser feitos exercícios pliométricos em um dia após um treino intenso. Músculos fatigados podem comprometer a habilidade de executar os saltos apropriados, aumentam o risco de lesão e reduzem os benefícios da sessão de exercícios pliométricos.

Quando saltos pliométricos são executados, é preciso se certificar de manter uma boa postura e tentar passar o menor tempo possível no chão. A natureza explosiva desses exercícios é o que os torna tão eficientes. Tombar no chão entre cada salto é contraproducente e usará os músculos de uma forma que é menos condutiva para uma corrida eficiente.

Deve-se começar com uma rotina básica e não realizar mais do que duas vezes por semana (Tabela 3.5). Conforme o atleta se adapta, pode se sentir livre para tentar os exercícios mais desafiadores e avançados. Por causa da intensidade deles, é preciso uma recuperação quase completa entre exercícios pliométricos para executá-los da forma apropriada. Descansar pelo menos 1 minuto entre cada série. Não se deve deixar enganar com o volume relativamente baixo dos exercícios: pliométricos são intensos. Eles também valem o tempo gasto.

Tabela 3.5 – Rotinas de exercícios pliométricos

Exercícios básicos	Repetições	Equipamentos necessários
Salto unilateral	2 × 8 por perna	Nenhum
Salto vertical	2 × 10	Nenhum
Salto com afundo	2 × 10	Nenhum
Exercícios avançados	Repetições	Equipamentos necessários
Salto na caixa	2 × 10	Caixa firme ou arquibancada
Salto alternando as pernas	2 × 10	Nenhum
Salto lateral	2 × 20 (10 de cada lado)	Cone, obstáculo de corrida ou cadeira de lado

Salto unilateral [*Single-leg bound*]

Parado em pé sobre a perna direita, empurrar a perna direita, pulando para cima e para a frente. Gerar torque por meio do balanço dos dois braços para a frente. Aterrissar sobre a perna direita. O mais rápido possível, empurrar de novo com a perna direita e repetir a sequência. Continuar pulando até completar todas as repetições e, então, alternar as pernas.

Salto vertical [*Vertical jump*]

Em pé, com os pés afastados na largura dos ombros. Saltar com as duas pernas, projetando-se em direção ao céu com as mãos. Manter as mãos acima do corpo e aterrissar nos metatarsos no mesmo lugar de onde saltou e, então, imediatamente saltar de novo. Flexionar os joelhos o mínimo possível quando saltar e pousar. Focalizar limitar o tempo de contato com o chão e saltar na mesma altura em cada repetição. Continuar saltando até completar todas as repetições.

Salto com afundo [*Jump lunge*]

Começar em pé, com os pés afastados na largura dos ombros. Saltar no ar, movendo uma perna para a frente do corpo e a outra para trás. Aterrissar no afundo que seja tão profundo quanto confortável (normalmente, entre 45° e 90°). De imediato, saltar de novo, trocando a perna que está à frente no ar. Continuar saltando até completar todas as repetições.

Salto na caixa [*Box jump*]

Começar em pé, com os pés afastados na largura dos ombros, com uma caixa ou outro objeto firme à frente. Agachar-se um pouco e, então, dar um impulso explosivo para sair do chão em um salto. Aterrissar com a região dos metatarsos no alto da caixa. Dar um passo para voltar para o chão para completar a repetição.

Observação: a altura da caixa é determinada pelo nível de conforto. A maioria dos iniciantes deveria começar com uma caixa de 30 ou 45 cm e progredir aumentando a altura de 15 em 15 cm, até encontrar o nível de desafio adequado.

Salto alternando as pernas [*Alternating-leg bound*]

Parado sobre a perna direita, dar um impulso e saltar para cima e para a frente. Usar o braço esquerdo para gerar torque. Assim que estiver no ar, jogar a perna esquerda para a frente e se preparar para aterrissar sobre o pé esquerdo. Com o máximo de rapidez possível, impulsionar com a perna esquerda e aterrissar na direita. Continuar a sequência até completar todas as repetições.

Salto lateral [*Side-to-side jump*]

Ficar em pé. Um obstáculo de corrida, um cone de agilidade ou uma cadeira deitada deve estar posicionada à direita. Impulsionar contra o solo com os dois pés e puxar os joelhos em direção ao peito enquanto salta para cima e para o lado, por cima do cone ou da cadeira. Aterrissar sobre os pés e, de imediato, impulsionar-se para saltar de volta para o lado original. Continuar pulando até ter completado todas as repetições.

Observação: a altura do obstáculo de corrida, do cone ou da cadeira é determinada pelo nível de conforto. A maioria dos iniciantes consegue saltar um obstáculo ou um cone de 30 cm confortavelmente.

Exercícios técnicos de corrida

Desde que o livro *Born to Run*,[12] de Christopher McDougall (2009) entrou para as listas de mais vendidos dos Estados Unidos, os corredores passaram a prestar bem mais atenção para a técnica. No geral, isso tem sido algo positivo, desafiando a crença de que uma boa técnica é um mito (o que não é verdade) e de que todos os corredores gravitam naturalmente em direção à sua própria técnica ideal com o acúmulo de muita quilometragem (o que é parcialmente verdadeiro).

Não é preciso dizer que a técnica de corrida é algo que está totalmente a cargo do atleta. A biomecânica é afetada pelo comprimento dos ossos, pela flexibilidade dos músculos e dos tendões, pela força muscular, pelo peso corporal e pela forma como o peso é distribuído no corpo. Alguns desses fatores são modificáveis até um ponto (peso, força e flexibilidade) e alguns são determinados pela genética (comprimento dos ossos).

Por sorte, muitos aspectos de uma técnica eficiente de corrida são controláveis. O atleta não tem que se encurvar na cintura. Não tem que correr com o queixo para baixo. E, com certeza, não tem que aterrissar nos calcanhares com o pé muito à frente do corpo. Esses podem ser vícios arraigados, mas todos podem melhorar muito por meio do trabalho de força e de flexibilidade, que foi discutido previamente neste capítulo, e pela execução frequente de exercícios técnicos de corrida.

Os exercícios de corrida funcionam exagerando os elementos da passada de corrida. Isso permite isolar os componentes individuais que formam a técnica de corrida e trabalhar a melhora da eficácia deles. Por exemplo, o corredor quer impulso o suficiente vindo do joelho todas as vezes que corre rápido enquanto se mantém ereto da cintura para cima. Exercícios como o *skip A* focam o impulso dos joelhos ao mesmo tempo que se mantém uma boa postura.

De todas as falhas que o atleta pode tentar corrigir com exercícios, o *overstriding* é, provavelmente, o mais importante. O *overstriding* ocorre quando o atleta se estende para muito além do centro de gravidade com o pé dianteiro. Esse padrão de aterrissagem força as articulações e os tecidos conjuntivos, além de fazer que se freie a cada passo. Uma frequência de passada que é muito lenta ou que tenta exagerar na amplitude de passada é uma das causas típicas do *overstriding*.

Um dos melhores momentos para fazer os exercícios é antes de um treino intenso ou de uma corrida. Após terminar o trote de aquecimento, o atleta faz as séries de exercícios descritas na Tabela 3.6, depois, encerra com uma caminhada. Os exercícios estão divididos em categorias básicas e avançadas. Comece com os básicos por várias semanas. Assim que passarem a parecer confortáveis, pode-se adicionar

---

[12] N. do E.: publicado no Brasil com o título *Nascido para correr* (Globo Livros).

os exercícios mais avançados no treino. Faça cada exercício duas vezes por cerca de 20 m por vez. A postura é importante quando se está fazendo esse tipo de exercício técnico. Uma vez que não é necessário muito tempo de recuperação entre um exercício e outro, certifique-se de que cada um está sendo feito da forma mais correta possível. O treino todo deve levar cerca de 5 minutos.

Tabela 3.6 – Exercícios técnicos

Exercícios básicos	Séries e distâncias
Skipping alto	2 × 20 m
Chute nos glúteos	2 × 20 m
Joelho alto	2 × 20 m
Quick feet	2 × 10 m
Exercícios avançados	**Séries e distâncias**
Skipping alto com extensão de joelhos	2 × 20 m
Correr de costas	2 × 30 m
Corrida carioca	2 × 20 m em cada direção

Skipping alto [*A skip*]

A meta desse exercício é enfatizar uma técnica apropriada de corrida e de mecânica de disparo, além de aumentar a amplitude de movimento na passada à frente. Começar impulsionando o joelho direito para cima, de forma que a coxa direita fique paralela ao chão. Acompanhar esse movimento com o braço esquerdo, certificando-se de que o cotovelo está flexionado, de maneira similar à posição durante a corrida. Deixar o impulso levar o corpo um pouco para a frente, depois, aterrissar na perna dianteira. De imediato, repetir do lado oposto. Continuar movendo-se nesse padrão alternado lento. Certificar-se de permanecer ereto durante o exercício.

Chute nos glúteos [*Butt kick*]

A meta desse exercício é aumentar a amplitude de movimento na parte traseira da passada de corrida enquanto o atleta ainda está aterrissando sob o centro de gravidade. Começar correndo sem sair do lugar. Exagerar o movimento batendo os calcanhares nos glúteos, certificando-se de que está pousando no pé dianteiro no final de cada passo. Gradualmente, começar a se mover para a frente. Movimentar os braços no mesmo ritmo das passadas, para ajudar o equilíbrio. Certificar-se de permanecer ereto durante o exercício.

Skipping alto com extensão de joelhos [*B skip*]

A meta desse exercício é aumentar a amplitude de movimento na parte frontal da passada, ativando os isquiotibiais de forma dinâmica e aprendendo a aterrissar sob o centro de massa. Também ajuda a melhorar a coordenação. Começar o exercício da mesma forma que um *skipping* alto. Trazer a coxa direita logo acima de uma linha paralela ao chão, depois, estender por completo o joelho direito e puxar de volta para baixo do centro de gravidade. Alternar os lados durante a execução do exercício.

Joelho alto [*High knee*]

A meta deste exercício é exagerar a mecânica apropriada de disparada e aumentar a amplitude de movimento na passada à frente enquanto se mantém uma boa postura. Iniciando com um trote lento, começar a impulsionar os joelhos para cima, até um ângulo de 90° ou um pouco acima a cada passada. Passar de uma perna para outra com rapidez, movendo os braços juntos em sincronia. Alternar os lados durante a execução do exercício.

Quick feet

A meta deste exercício é estimular o sistema nervoso central para ativar as fibras musculares com maior rapidez. Iniciar com os pés afastados na largura dos ombros e começar a dar passos curtos o mais rápido possível. Os pés não devem sair do chão mais do que alguns centímetros, e o atleta deve se mover para a frente apenas cerca de 15 cm por passo. Balançar os braços com vigor.

Correr de costas [*Backward running*]

A meta deste exercício é maximizar a extensão completa da parte traseira da passada de corrida e melhorar a propriocepção. A partir de uma posição de corrida, estender uma perna para trás, usando os braços para gerar impulso. Conforme aterrissar, impulsionar a perna e o braço opostos para trás. Certificar-se de que está indo o mais para trás possível em cada passo.

Corrida carioca

A meta deste exercício é aumentar a mobilidade lateral, a propriocepção e a agilidade. Começar com os pés abertos a um metro de distância um do outro. Impulsionar o pé esquerdo e trazê-lo na direção do direito, aterrissando logo atrás do calcanhar direito. De imediato, impulsionar o pé direito para se mover para o lado e retornar à postura inicial. Impulsionar o pé esquerdo de novo, dessa vez, pousando diretamente em frente ao pé direito. Continuar esse padrão de movimento com o pé esquerdo, alternando entre a parte de trás e a da frente do pé direito. O atleta pode girar um pouco a parte de cima do corpo, para manter o equilíbrio, se necessário. Fazer os passos de forma reversa para completar o exercício com a outra perna.

Treino funcional aeróbio

O treino funcional aeróbio consiste em atividades e equipamentos com os quais o atleta provavelmente já está familiarizado: bicicleta, natação, corrida na água, remada e esqui *cross-country*. Esses exercícios oferecem um desafio cardiovascular, mas causam um estresse de impacto mínimo. Corredores que atingiram seu teto atual de quilometragem podem fazer um treino cardiovascular extra com o treino funcional e reduzirem os riscos de lesões. Outros atletas que querem melhorar a recuperação ou que precisam de uma folga curta das corridas podem se beneficiar substituindo uma corrida de recuperação por uma atividade funcional. E, se as condições climáticas se mostrarem muito perigosas, os corredores podem fazer esses exercícios em segurança dentro de academias.

Para atletas lesionados, o treino funcional aeróbio oferece maior esperança para retornar o mais próximo possível da sua velocidade máxima. Vários estudos descobriram que é possível manter a maior parte do condicionamento de corrida pré-lesão por até seis semanas com um treino funcional vigoroso (Eyestone *et al.*, 1993; Reilly *et al.*, 2003). Alternar o foco da corrida para o treino funcional pode dar algum trabalho no início, mas a maioria dos corredores se adapta rápido aos desafios que esses novos exercícios oferecem.

Para aproveitar ao máximo o treino funcional, recomenda-se experimentar exercícios diferentes até achar aqueles que são mais confortáveis. Embora a frequência cardíaca possa ser menor durante o treino funcional, o foco deve ser em manter o nível percebido de esforço. Alguns exercícios (como o treino elíptico) podem parecer menos desafiadores do que correr; outros (como a remada) podem se provar bem difíceis. O propósito do treino funcional é melhorar a experiência de corrida, e não substituí-la.

Diretrizes específicas para incorporar o treino funcional ao plano de treino se encontram no final do capítulo. Primeiro, vejamos as opções de exercícios.

Corrida na água

Apesar do cloro, das sungas e das crianças fazendo bagunça na água, a corrida na água é a atividade de treino funcional mais específica para corrida. Corredores saudáveis podem obter ganhos cardiovasculares sem correr o risco de sofrerem mais danos pelo impacto de correr na terra. Para um corredor lesionado, a corrida na água dá a sensação mais próxima ao esporte de que foi privado. A leveza da corrida na água também significa que a maioria dos atletas lesionados pode executar esse exercício com segurança, mesmo quando estão incapacitados de fazer outros tipos de treinamento funcional.

Dependendo do nível de conforto na água, é possível correr com ou sem um colete flutuador. O treino sem o colete deve ser feito apenas se o atleta se sentir extremamente confortável na água e se não estiver sozinho.

A frequência cardíaca será mais baixa ao se correr na água, em geral, de 8 a 12 bpm mais lenta do que é com o mesmo nível de consumo de oxigênio. A água morna da piscina reduz a quantidade de sangue enviado para estabilizar a temperatura, ao mesmo tempo que a pressão da água aumenta o volume da pulsação. Uma falta de familiaridade com a corrida na água também significará que será menos provável que o atleta recrute os músculos da forma mais eficiente quando começar o exercício. A boa notícia é que os efeitos da corrida na água aumentam com a prática. Persistir na corrida na água e aprender como recrutar melhor os músculos quando se está embaixo d'água é fundamental para maximizar o aproveitamento do tempo na piscina.

Para obter os benefícios máximos do tempo na água, deve-se manter a intensidade da corrida na piscina adequadamente alta. Os músculos sustentam os benefícios do desafio intensificado de se mover por algo mais denso do que o ar mesmo quando o esforço do coração é menor. Isso significa que o cansaço percebido será significativamente maior na água do que na terra com a mesma frequência cardíaca. Não se deve ter medo de atingir a potência dos estímulos do limiar de lactato (LL) ou do $\dot{V}O_2$máx quando se estiver na água. Em particular, atletas lesionados se beneficiarão ao máximo com treinos intervalados com recuperações curtas.

Para fazer um bom exercício na piscina, tente usar a corrida na água de forma semelhante a uma arrancada na terra (Figura 3.1). Apesar do nome, a posição de arrancada é a mais eficiente para treinos longos na água. O segredo para uma corrida eficaz na água, que aumente a frequência cardíaca, é impulsionar as pernas com rapidez pela água, como pistões de um motor de carro, espelhando-se nas passadas potentes dos velocistas de elite. Essa postura enfatiza uma cadência mais rápida e ajuda a manter o corpo ereto. Ademais, impede o atleta de gastar tempo desnecessário lutando contra a viscosidade da água ao tentar alongar a passada como faria na terra, algo quase impossível na água. Ao controlar a cadência e ao mover os braços com rapidez, também é possível controlar melhor a frequência cardíaca e a intensidade.

FIGURA 3.1 – A postura ereta é um aspecto central na técnica bem-sucedida da corrida na água.

Durante a corrida na água, o atleta pode perceber que está se movendo um pouco para a frente ou se mantendo mais ou menos no mesmo lugar. Qualquer uma dessas situações é perfeitamente aceitável, desde que mantenha uma postura ereta. Fazer um pequeno progresso para a frente pode oferecer um incentivo mental para alguns corredores. Quando Phil fraturou o dedo do pé treinando para a Maratona do Colorado, ele passou quatro semanas correndo na água em volta de um tanque pequeno de mergulho. Como demorava de 5 a 6 minutos para completar o perímetro da piscina, Phil tratava cada volta como se fosse um quilômetro e meio na terra. Isso o ajudou a quebrar a monotonia e lhe deu uma meta visual para cada estímulo.

Natação

Apesar de trabalhar os músculos de uma forma menos específica para a corrida do que a corrida na água, a natação oferece um grande estímulo para o sistema cardiovascular e dá à parte superior do corpo o tipo de treino que essa musculatura pode nunca ter recebido em terra. Fazer voltas em uma piscina de 25 ou de 50 m também ajuda a estruturar com facilidade os treinos e a receber instruções técnicas durante o exercício.

Muitos corredores acham difícil nadar por mais do que 5 a 10 minutos quando começam. Se esse for o caso, é possível acrescentar períodos de repouso para os nados de recuperação ou alternar a natação com a corrida na água, para permitir que os músculos se recuperem. Deve-se, também, certificar-se de estabelecer um padrão regular de respiração, a fim de evitar o cansaço prematuro.

De forma muito semelhante à corrida na água, sessões intervaladas com descansos curtos são a melhor maneira de maximizar o tempo na piscina quando se está lesionado. Tiros de 50 a 200 m com descansos rápidos são um treino mais do que suficiente para o sistema cardiovascular e evitam o tédio. Corredores saudáveis que estão procurando quebrar a monotonia das voltas na piscina também podem acrescentar pequenas doses de treino intervalado nos seus nados de recuperação. Outra forma de acrescentar variedade é alternar estilos de nado. Se o atleta tem alguma experiência com natação, não deve hesitar em incorporar o nado estilo peito e costas no treino. Ambos são benéficos do seu próprio jeito e podem ajudar a nadar mais, por mudarem os grupos musculares enfatizados.

Outra forma de variar os treinos de natação é incluir pranchas e *pull buoys*. Pranchas forçam os membros inferiores e os músculos do *core* para propelir o atleta pela água. *Pull buoys* (pequenos aparatos de flutuação que ficam entre as coxas) forçam a nadar apenas com a parte superior do corpo. Esse tipo de boia pode ser bem benéfico para corredores lesionados que precisam manter os músculos ou os ossos da perna imobilizados, mas ainda querem treinar. Um treino comum que nadadores e triatletas fazem é chamado de braçada-pernada-nado.[13] A versão mais simples desse treino alterna uma volta com o *pull buoy*, uma com a prancha e uma de nado livre.

Ciclismo

De certa forma, o ciclismo pode acionar o físico e a mente do atleta da mesma forma que a corrida. Desafia o sistema cardiovascular, demanda que se movimente as pernas de modo constante e permite ao atleta explorar todos os tipos de estradas e de trilhas. O ciclismo em academia com rolo de treino ou com uma bicicleta ergométrica, da mesma forma que a corrida em uma esteira, não estimula mentalmente, mas oferece uma chance de focar por completo no treino. Os novos avanços tecnológicos levaram muitas academias a ter bicicletas que oferecem mapas integrados (para simular o terreno de estradas pelo mundo) e televisões embutidas (para permitir que a mente vagueie para alguma outra coisa).

O ciclismo de estrada vem acompanhado de riscos, como ser atingido por um carro ou ficar parado por causa de um pneu furado. Deve-se pedalar com cuidado, usando um capacete, e sempre levar câmara reserva, bomba para bicicleta ou cilindro de CO_2 e ferramentas para o pneu. Caso a decisão seja pedalar sempre nas ruas, faz sentido usar uma bicicleta profissional ajustada para o atleta. Isso maximiza a potência na bicicleta ao mesmo tempo que minimiza os riscos de lesões. Se não a ajustar, será preciso certificar-se de que qualquer dor sentida nos joelhos, nos quadris, nos glúteos e na região lombar é apenas resultante de tentar um exercício novo, e não uma lesão iminente.

Quando pedalar, deve-se manter os batimentos por minuto entre 85 e 100, e é esperado que a frequência cardíaca seja menor do que quando se está correndo. Corredores saudáveis que estão usando o ciclismo para substituir uma corrida de recuperação deveriam andar por um tempo cerca de uma vez e meia maior do que o tempo normal de corrida. Uma corrida leve de 40 minutos pode ser substituída por 60 minutos de bicicleta. Corredores lesionados devem fazer sessões intervaladas na academia para manter o condicionamento físico, reduzir o tédio e usar o ciclismo de rua no lugar das corridas longas.

---

[13] N. do T.: *pull-kick-swim*, no original.

Esqui *cross-country* e treinos elípticos

Poucas atividades aeróbias queimam mais calorias ou desafiam mais o corpo todo do que o esqui *cross-country*. Corredores que vivem em altas latitudes têm usado o esqui *cross-country* por décadas como forma de desenvolver o sistema cardiovascular durante invernos longos. Os esquiadores da modalidade *cross-country* têm os valores mais altos de $\dot{V}O_2$máx já registrados, e o esqui nórdico tem se mostrado tão eficaz quando a corrida para desenvolver o $\dot{V}O_2$máx.

Contudo, a neve derrete. Isso torna o treino elíptico nas academias um substituto apropriado para o esqui quando o tempo está mais quente. Como no inverno, os treinos elípticos usam tanto os braços quanto as pernas e quase não causam danos por impacto. Isso torna o treino elíptico especialmente benéfico para atletas que estão superando fraturas por estresse e reações ao estresse. Tanto o esqui *cross-country* quanto o treino elíptico trabalham a musculatura de forma incomum e demandam algum tempo para a adaptação. O atleta eventualmente será capaz de manter a frequência cardíaca dentro de uma variação de 5 batimentos da taxa normal em uma corrida de mesma intensidade.

Nos últimos anos, a bicicleta elíptica para treino de rua tem se popularizado. Esses aparelhos parecem um híbrido entre um patinete gigante e uma bicicleta sem assento, para permitir que o atleta faça um treino similar ao elíptico nas ruas ou nas pistas. Bicicletas elípticas, como a EllliptiGo, podem se mostrar especialmente valiosas para corredores com lesões crônicas que não gostam do tipo de exercício ou da sensação que as bicicletas oferecem.

Remada

Usar um remador ergométrico para alguns dos treinos funcionais aeróbios pode trazer grandes benefícios musculares ao mesmo tempo que é um bom exercício para os pulmões e para coração, mas ele requer o uso de uma técnica apropriada (Figura 3.2).

Figura 3.2 – Seguir a sequência adequada de movimentos é algo essencial quando se usa um remador ergométrico.

Começar com os braços retos à frente do corpo, segurando a alça. Os joelhos devem estar encaixados sob os cotovelos, e as costas, mantidas retas. Para iniciar o movimento, empurrar para trás com as pernas. Manter uma postura ereta enquanto os joelhos se estendem, certificar-se de que os braços continuam retos. Assim que os joelhos estiverem estendidos, usar os braços para puxar a alça para além dos joelhos, seguindo toda a extensão até o corpo, inclinando-se um pouco para trás no final. Ao término da remada, relaxar os braços até que estejam retos, à frente do corpo, e balançar o corpo para a frente a partir dos quadris, até voltar para a posição inicial.

Empurrar a alavanca de forma brusca, inclinar-se muito para a frente ou para trás e puxar muito com a parte superior do corpo são técnicas incorretas que aumentam o risco de lesão na parte inferior da coluna. Em geral, treinos de remada são divididos em intervalos ou feitos em uma sessão contínua de 20 a 40 minutos. Não se deve planejar treinar muito mais do que isso, porque a remada exige mais esforços de grupos musculares específicos do que a corrida.

Treino funcional aeróbio para corredores saudáveis

Corredores saudáveis têm duas razões para incorporar o treino funcional nos seus planos de treino: aumentar a recuperação (como discutido no Capítulo 2) e acrescentar benefícios cardiovasculares. Corredores tendem a se beneficiar do treino cardiovascular extra, desde que ele não iniba o treino de corrida ou aumente a quantidade de tempo de recuperação necessária entre treinos.

Um dos melhores jeitos de incorporar o treino funcional na rotina é usá-lo no lugar de uma corrida de recuperação. Não há motivos para achar que um dia de corrida na água ou de ciclismo comprometerá o condicionamento de corrida. Na verdade, como o treino funcional promove a recuperação ao mesmo tempo que também oferece estímulos cardiovasculares, inseri-lo periodicamente pode ser algo benéfico para a *performance* de corrida.

Como exercícios diferentes trabalham o coração e os músculos de forma diversa, cada exercício de treino funcional aeróbio segue parâmetros separados. Eles são mostrados no Quadro 3.2. Em geral, é preciso manter esses treinos sem complicá-los demais. Inserir pequenas quantidades de treino mais intenso é aceitável se ajudar o atleta a quebrar a monotonia. O atleta apenas deve se lembrar de fazer um aquecimento de pelo menos 10 minutos antes e não forçar tanto a ponto de prejudicar o treino do próximo dia.

Quadro 3.2 – Treinos funcionais para corredores saudáveis

Atividade	Tipo de treino	Tempo de recuperação comparado à corrida	Esforço percebido e frequência cardíaca
Corrida na água	Estímulos para oferecer variedade e manter a intensidade	Aproximadamente igual	Parece mais cansativo do que uma corrida de recuperação por causa da resistência da água; a frequência cardíaca é moderadamente mais baixa
Natação	Treino em ritmo constante ou estímulos para oferecer variedade	Aproximadamente igual	Parece mais cansativo do que uma corrida de recuperação, se o atleta não está acostumado a nadar; a frequência cardíaca é moderadamente mais baixa
Ciclismo	Treino em ritmo constante ou estímulos para oferecer variedade	50%–75% maior do que a corrida	O cansaço é similar à de uma corrida de recuperação; a frequência cardíaca é moderadamente mais baixa
Remo	Remada constante	25%–50% menor do que a corrida	Parece consideravelmente mais cansativo do que uma corrida de recuperação; a frequência cardíaca é similar
Esqui *cross-country* ou treino elíptico	Esforço constante ou estímulos para oferecer variedade	Aproximadamente igual	O cansaço é similar à de uma corrida de recuperação; a frequência cardíaca é um pouco mais baixa

Soluções tecnológicas para corredores: uma nova onda de esteiras

A princípio, isso soa como algo tirado de um filme de ficção científica dos anos 1950. Esteiras antigravidade! Equipamentos para corrida embaixo d'água. Acrescente um réptil de 15 m e terá a produção de um sucesso de bilheteria da época da Guerra Fria. Ainda assim, esses equipamentos são tudo, menos ficção científica e podem, de fato, melhorar a saúde e encurtar o tempo de recuperação de formas que treinadores e atletas do passado só poderiam imaginar.

A esteira antigravidade AlterG permite que o atleta corra suportando apenas uma fração do peso do corpo ao usar uma tecnologia projetada pela NASA para simular a sensação de uma gravidade reduzida. Consegue-se isso ao selar a parte inferior do corpo em uma câmara de ar pressurizado que envolve a esteira. Conforme a pressão se ajusta dentro da câmara de ar, o atleta é capaz de correr sustentando de 20% a 100% do peso corporal. A AlterG pode alcançar velocidade de cerca de 30 km/h e um ângulo de inclinação de até 8,5°.

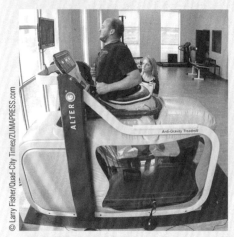

Os benefícios de correr com um peso reduzido foram percebidos primeiramente por corredores lesionados. Corredores com enfermidades comuns, como fraturas por estresse, as quais sempre demandaram de quatro a oito semanas sem corridas, de repente, puderam voltar a treinar com elas após apenas algumas semanas graças a redução do peso para uma fração do real. O estímulo era reduzido, mas podia ser compensado por outros tipos de treino funcional. Também reduziu o tempo de transição para a volta para a corrida normal.

Nos últimos anos, corredores saudáveis também começaram a usar esteiras antigravidade para serem capazes de treinar mais com menos impacto. Corredores (como o ex-recordista americano dos 5.000 m Dathan Ritzenhein, que lutou por anos contra lesões) acreditam que mudar uma parte grande dos seus treinos para as esteiras antigravidade tem ajudado a prolongar suas carreiras. Cada vez mais academias e consultórios de fisioterapia têm comprado essas máquinas. Conforme o preço delas cair, pode-se esperar que fiquem mais acessíveis e mais fáceis de encontrar no futuro.

Esteiras submersas não oferecem a mesma variabilidade de peso que suas equivalentes antigravitacionais, mas são consideravelmente mais baratas e ainda reduzem o estresse pelo impacto o suficiente para serem valiosas. No geral, são posicionadas no fundo de uma piscina terapêutica pequena e mantêm a parte

Continua

Continuação

inferior do corpo submersa. Essa flutuabilidade extra reduz estresse pelo impacto e, como a esteira antigravidade, permite que o atleta treine mesmo com lesões sérias. O neozelandês Nick Willis, medalhista de prata nos 1.500 m em 2008, passou boa parte dos dois anos seguintes à Olimpíada de Pequim lutando contra uma série de lesões. Apesar dos contratempos, Willis manteve a forma física fazendo uma parte do seu treino em uma esteira submersa. Em 2012, Willis voltou à sua boa forma, estabelecendo um novo recorde nacional nos 1.500 m na Nova Zelândia.

Treino funcional aeróbio para corredores lesionados

Corredores, com frequência, passam por uma versão modificada dos cinco estágios do luto quando ficam lesionados. Depois da *negação* da gravidade da lesão, muitos ficam com *raiva* dos seus corpos pela traição. A *barganha*, nessas circunstâncias ("treinarei de forma cinco vezes mais inteligente da próxima vez, se puder aguentar só até o final dessa corrida"), é desaconselhada e só levará a um agravamento da lesão. Quando os corredores percebem a futilidade da sua situação, muitas vezes, ficam *deprimidos* e apáticos, reduzindo suas metas, ou as abandonando por completo.

Manter a fé. Durante muitas lesões, é possível continuar com o treinamento cardiovascular e dos sistemas musculares e esqueléticos e, ainda assim, atingir as metas de corrida, se houver tempo suficiente para a recuperação. Por isso, é tão importante *aceitar* a lesão e compreender sua gravidade antes de abandonar os planos de corrida.

Com a corrida temporariamente fora de cena, o treino funcional se transforma no foco primário do regime de treinamento. O tipo de lesão pode limitar os exercícios de treino funcional praticáveis, mas há grandes chances de o atleta encontrar várias modalidades que funcionem para ele. Deve-se ficar com o que parecer mais confortável. Se sentir dor no local lesionado, deve-se suspender imediatamente o treino.

O treino funcional aeróbio para atletas lesionados é necessariamente mais agressivo e mais extensivo do que o que feito por corredores saudáveis. Caso o atleta intencione manter a forma física, pode esperar gastar até duas vezes mais tempo em um treino funcional do que com a corrida. Se ele não tem todo esse tempo disponível, deve enfocar as etapas mais desafiadoras de cada treino. Com frequência, essas sessões são mais extensivas do que o atleta faria ao correr na terra e focam pesadamente os estímulos. Manter a intensidade alta é a melhor forma de se manter em forma enquanto o corpo se recupera.

A Tabela 3.7 mostra formas de treinar as diferentes zonas aeróbias usando alguns dos treinos funcionais mais comuns. É preciso alternar os treinos, para garantir que nenhum sistema de treino esteja sendo negligenciado. Se não houver acesso a uma piscina ou a uma academia, é possível que o atleta fique limitado pela forma como é capaz de treinar durante a lesão. A maioria das academias oferece planos mensais que podem manter o atleta saudável durante o treino funcional.

Tabela 3.7 – Exemplo de treinos funcionais para corredores lesionados

Atividade	Resistência	Limiar de lactato	$\dot{V}O_2$máx
Corrida na água	20 min leve 40 min alternando 1:00 de esforço de LL e 2:00 de esforço constante 10 min leve	10 min leve Esforço de LL: 6 × 4:00 (1:00 leve entre cada esforço) 10 min corrida leve na água ou nado	10–15 min leve 10 × 1 min intenso (20 s leve entre cada um) 10 × 1:30 intenso (30 s leve entre cada um) 10 min corrida leve na água ou nado
Ciclismo	2–3 horas de esforço leve a moderado Acrescentar subidas para aumentar o esforço e os benefícios	20 min leve Esforço de LL: 5 × 6:00 (3:00 de *spin* leve entre cada esforço) 20 min leve	20 min leve 3 ou 4 séries: • 3:00 de esforço de $\dot{V}O_2$máx (recup.: 1:30 de *spin* leve) • 2:00 de esforço de $\dot{V}O_2$máx (recup.: 1:00 de *spin* leve) • 1:00 de esforço de $\dot{V}O_2$máx (3:00 de *spin* leve entre as séries) 20 min leve
Natação	10 min leve 10 min de braçada-pernada-nado 20 min de nado constante 10 min de braçada-pernada-nado 10 min leve	10 min leve Esforço de LL: 4 × 300 m (1:00 de descanso entre cada esforço) Esforço de LL: 4 × 200 m (1:00 de descanso entre cada esforço) 10 min leve	10 min leve 6 × 150 m intenso (1:00 de descanso entre cada um) 6 × 100 m (30 s de descanso entre cada um) 6 × 50 m intenso (30 s de descanso entre cada um) 10 min leve

Continua

Continuação

Atividade	Resistência	Limiar de lactato	$\dot{V}O_2$máx
Remada	Use outra opção de treino funcional	5 min leve Esforço de LL: 5 × 1 km (1:00 leve entre cada esforço) 5 min leve	5 min leve Esforço de $\dot{V}O_2$máx: 5 × 500 m (1:00 leve entre cada esforço) Esforço de $\dot{V}O_2$máx: 5 × 250 m (30 s leve entre cada esforço) 5 min leve
Elíptico	50 min de esforço constante	10 min leve Esforço de LL: 6 × 4 min (1:00 leve entre cada esforço) 10 min leve	10 min leve Esforço de $\dot{V}O_2$máx: 5 × 3 min (90 s leve entre cada esforço) Esforço de $\dot{V}O_2$máx: 5 × 90 s (45 s leve entre cada esforço) 10 min leve

O treino suplementar pode fazer que o corredor fique mais forte, mais rápido e mais saudável, além de ajudar a manter o condicionamento físico aeróbio. Outro elemento central para obter o máximo do treino é enfatizar o combustível do corpo. No Capítulo 4, examinamos o papel desempenhado pela nutrição e pela hidratação no preparo para o atleta treinar e correr na sua melhor forma.

4

A dieta do corredor bem alimentado

O corredor impõe uma demanda alta ao corpo para executar treinos e corridas. Assim, o conteúdo e a qualidade da dieta são mais importantes para os atletas do que para as pessoas sedentárias. A demanda de energia é alta e, sem dúvida, causa inveja em quem não corre quando o atleta ataca o terceiro prato de macarrão. O corredor também precisa de mais proteína para reparar os danos às fibras musculares (e para muitas outras funções) e tem que reabastecer os fluidos perdidos durante as sessões de treino diárias. Neste capítulo, discutimos as necessidades alimentares para corredores e como planejar uma dieta para maximizar a *performance* de corrida.

Carboidratos: a principal fonte de combustível para a corrida em distância

O carboidrato é a principal fonte de combustível durante os treinos e para as corridas de 5 km até a meia maratona. Durante a corrida, o corpo utiliza uma mistura de carboidratos e gordura. Uma pequena quantidade de energia também é provida pelas proteínas. Quanto mais rápido a pessoa corre, mais alta a proporção de carboidratos que o corpo usa. Por exemplo, usa-se quase que exclusivamente carboidratos ao correr no *pace* de $\dot{V}O_2$máx e 40% de gordura durante uma corrida lenta de recuperação.

O corpo armazena carboidratos na forma de glicogênio nos músculos e no fígado, que são quebrados em glicose para oferecer energia. Contudo, o corpo pode armazenar apenas uma quantidade limitada de glicogênio, em comparação ao estoque relativamente ilimitado de gordura. Como a metabolização da gordura consome mais oxigênio por caloria liberada do que a do carboidrato, não é possível manter um *pace* tão rápido quando o corpo consome só gordura.

Várias adaptações ocorrem com o treinamento, e elas ajudam os estoques de glicogênio durarem mais. Primeiro, ao esgotar o estoque de glicogênio durante o treino, o corpo é estimulado a armazenar mais glicogênio, para que demore mais para diminuir no futuro. Segundo, com a melhora do condicionamento físico aeróbio, o corpo usa relativamente mais gordura em determinado *pace*. Essa adaptação ocorre de forma gradual ao longo de meses de treino e ajuda os estoques de glicogênio a durarem mais. Terceiro, conforme os estoques de glicogênio começam a se esgotar durante uma corrida, o corpo conserva o restante, passando a usar mais gordura.

Quanto carboidrato é preciso?

Administrar a ingestão de carboidratos requer comer alimentos ricos em carboidratos para armazenar glicogênio antes dos treinos ou das corridas, tomar bebidas com carboidratos durante a corrida e restaurar os estoques de glicogênio depois. O quanto de carboidrato que é preciso consumir depende da carga de treino e tamanho do corpo.

A Tabela 4.1 resume as demandas diárias aproximadas de carboidratos baseadas no tempo de treino e peso corporal. Como mostrado na tabela, se o atleta corre de uma hora a uma hora e meia por dia, deveria consumir cerca de 7 a 8,5 g de carboidrato por quilograma de massa corporal por dia.

Como um exemplo, digamos que Molly corre 105 km por semana e pesa 55 kg. A média diária de tempo treino dela é de 75 minutos. A demanda diária de carboidratos para os treinos e outras necessidades energéticas da Molly é de aproximadamente 385 a 465 gramas (55 kg × 7–8,5 g/kg). Cada grama de carboidrato fornece 4 calorias, então, a atleta consome por volta de 1.540 a 1.860 calorias de carboidratos por dia.

Tabela 4.1 – Consumo diário aproximado de carboidratos para corredores

Treino por dia	Consumo (g/kg)
30–60 min	6–7
60–90 min	7–8,5
90–120 min	8,5–10

Abastecimento de glicogênio

Para corridas de mais de 90 minutos, os estoques de glicogênio podem ficar baixos perto do fim da corrida, a menos que o atleta faça um esforço para elevá-los antes disso. Pode-se aumentar os estoques de glicogênio antes de uma corrida com um período de polimento e com o consumo de uma dieta rica em carboidratos durante os três dias que antecedem a corrida. Se o atleta trabalhar bem a carga de glicogênio, pode armazenar em torno de 2.000 a 2.500 calorias de glicogênio nos músculos e no fígado, o que é mais do que o suficiente para completar uma meia maratona.

O abastecimento de glicogênio também é útil antes de corridas de 90 minutos ou mais. Correr uma sessão leve de treino e estocar carboidratos no dia anterior ajudará a garantir que o atleta se sinta forte durante uma corrida longa, o que lhe dará um aumento de confiança para correr.

É esperado que se ganhe alguns quilogramas quando se faz o abastecimento de carboidratos, porque o corpo estoca água junto com o glicogênio. O peso extra é inevitável e deve ser visto como um indicativo de que foi feito um bom trabalho de abastecimento de glicogênio.

Corredores podem comer como homens da caverna?

Muita gordura. Pouco carboidrato. Parece uma receita para uma corrida desastrosa, mas um número crescente de corredores tem sido atraído para a dieta paleolítica. Baseada nos supostos hábitos alimentares dos nossos ancestrais caçadores-coletores, a dieta paleolítica enfatiza o consumo de alimentos que estavam disponíveis antes da revolução agrícola. Isso significa uma grande dose de carnes, ovos, frutas, raízes, vegetais, sementes e castanhas não processadas (e, quando possível, orgânicas). Pessoas que aderem por completo à dieta paleolítica se abstêm de versões processadas de carnes, grãos, laticínios, legumes e féculas (como de milho ou de batata) e de todos alimentos processados como *cookies*, biscoitos e sorvete.

Apesar de parecer algo extremo do ponto de vista da modernidade, a ênfase da dieta paleolítica em produtos frescos e alimentos não refinados é algo consonante com o que muitos nutricionistas vêm pregando há anos. A natureza regimentada dessa dieta também garante que a maioria dos adeptos consuma um alto volume de alimentos nutritivos todos os dias. Para pessoas que são intolerantes ou sensíveis ao glúten, esse método de se alimentar pode oferecer um alívio. Alguns estudos também mostraram que a dieta paleolítica pode ser eficaz para baixar a pressão sanguínea e estabilizar os níveis de açúcar no sangue

Continua

Continuação

(Frassetto *et al.*, 2009), mas outros mostraram uma elevação nos níveis de colesterol LDL (conhecido como colesterol ruim) (Smith *et al.*, 2014).

Mais da metade das calorias na dieta paleolítica vem da gordura, com uma quantidade moderada de proteína e uma dose baixa de carboidratos. Quais efeitos isso pode causar no metabolismo das gorduras durante os exercícios ainda está em debate. Joe Friel, coautor do livro *The Paleo Diet for Athletes*, acredita que a dieta paleolítica melhora a *performance* atlética por quatro razões: a qualidade dos aminoácidos de cadeia ramificada encontrados na proteína animal; o efeito alcalinizante que a dieta tem no sangue; o alto volume de nutrientes específicos introduzidos no corpo por meio de frutas e vegetais; e a habilidade de atender as necessidades energéticas do atleta e de manter os estoques de glicogênio com o consumo de certos tipos de carboidratos durante e imediatamente após o treino (Cordain e Friel, 2012).

O último ponto merece uma explicação, porque até os apoiadores mais convictos da dieta paleolítica apontam de imediato que exercícios aeróbios extensivos não são possíveis sem altos níveis de armazenamento de glicogênio. Vários estudos mostraram que atletas que fazem dietas com muita gordura e poucos carboidratos podem ter uma *performance* boa em intensidades submáximas, mas decaem com rapidez quando a intensidade do treino aumenta. Por essa razão, muitos atletas que seguem a dieta paleolítica ingerem uma quantidade comparativamente mais alta de carboidratos antes, no decorrer e depois das corridas e seguem a dieta de forma mais restrita no restante do dia. São necessárias mais pesquisas para compreender completamente os efeitos da dieta paleolítica na saúde e na *performance* de corredores.

Treinando baixo e correndo alto

Já discutimos que uma das adaptações ao treino de resistência é o aumento do armazenamento de glicogênio. O estímulo para essa adaptação é oferecido quando os níveis de glicogênio começam a decair durante o treino, o que leva a um aumento da atividade das enzimas que sintetizam glicogênio. Isso indica que permitir que os níveis de glicogênio nos músculos se esgotem de tempos em tempos deveria levar a uma melhora na capacidade de armazenamento de glicogênio. Curiosamente, evidências recentes indicam que a variedade de outras adaptações positivas, como um aumento da síntese nas mitocôndrias, é estimulada por baixos níveis de glicogênio (Burke e Deakin, 2010; Hawley *et al.*, 2006). Há muitos benefícios, portanto, em permitir que o armazenamento de glicogênio caia durante alguns treinos em vez se reabastecer religiosamente os estoques ingerindo carboidratos durante os treinos.

Corredores de elite em longa distância têm usado essa abordagem de "treinar baixo"[14] por muitos anos, sem necessariamente entender

---

[14] N. do T.: *train low* no original, ou seja, treinar com baixo nível de glicogênio.

de forma racional o potencial científico dela, ao fazer corridas longas pela manhã com pouco ou nenhum consumo de carboidratos e, ao correr duas vezes por dia, ao estar com os estoques de glicogênio já moderadamente esgotados quando se inicia o segundo treino do dia. Esses atletas, então, "correm alto"[15] (em termos de armazenamento de glicogênio) por meio de uma carga de glicogênio e de um período de polimento antes das corridas.

Não se sabe o suficiente sobre o conceito de "treinar baixo" para fazer uma recomendação de quanto de esgotamento é necessário e com qual frequência é preciso esgotar os estoques para ganhar as adaptações desejadas. Também há algum risco associado com o esgotamento de glicogênio por causa do retardo da recuperação do treino e da supressão do sistema imunológico. Se o atleta decidir experimentar essa estratégia de treino, deve começar com uma corrida modernamente longa uma vez por semana sem se abastecer de carboidratos antes ou sem ingerir carboidratos durante o treino e, de modo progressivo, aumentar a distância ou a intensidade da corrida. Como com qualquer mudança no treinamento, deve-se começar gradualmente. Se o atleta se sentir fatigado em excesso conforme se aproximar do final da corrida, então, ele exagerou.

Índice glicêmico e carga glicêmica

O índice glicêmico (IG) é uma medida da rapidez com que os níveis de açúcar no sangue se elevam depois de comer vários alimentos contendo carboidratos. Alimentos com alta concentração de carboidratos, que se quebram com rapidez, fazem que os níveis de glicose no sangue se elevem rápido e têm um alto IG, ao passo que aqueles que têm um efeito mais lento e mais moderado nos níveis de glicose do sangue têm um IG baixo. Alguns corredores são mais sensíveis aos aumentos rápidos dos níveis de açúcar no sangue e à resposta de insulina associada do que outros e se beneficiarão ao aprender como usar seus IGs de forma otimizada antes, no decorrer e depois do treino e da corrida.

Em geral, o IG dos alimentos não é óbvio e não significa dividir entre carboidratos simples e complexos (ou saudáveis e não tão saudáveis). É preciso uma tabela de IGs para descobrir o índice dos alimentos que contêm carboidratos.

A carga glicêmica (CG) leva em consideração a quantidade de alimento consumido ao multiplicar o IG dos alimentos pelo número de gramas de carboidratos consumidos e dividindo o resultado por 100.

---

[15] N. do T.: *race high* no original, ou seja, correr com alto nível de glicogênio.

Desse modo, oferece-se um indicativo mais completo do efeito que comer vários carboidratos tende a causar nos níveis de açúcar do sangue. A Tabela 4.2 demonstra o quanto esse efeito é variado, mesmo entre alimentos com valores similares de índices glicêmicos. Recomendações de como usar o IG no planejamento do consumo dos carboidratos antes, no decorrer e depois do treino e da corrida estão mais à frente neste capítulo.

Tabela 4.2 – Índice glicêmico e carga glicêmica de vários alimentos

	Baixo IG (1–55)	Médio IG (56–69)	Alto IG (70–100)
Baixa CG (1–10)	Cereal integral 8, 38* Maçã 6, 38 Cenouras 2, 39 Grão-de-bico 8, 28 Lentilhas 5, 29 Uvas 8, 46 Feijão vermelho [kidney bens] 6, 22 Laranja 4, 40 Morangos 1, 40 Milho-doce 9, 52 Amendoins 1, 14 Leite desnatado 5, 37 Leite integral 5, 41	Abacaxi 7, 59 Melão-cantalupo 4, 65 Pipoca 7, 65 Biscoito de centeio 9, 67 Iogurte adoçado 3, 66 Sorvete normal 8, 61 Cuscuz marroquino 9, 65	Waffle 10, 76 Melancia 4, 72 Pão branco ou de centeio 10, 70 Pão integral de centeio 9, 71
Média CG (11–19)	Suco de maçã 11, 40 Suco de laranja 12, 50 Leite com chocolate 12, 43 Banana 11, 47 Espaguete integral 15, 37 Fettuccine 18, 40 Arroz branco 14, 38 Arroz integral 16, 50 Chocolate 12, 43 Bolo de banana 18, 47 Ensure [suplemento alimentar] 16, 48 Frozen yogurt 11, 51	Cereal de passas 12, 61 Mingau de aveia instantâneo 17, 66 Salgadinhos de milho tipo tortilha (de nacho) 17, 63 Bolo simples 19, 67 Refrigerantes 16, 63 Muffin de cereais 14, 60 Mel 12, 61	Cheerios [marca de cereal] 15, 74 Grape Nut Flakes [marca de cereal] 17, 80 Shredded Wheat [tipo de cereal de trigo] 15, 75 Purê de batatas 14, 74 Purê de batatas instantâneo 17, 85 Gatorade 12, 78 Biscoito de arroz 17, 82 Graham crackers [tipo de biscoito] 14, 74 Pretzels 16, 83 Leite de arroz 17, 79

Continua

Continuação

	Baixo IG (1–55)	Médio IG (56–69)	Alto IG (70–100)
Alta CG (20 ou mais)	Arroz selvagem de grão longo 21, 49 Bolo de baunilha com cobertura de baunilha 24, 42 Bolo de chocolate com cobertura de chocolate 20, 38	Ameixas 28, 64 *Bagel* de farinha branca 24, 69 PowerBar [marca de barra energética] 24, 58 Clif Bar [marca de barra energética] 22, 57 *Mix* de frutas secas 24, 60 Arroz instantâneo 28, 69 Espaguete 27, 61 Panquecas 38, 67	Batatas assadas 26, 85 Batata-doce 22, 70 Corn Flakes 20, 81 Cereal de arroz 21, 82 Batata frita 22, 75 Barra de figo 21, 70 Pop-Tarts [marca de biscoito] 25, 70 Jujubas 22, 78

* O primeiro número listado para cada alimento é a carga glicêmica (CG); o segundo número é o índice glicêmico (IG).
Adaptado, com autorização, de S. G. Eberle, 2014, *Endurance sports nutrition*, 3. ed. (Champaign, IL: Human Kinetics), p. 85.

Demanda de proteína para corredores

O corpo precisa de proteínas para uma variedade de processos que são vitais para o dia a dia e necessários para uma adaptação positiva ao treino. A proteína é usada para reparar danos musculares, para produzir as células vermelhas do sangue que levam o oxigênio até os músculos, para sintetizar mitocôndrias a fim de que a energia possa ser produzida de forma aeróbia, para manter o sistema imunológico e para produzir muitas enzimas e muitos hormônios para quase todas as funções do corpo.

Um corredor de longas distâncias necessita mais de proteínas do que uma pessoa sedentária por causa dos danos musculares ocorridos no treino, da necessidade aumentada de repor células vermelhas, da necessidade de mais mitocôndrias por causa da alta demanda energética e de outros fatores. No Capítulo 1, discutimos como o treino envia sinais para o corpo para produzir tipos específicos de proteínas. A quantidade de proteína necessária na dieta depende da carga de treino, do peso, da idade, do sexo e do consumo de carboidratos.

O American College of Sports Medicine (ACSM) recomenda um consumo de 1,2 a 1,4 grama de proteínas por quilograma de peso corporal por dia para atletas de resistência (Rodriguez *et al.*, 2009).

A Tabela 4.3 apresenta o consumo diário de proteína para corredores que treinam quatro vezes ou mais por semana.

Com o alto consumo de calorias exigido pelo treino, essa demanda é fácil de ser alcançada com uma dieta contendo 15% de proteínas. Corredores vegetarianos precisam de mais conhecimento e planejamento do que os que comem carne, mas também podem atingir com facilidade a necessidade proteica.

Tabela 4.3 – Consumo diário de proteínas para corredores

Peso (kg)	Demanda de proteínas (g/dia)
45	55–63
55	66–77
64	77–90
73	88–102
82	98–115
91	109–127

O papel da gordura na dieta do corredor

Apesar de não ser tão essencial para o sucesso na corrida quanto o armazenamento de carboidratos, a gordura tem um papel importante no abastecimento durante o treino. Com exercícios de intensidade baixa, como caminhada ou trote, o corpo usa uma proporção igual ou maior de gordura para atingir as necessidades energéticas. A gordura é cheia de energia potencial (9 calorias por grama, em comparação ao carboidrato, que tem 4 calorias por grama). Diferentemente dos estoques de glicogênio, não há razão para buscar um excesso de calorias de gordura para beneficiar a *performance*: um corredor de 68 quilogramas com 12% de gordura no corpo tem mais de 75.000 calorias de gordura já armazenadas no corpo (o suficiente para correr por 1.200 km sem reabastecer!). O corpo também armazena os carboidratos não utilizados como gordura, tornando muito improvável que a pessoa fique deficitária em termos de estoques de gordura. Uma dieta bem planejada para corredores, no geral, restringe a gordura para 20% a 25% do total de calorias para otimizar a absorção de carboidratos e de proteínas.

Talvez, mais importante do que a quantidade de gordura que se consome seja o *tipo* de gordura consumida. Certas gorduras, como as gorduras monoinsaturadas e poli-insaturadas, oferecem benefícios à saúde e contêm ácidos graxos essenciais que são necessários para o funcionamento básico humano. Ambos os tipos de gordura melhoram os níveis de colesterol e podem ajudar a estabilizar o açúcar no sangue. Gorduras insaturadas são, no geral, líquidas na temperatura ambiente.

Alguns exemplos de boas fontes de gordura monoinsaturadas são os abacates, as castanhas, as azeitonas, o azeite de oliva e o chocolate amargo. Gorduras poli-insaturadas podem ser encontradas em óleos vegetais, em gordura de peixe e em algumas castanhas e sementes. Os ácidos graxos essenciais do ômega-3 são poli-insaturados e podem oferecer uma variedade de benefícios, incluindo a redução de risco de problemas coronários, decréscimo dos níveis de triglicerídeos, redução da pressão sanguínea e redução de inflamações. A melhor fonte de ômega-3 são os peixes, o óleo de peixe e as algas. Fontes vegetais como sementes de linhaça, castanhas e óleos vegetais também contém tipos de ácidos graxos ômega-3, mas, até o momento, não se mostraram tão benéficos (Craig e Mangels, 2009; Nettleton, 1991).

Nem todos os tipos de gorduras são úteis, porém. Gorduras saturadas e gorduras trans (veja o boxe *Gordura trans: a gordura mais malvada do pedaço*) têm merecido a reputação de serem entupidoras de artérias por uma boa razão. O alto consumo de gorduras saturadas tem sido ligado ao aumento de níveis de inflamações, de doenças cardiovasculares, obesidade, diabetes e alguns tipos de câncer (Shoelson *et al.*, 2007). Com frequência, essas gorduras são vistas nos alimentos; as fontes incluem os queijos, a carne vermelha, a manteiga, os alimentos processados, o óleo de palma e as sobremesas derivadas de laticínios. O Departamento de Agricultura dos Estados Unidos recomenda limitar o consumo de gorduras saturadas a menos de 10% de todas as calorias.

Gordura trans: a gordura mais malvada do pedaço

É raro o caso em que um tipo de nutriente é destacado com algo completamente negativo. No caso da gordura trans (normalmente encontrada em alimentos assados e fritos com ingredientes como *óleos vegetais parcialmente hidrogenados e gorduras vegetais*), essa classificação é justa. Para corredores, os efeitos colaterais dessa categoria não poderiam ser piores.

A gordura trans aumenta os níveis do colesterol LDL (ruim) ao mesmo tempo que reduz os níveis do colesterol HDL (bom). Isso tem causado um efeito tremendo na saúde cardiovascular do mundo desenvolvido. Na verdade, a Escola de Saúde Pública de Harvard (2013) estimou que remover a gordura trans da dieta dos americanos poderia prevenir um em cada cinco ataques cardíacos nos Estados Unidos (aproximadamente 500.000 naquele ano). A gordura trans também promove inflamações e aumenta o nível de triglicerídeos no sangue; estudos com animais mostraram a redução da sensibilidade à insulina e o aumento da obesidade, ambas as coisas que são precursoras do diabetes tipo 2. Não causa surpresa o fato de os institutos nacionais de saúde sugerirem que se consuma o mínimo de gordura trans possível.

Continua

Continuação

Em 2006, o U.S. Food and Drug Administration (FDA)[16] obrigou que as gorduras trans aparecessem nas informações nutricionais dos produtos e muitos locais como a Califórnia e Nova York baniram seu uso nas cantinas (Harvard School of Public Health, 2013). Apesar dessas posturas proativas, a gordura trans ainda prevalece em muitos alimentos. Pode-se usar esses métodos para identificar e limitar a gordura trans na dieta:

- **Ler os rótulos *com atenção*.** O FDA arredonda para baixo os rótulos nutricionais. Isso significa que produtos contendo 0,49 grama de gordura trans por porção serão listados como tendo 0 grama. A única forma de ter 100% de certeza de que um produto está livre de gordura trans é se certificar que não há na lista de ingredientes gordura vegetal, óleo vegetal parcialmente hidrogenado ou óleo vegetal hidrogenado.
- **Procurar alimentos com o mínimo de óleo hidrogenado possível.** Todos os alimentos disponíveis no comércio dos Estados Unidos listam seus ingredientes em ordem de volume. Deve-se procurar alimentos com gordura parcialmente hidrogenada o mais próximo possível do final da lista de ingredientes.
- **Comer menos alimentos processados.** Deixar de comer alimentos processados, como *cookies*, bolachas e frango frito, reduzirá automaticamente a maior parte das gorduras trans da dieta. Melhor substituí-los por frutas, vegetais, castanhas e grãos integrais. O coração agradecerá.

O papel do ferro na dieta do corredor

O ferro é usado para produzir hemoglobina nas células vermelhas do sangue. Nos capilares do pulmão, o oxigênio se fixa nas hemoglobinas nas células vermelhas do sangue para ser transportado para os músculos. Como discutido no Capítulo 1, o $\dot{V}O_2$máx é determinado sobretudo pela quantidade de sangue rico em oxigênio que pode ser bombeado para os músculos. Se o nível de hemoglobina estiver baixo, menos oxigênio estará no sangue sendo bombeado para os músculos, e a pessoa não consegue produzir tanta energia de forma aeróbia. O ferro é também um componente da mioglobina nas células musculares, a qual carrega oxigênio para a mitocôndria assim como também leva enzimas para a produção aeróbia de energia.

Anemia por deficiência de ferro ocorre quando os estoques de ferro são esgotados, e o nível de hemoglobina decai. Baixos níveis de hemoglobina reduzem tanto o $\dot{V}O_2$máx quanto o limiar de lactato (LL) e a *performance* de corrida sofre. Os níveis de energia caem, e o treino se transforma em um sacrifício. A frequência cardíaca em determinado

---
[16] N. do E.: órgão do governo dos Estados Unidos que controla e supervisiona alimentos, drogas (farmacológicas ou recreativas), cosméticos, entre outros.

pace também aumenta quando o coração tem que trabalhar mais para levar oxigênio para os músculos. Durante o esgotamento do ferro, os estoques de ferro estão baixos, mas ainda existem, e a hemoglobina ainda é normal. Apesar de a anemia ter um efeito maior, ambas as condições podem afetar negativamente a *performance* de corrida.

Corredores têm mais risco de ficar com baixos níveis de ferro do que pessoas sedentárias. Isso ocorre pelos seguintes fatores:

- baixo consumo de ferro por corredores que evitam carne vermelha;
- degradação das células vermelhas do sangue por causa dos pés batendo no chão (hemólise por impacto dos pés) durante a corrida;
- perda de ferro pelo suor e pela urina;
- perda de ferro pelo sistema gastrintestinal.

Cada um desses fatores tende a ser maior em corredores de alta quilometragem. Baixos índices de ferro são mais prevalentes entre corredoras antes da menopausa, para as quais o consumo de ferro não alcança as necessidades. Por causa da absorção relativamente baixa das fontes vegetais de ferro, corredoras vegetarianas têm mais risco de ter um baixo nível de ferro, em especial se também reduzirem a ingestão de calorias.

Em caso de suspeita de redução do nível de ferro, um médico normalmente pede um hemograma completo, o qual medirá os níveis de hemoglobina, a quantidade de células vermelhas e a uma série de outros indicadores da situação do ferro, bem como um teste de ferritina sérica, o qual mede os estoques de ferro do corpo.

A faixa normal de concentração de hemoglobina varia entre países e laboratórios, mas o normal é que seja entre 14 e 18 gramas por decilitro (g/dl) de sangue para homens e 12 a 16 g/dl para mulheres. Atletas de resistência têm mais plasma sanguíneo do que pessoas sedentárias, o que pode indicar incorretamente um baixo índice de hemoglobina. Os valores mínimos da faixa de normalidade deveriam ser estendidos cerca de 1 g/dl para atletas de resistência, em razão do seu volume maior de sangue. Para um homem corredor em longas distâncias, um nível de hemoglobina de 13 a 13,9 g/dl pode ser considerado no limite mais baixo da faixa de normalidade e seria similar a um valor em torno de 14 a 14,9 g/dl para um homem não treinado. Para uma mulher corredora em longas distâncias, um nível de hemoglobina de 11 a 11,9 g/dl seria similar a um valor em torno de 12 a 12,9 g/dl para uma mulher não treinada.

O valor mínimo da referência de normalidade de ferritina sérica é 12 nanogramas por mililitro (ng/ml), tanto para mulheres quanto para homens. Há dois pontos de vista no que se trata da relação entre os níveis de ferritina e a *performance* de corrida. Uma linha de pensamento diz que os níveis de ferritina não estão diretamente relacionados com a *performance* de corrida, mas, se o nível de ferritina cai, eventualmente, os níveis de hemoglobina cairão também, dessa forma, a ferritina é um dos primeiros sinais de alerta.

O outro ponto de vista é que como os níveis de ferritina são uma medida dos estoques de ferro do corpo, e este usa esses estoques para fazer enzimas para a produção aeróbia de energia, assim, os baixos níveis de ferritina têm um impacto direto na *performance*. O nível em que a ferritina sérica afeta a *performance* de corrida está aberto a debate e pode variar de atleta para atleta. David Martin, que tem testado corredores de longas distância de elite para USA Track & Field desde 1981, compartilhou com Pete em uma correspondência pessoal que descobriu que é comum que as *performance*s de treino e de corrida sejam afetadas quando os níveis de ferritina caem abaixo de 20 ng/ml; quando os níveis de ferritina estão acima de 25 ng/ml, o usual é que a *performance* retorne para a normalidade. Outros fisiologistas e técnicos relataram redução na *performance* de alguns atletas quando os níveis de ferritina caem abaixo de 40 ng/ml. Em caso de preocupações com níveis baixos de ferritina, deve-se consultar um médico ou um nutricionista esportivo.

Quanto ferro é necessário?

De acordo com a ingestão diária recomendada (IDR) de 2001, desenvolvida pelo Instituto de Medicina das Academias Nacionais, mulheres antes da menopausa precisam de 18 miligramas de ferro por dia, ao passo que mulheres após a menopausa e homens precisam de 8 miligramas de ferro por dia (Instituto de Medicina, 2001). Não foi estabelecida a necessidade de ferro para corredores de alta quilometragem, mas o Instituto de Medicina sugere que "a necessidade de ferro pode ser 30% maior para aqueles que praticam regularmente exercícios intensos" (National Institute of Health Office of Dietary Supplements, 2007, p. 10). Todavia, ferro em excesso pode ser um risco para a saúde, e o homem estadunidense típico é mais propenso a ter uma sobrecarga de ferro do que uma deficiência.

Há dois tipos de ferros alimentares. O ferro heme é encontrado em fontes animais, como a carne vermelha, aves e peixes. O ferro não heme é encontrado tanto em fontes vegetais quanto em fontes animais. Ferro heme é absorvido mais prontamente pelo corpo do que o ferro não heme, assim, vegetarianos devem se planejar bem para atingirem suas necessidades de ferro. Carnívoros podem atingir com facilidade a necessidade de ferro por meio de algumas porções por semana de carne de boi, fígado, carne escura de peru ou de frango, ostras, atum e outras opções. Boas fontes vegetais de ferro incluem folhas verde-escuras, leguminosas (por exemplo, feijão e lentilhas), frutas secas, além de pães e cereais integrais enriquecidos.

Vários fatores melhoram ou inibem a absorção de ferro. Tanto a vitamina C quanto vitamina A aumentam a absorção de ferro, assim como a presença de ferro heme em uma refeição (por exemplo, o ferro não heme é absorvido com mais prontidão quando a pessoa come um pouco de ferro heme). Comidas e bebidas que inibem a absorção de ferro incluem chá, café, chocolate, vinho tinto, aquelas com cálcio e alguns alimentos ricos em fibras. Mudanças relativamente pequenas na alimentação podem ter um grande efeito nos níveis de ferro. Por exemplo, uma pessoa absorverá três vezes mais ferro do cereal e da torrada se trocar o café por suco de laranja no café da manhã.

Corredores com anemia por deficiência de ferro ou com esgotamento de ferro costumam receber uma prescrição de suplemento de ferro, como o sulfato de ferro, o gluconato ferroso, o bisglicinato ferroso ou o fumarato ferroso até que os níveis de ferro retornem para o normal. Médicos e nutricionistas com frequência aconselham mulheres corredoras com histórico de esgotamento de ferro a tomar uma pequena dose de suplemento de ferro para ajudar a manter os estoques.

Jenny Simpson

Recordes pessoais:
1.500 m em 3:57; 1.609 m em 4:19; 5.000 m em 14:56; campeã mundial dos 1.500 m em 2011; ex-recordista americana nos 3.000 m com obstáculos

Qualquer um que tenha testemunhado Jenny Simpson disparando pela reta de chegada em direção a uma medalha de ouro nos Campeonatos Mundiais de 1.500 m em 2011 sabe que ela é uma competidora de verdade, com partes iguais de força e de velocidade. Essas qualidades permitiram que ela se destacasse de todas as formas; Simpson é a ex-recordista americana nos 3.000 m com obstáculo (uma corrida que exige que o atleta salte por 28 barreiras e 7 fossos de água) e ficou abaixo de 15 minutos nos 5.000 m. Sete vezes

Continua

Continuação

indicada para o All-American, na Universidade do Colorado, na categoria *cross-country* e pista, Simpson também recebeu três títulos na prestigiosa Fifth Avenue Mile, que corta o coração de Nova York. Em 2013 e 2014, ela correu a prova em 4:19.3 e 4:19.4, respectivamente, os dois tempos mais rápidos na história do evento.[17]

Isso não significa que a trajetória sempre foi fácil. Como a favorita de 2009 no NCAA Cross Country Championship, Simpson caiu após liderar os primeiros 3 km e terminou em 163º. Em 2010, seu primeiro ano como profissional, a atleta perdeu a maior parte da temporada por causa de uma fratura por estresse. E em 2012, ela não chegou à final dos 1.500 m nos Jogos Olímpicos, apesar de defender seu título de campeã mundial.

Em vez de deixar esses fracassos definirem sua carreira, Simpson continuou avançando e identificando o que funcionava melhor no seu treinamento. Isso significa nunca se afastar demais da formação de resistência, mesmo quando está se preparando para corridas curtas. A atleta acredita que fazer isso a ajuda manter sua saúde e lhe dá as melhores chances de sucesso.

"Pouco treino é desperdiçado se você é capaz de alinhavar tudo junto em um padrão contínuo de estresse e recuperação", diz ela. "Preciso ser rápida, com foco no tiro final da corrida. Preciso me manter atlética para abrir caminho entre o pelotão de corredoras. Trabalho o foco para que possa tomar decisões rápidas ao correr pela multidão. Mas nenhuma dessas habilidades importa se já estou sofrendo na primeira volta. A capacidade aeróbia é fundamental."

Esse alicerce a levou a um ressurgimento em 2013, culminando em uma medalha de prata nos 1.500 m no Campeonato Mundial de 2013, um recorde pessoal nos 5.000 e a sua vitória tradicional nas ruas de Nova York. Ela manteve esse ritmo em 2014, correndo o segundo tempo mais rápido da história dos Estados Unidos nos 1.500 m. Essas *performances* sempre brilhantes mostraram a ela que o foco em outro aspecto do bom treinamento (a alimentação apropriada) estava funcionando.

"A verdade é que eu não conto calorias nem sigo uma dieta específica", ela diz. "O que eu foco é em comer para maximizar o consumo nutricional. Todo mundo sabe que uma banana é um lanche mais saudável do que um *cookie*, mas também penso que tenho que comer alimentos ricos em ferro, cálcio, vitaminas e antioxidantes. Subo na balança de tempos em tempos para me certificar de que estou dentro de determinado peso, mas a alimentação contribui para muito mais do que o controle do peso."

Uma forma pela qual Simpson assumiu um papel ativo no monitoramento da sua nutrição foi por meio da culinária. "Preparar refeições em casa garante que você saiba o que está indo na sua comida", ela diz. "Não sou uma cozinheira excepcional e me perco totalmente com pratos complicados, mas essa não é a questão. Sou boa nas refeições básicas e tenho aprendido como variar e alternar meus pratos favoritos, para torná-los ainda mais saudáveis."

Pequenas coisas, como melhorar a alimentação, prestar atenção à recuperação e maximizar o potencial aeróbio, têm dado bons lucros para Simpson. Ao mesmo tempo, ela é grata pelas muitas dificuldades e erros que surgiram no caminho. A resiliência dela oferece um modelo para todos seguirmos.

Continua

---

[17] N. do E.: em 2019, Jenny Simpson quebrou novamente a marca da prova, com o tempo de 4:16.1.

Continuação

> "Quando me decidi por essa jornada, decidi passar por tudo: a parte boa e a ruim, as facilidades e as dificuldades", ela diz. "Se eu fosse escrever minha própria história, não teria sido tão boa quanto a que eu tive a sorte de viver, porque não me ofereceria voluntariamente para todas as dificuldades. São os pontos baixos, as quedas, os dias difíceis que dão tanto significado para cada vitória."

O papel da hidratação para a melhor *performance*

Manter-se bem hidratado é algo fundamental para o sucesso na corrida em distância. Todas as células do corpo humano dependem de água, e a necessidade aumenta para corredores em longa distância muito ativos. Hidratar-se da forma apropriada permite que o corpo remova rapidamente os resíduos, mantém a pressão sanguínea no seu nível normal, ajuda a quebrar e a absorver nutrientes no trato digestivo e atua como um lubrificante necessário para músculos e articulações. Na forma de suor, a água também tem um papel importante para regular a temperatura interna. Ao ir para uma corrida, o atleta deve se certificar que a quantidade total de água no corpo está normal, para que não afete adversamente a *performance*.

O corpo usa três métodos para se livrar do calor quando a pessoa faz um exercício: suor, aumento do fluxo sanguíneo na pele e queda no desempenho do ritmo. Apesar de os três atuarem em conjunto para impedir um dano sério ao corpo, o suor é o que afeta mais diretamente a hidratação. A quantidade de suor varia muito entre indivíduos e é influenciada pela genética, pela intensidade dos exercícios, pela situação do treinamento, pelas condições ambientais e as roupas vestidas. As perdas de suor no geral são maiores nos dias mais quentes, mas usar camadas em excesso durante o inverno também causa uma perda significativa de fluidos.

Embora o suor permita que o atleta treine e corra em segurança em uma grande variedade de condições, ele também pode desidratar o corredor. Os fluidos perdidos em razão do exercício precisam ser repostos o mais rápido possível para manter o equilíbrio hídrico nas células e manter a perda total de água no mínimo. O suor também é composto por mais do que somente a água. Eletrólitos como o sódio, o magnésio e o potássio também são excretados pela pele e pelo suor e precisam ser repostos.

Os efeitos da desidratação durante o exercício são muitos e se amplificam quando o atleta corre em um clima mais quente. Incluem o aumento do esforço do sistema cardiovascular, uma elevação da temperatura central, uma exaustão maior percebida e alterações na função metabólica. Quanto maior o *deficit* de hidratação, mais esses efeitos são ampliados.

A desidratação combinada com o cansaço físico no calor também é um fator de risco para doenças do calor, como insolação e exaustão pelo calor. Pode parecer que uma vez que a pessoa acabe os exercícios, a necessidade de líquidos se torna menos importante, mas o oposto está mais perto da verdade. Permanecer desidratado por longos períodos depois dos exercícios compromete a recuperação, porque os fluidos são essenciais para a retirada dos resíduos das células e para a manutenção de um volume ótimo de sangue. Apesar de ser importante ingerir líquidos imediatamente após os exercícios para começar o processo de reidratação, pode levar de 8 a 24 horas para recuperar por completo o nível normal de hidratação depois de corridas mais longas e mais quentes.

Avaliando a necessidade de hidratação

Não há fórmula perfeita para determinar quanto líquido é necessário ingerir em determinado dia. É comum ouvir que "oito copos de água por dia são bons para a saúde", o que é uma diretriz muito aproximada para pessoas sedentárias, mas que não leva em conta elementos como o tamanho do corpo, o nível de atividade ou as condições ambientais. Para evitar as armadilhas discutidas anteriormente, deve-se começar cada corrida com o corpo bem-hidratado.

Pode-se usar dois métodos simples para medir o quanto alguém está hidratado em certo momento. O primeiro envolve o monitoramento do peso. Uma boa forma de estimar quanto fluido é perdido durante uma corrida é pesando o atleta nu (para levar em conta qualquer suor em potencial preso nas roupas) antes e depois de uma corrida. Como o corpo não retém todos os fluidos ingeridos, deve-se beber de uma a uma vez e meia a quantidade que foi perdida. Se a pessoa perdeu 900 gramas depois de uma corrida, deve repor com 1.350 gramas de líquidos (aproximadamente 1,5 litro). Pesar-se nu todos os dias depois de urinar também pode ajudar a manter a pessoa ciente do nível de hidratação. Se o peso diminuiu alguns quilogramas, a pessoa pode ter um *deficit* de fluidos que precisa ser corrigido.

Outro método de monitorar a hidratação é por meio da verificação da cor da urina. A urina de cor amarelo-clara ou amarelo transparente, em geral, sinaliza uma hidratação apropriada, ao passo que cores mais escuras sugerem desidratação. Medicações e vitaminas podem alterar a cor da urina, assim como determinados alimentos e corantes alimentares. Beber muita água rápido demais também produz uma urina clara quando, na verdade, o corpo não absorveu os fluidos de forma apropriada, o que pode levar a um estado de desidratação parcial.

A forma mais simples de garantir uma hidratação apropriada é dar atenção à sede. Apesar de parecer algo óbvio, a mecanismo da sede é um indicador de quando e do quanto beber.

Cuidado: energéticos não são bebidas esportivas

Na última década, bebidas energéticas se tornaram cada vez mais populares nas prateleiras das lojas. Esses produtos são divulgados como uma forma de aumentar a prontidão e a atenção ao mesmo tempo que aceleram o metabolismo. Muitos corredores têm começado a experimentar esses produtos, curiosos sobre como podem influenciar de forma positiva a *performance*.

Os ingredientes primários, na maioria desses energéticos, são carboidratos e cafeína. Diferentemente das bebidas esportivas, a concentração de carboidratos é alta na maioria dos energéticos, o que os torna uma escolha ruim para beber durante a corrida ou para reidratação. A concentração de cafeína é ainda maior e, com frequência, é suplementada por outros estimulantes como guaraná e extrato noz-de-cola. A maioria dos energéticos que divulga a quantidade de cafeína usada mostra que é de 80 a 150 miligramas por dose. Algumas bebidas mais extremas chegam a 240 miligramas de cafeína em uma única dose (uma lata de 355 ml de Coca-Cola, a título de comparação, tem um pouco mais de 30 miligramas). Suplementos energéticos também contêm os mesmos níveis altos de cafeína, mas, no geral, têm pouca ou nenhuma caloria.

A maioria das bebidas energéticas também contêm uma longa lista de outros ingredientes cujo propósito é o de aumentar o nível de alerta mental ou de energia física. Essa lista inclui vitaminas, minerais, aminoácidos e compostos vegetais. De acordo com uma declaração da International Society of Sports Nutrition (ISSN), "Há poucas evidências de que a ingestão dessas vitaminas e minerais nas quantidades encontradas nos energéticos ofereça qualquer benefício ergogênico durante a *performance* esportiva de indivíduos bem-nutridos" (Campbell *et al.*, 2013, p. 4). Isso também vale para muitas das ervas e extratos patenteados que são adicionados, muitos dos quais estão fora dos limites do FDA. Por causa dos questionamentos que envolvem esses aditivos, além das preocupações com seu conteúdo altamente estimulante, o ISSN recomenda que não se beba mais do que um energético por dia.

Nós não recomendamos o uso de energéticos antes ou ao longo da corrida. Se for experimentar um energético, lembre-se de que pessoas diferentes respondem de formas diferentes a estimulantes como cafeína e que muitos dos ingredientes dessas bebidas têm um benefício questionável e podem não ser bem-tolerados por algumas pessoas. Siga uma abordagem cuidadosa quando tentar usar esses produtos.

Opções de bebidas para corredores: bebidas esportivas

Embora a água deva ser a fonte primária de hidratação na dieta de um corredor saudável, hoje em dia, não há escassez de opções disponíveis. Sucos de frutas, chás, leite desnatado, chá-verde, água com gás, chá gelado sem açúcar, sucos de vegetais e bebidas esportivas com frequência têm espaço na dieta do corredor. Vamos observar melhor as bebidas esportivas.

A vasta categoria das bebidas esportivas é popular entre os atletas e são usadas com frequência antes, no decorrer e depois dos exercícios. Bebidas esportivas contêm carboidratos (em geral, de 6% a 8% do volume), eletrólitos de potássio e sódio e, muitas vezes, magnésio e cálcio também. Essas adições não são apenas por questão de sabor. Durante corridas longas e treinos extensivos, bebidas esportivas oferecem energia e fluidos com fácil acessibilidade. O sódio e o potássio nas bebidas esportivas ajudam a reter os líquidos de forma mais eficiente e repõem o eletrólitos perdidos. Após a corrida, os carboidratos disponíveis podem ajudar a restaurar com rapidez os estoques de glicogênio. O sódio nas bebidas esportivas também ajuda a prevenir a hiponatremia, que é uma doença perigosa causada por níveis muito baixos de sódio no sangue. Corredores correm o risco de terem hiponatremia quando tentam repor uma quantidade grande de fluidos no corpo com água ou outras bebidas com baixo teor de sódio.

Apesar de as bebidas esportivas terem um lugar no mundo do atletismo, também é bom reconhecer suas limitações. Como precisam oferecer um combustível pronto para o uso, a maior parte das bebidas esportivas é formulada com açúcares simples. O alto IG nelas pode ter um efeito menos positivo se consumido em outros momentos; isso também é verdade para as calorias gratuitas que elas contêm, as quais podem ser significativas se a pessoa tem o hábito de consumir bebidas esportivas todos os dias. Muitos comerciais de bebidas esportivas também podem fazer parecer que os eletrólitos só são encontrados nos seus produtos. Na verdade, bebidas esportivas tendem a ter apenas pequenas quantidades desses sais. O potássio pode ser encontrado naturalmente em alimentos como batatas, bananas, abacates, feijões, folhas verdes e peixes, ao passo que o sódio é onipresente na dieta ocidental padrão.

Suplementos nutricionais: corredores, fiquem alerta!

Os suplementos nutricionais são quase inevitáveis na comunidade corredora. As maiores revistas da área os anunciam, estão nas lojas e é muito provável que um atleta ouça os amigos discutindo sobre os méritos da substância A em vez da B para a corrida.

Há uma quantidade infinita de tipos de suplementos nutricionais e mais chegam ao mercado todos os anos, muitos dos quais são divulgados com base em alegações falsas ou exageradas. A indústria de suplementos não é bem-regulada nos Estados Unidos ou na maioria dos outros países. Além do desperdício de dinheiro, tomar suplementos apresenta um risco de efeitos colaterais negativos e, para um corredor de elite, uma chance de reprovação em exames *antidoping* por causa dos ingredientes em si ou por contaminações. Vamos olhar rapidamente as diversas principais categorias dos suplementos nutricionais.

Bebidas, géis e barras

Já discutimos a importância do papel do carboidrato nas dietas dos corredores e os benefícios de ingeri-los antes, ao longo e depois de um treino e de corridas. Bebidas esportivas, géis e barras oferecem uma forma conveniente para os corredores aumentarem seu consumo de carboidratos. Essas bebidas e comidas esportivas não deveriam substituir uma dieta saudável, mas muitos corredores apreciam o fator de conveniência e conhecem a quantidade de carboidratos neles. A Tabela 4.4 oferece as quantidades de carboidratos e de calorias em várias das bebidas esportivas, géis e barras mais populares. Essa categoria de produtos está evoluindo a todo momento e oferece uma variedade de opções para os corredores.

Tabela 4.4 – Quantidade de carboidratos e de calorias nas bebidas esportivas, géis e barras mais populares

	Carboidrato (g)	Total de calorias
Bebidas esportivas (por 227 ml)		
Gatorade, G2	14	50
Gatorade, baixa caloria G2	7	30
Heed	14	55
Powerade	14	50
Accelerade	14	80
Géis (por pacote)		
GU	25	100
Hüma Chia	21	100
Clif Shot	24	100
Hammer Gel	23	90
Honey Stinger Gold Classic Gel	27	100
Power Gel	27	110
Barras (por porção)		
Balance Bar	22	200
Clif Bar	43	220
Snickers Marathon Bar	26	210
Nature Valley Oats 'n Honey Granola Bar	29	190
PowerBar Harvest Energy	43	250

Fonte: *sites* dos fabricantes e tabelas nutricionais do Departamento de Agricultura dos Estados Unidos.

Suplementos de proteínas

Como discutido antes neste capítulo, corredores em longa distância precisam de uma quantidade maior de proteínas do que pessoas sedentárias, mas essa demanda moderadamente aumentada é suprida com facilidade por meio de uma dieta saudável e bem-balanceada. Corredores não precisam tomar suplementos de proteínas para suprir suas necessidades.

Vitaminas e suplementos minerais

Atingir os mínimos necessários de vitaminas e minerais é importante para a boa saúde e para a adaptação positiva ao treino. Isso é algo fácil de fazer sem suplementos no caso de corredores que têm uma alimentação saudável. Corredores cujas dietas podem ter deficiência de algumas vitaminas e minerais essenciais, no entanto, deveriam consultar um médico ou um nutricionista. Vegetarianos, por exemplo, com frequência têm dificuldade para conseguir as quantidades necessárias de ferro (como já discutido), de zinco e de vitamina B_{12} a partir de fontes naturais e também podem consumir pouco ácido graxo ômega-3. Nesse caso, suplementos nutricionais apropriados podem se mostrar benéficos para a corrida e para a saúde de forma geral. O excesso não é melhor, porém; e o excesso de suplementação com minerais e vitaminas solúveis em gordura pode ser tóxico.

Também é preciso ficar atento ao modo como as vitaminas e os minerais isolados nos suplementos podem interagir uns com os outros. O magnésio, por exemplo, pode interferir na absorção do cálcio. Tomar suplementos que contêm tanto cálcio quanto magnésio, portanto, pode afetar a absorção de ambos os minerais, o que é outra razão pela qual recomendamos muito a busca por aconselhamento com um médico ou nutricionista antes de consumir suplementos. Tentar criar um cronograma para tomar os suplementos de forma que um não interfira com o outro pode ser praticamente um trabalho de tempo integral (e um trabalho que não é muito recompensador). O melhor é apenas evitar as deficiências nutricionais, alimentando-se com uma dieta bem-balanceada.

Outros suplementos nutricionais

Essa categoria inclui centenas de suplementos nutricionais disponíveis no mercado que alegam melhorar vários aspectos da *performance* atlética. Entre eles, a maioria enfoca a força e a potência de *performance*, mas há uma lista crescente de produtos voltados para a resistência atlética. Décadas de experiências mostraram que gastar o dinheiro suado em suplementos para curas miraculosas é um desperdício monumental. O pólen de abelhas, por exemplo, tem sido há muito tempo anunciado pelos publicitários como um alimento milagroso que pode melhorar tudo, desde a resistência atlética até a *performance* sexual. Infelizmente, essas alegações nunca foram baseadas em estudos científicos, e uma erupção cutânea por reações alérgicas a esse suplemento indica que ele é perigoso para algumas pessoas. Para correr no seu máximo, o mais sábio é manter uma dieta e um estilo de vida saudáveis combinados com um treino inteligente e se manter longe de atalhos que alegam melhorar a *performance* de corrida.

Alimentação no dia da corrida

Mesmo que a alimentação diária tenha um papel integral em como será a *performance* e a recuperação do treino, falhar em executar um plano nutricional para corridas, incluindo o abastecimento apropriado antes, ao longo e depois de uma corrida, pode ser um impeditivo justamente quando é mais importante, no dia da corrida. Nesta seção, discutimos os elementos essenciais da alimentação no dia da corrida.

Antes da corrida

Encontrar a combinação correta de alimentos e o momento ideal para a refeição antes da corrida depende das preferências alimentares e da tolerância da pessoa para correr após comer. Alguns corredores podem ter uma refeição normal duas horas antes da corrida e outros se sentem desconfortáveis após uma refeição pequena quatro horas antes da corrida. Uma parte das diferenças está relacionada à ansiedade que antecede a corrida e alguns corredores com estômagos muito sensíveis apostam em um lanche na hora de dormir na noite que antecede a corrida e apenas refeições líquidas ou bebidas esportivas antes da corrida. Por meio de tentativa e erro antes dos treinos e de corridas menos importantes, o atleta descobrirá os alimentos e o cronograma que melhor funciona para ele.

Se a corrida será pela manhã, a hora da largada influenciará o momento de comer. Uma refeição leve, de duas horas e meia a quatro horas antes da corrida, funciona para a maioria dos corredores na maior parte das vezes. Para uma corrida que começa às 8 horas, faz sentido ajustar o relógio para 5 horas, fazer uma refeição leve e voltar para a cama por mais ou menos uma hora. Para uma corrida que começa às 7 horas, pode-se optar por uma refeição menor às 5 horas, se o estômago tolerar correr duas horas depois.

O papel da alimentação antes da corrida é elevar ao máximo os estoques de glicogênio no fígado (que decaem durante a noite), manter o nível de glicose no sangue e evitar que o atleta sinta fome durante a corrida. O café da manhã antes da corrida deveria conter por volta de 100 a 200 gramas de carboidratos e poucas gorduras e fibras (menos do que 5 gramas). Para prevenir irritações gastrintestinais, quanto mais próximo da corrida for a refeição, menor ela deve ser. Permita uma hora de digestão para cada 200 a 300 calorias que consumir. Um nível moderado de proteínas na refeição antes da corrida pode ajudar a prevenir a fome durante corridas mais longas.

Vários estudos descobriram uma melhora na resistência da *performance* com o consumo de refeições de baixo IG antes das corridas, ao mesmo tempo que outros estudos não relataram diferença na *performance* com o uso de refeições de baixo ou de alto IG antes das corridas (Burke e Deakin, 2010; Wong *et al.*, 2008, 2009). Consumir carboidratos durante a corrida pode reduzir ou anular o impacto do IG da refeição antes da corrida. O efeito do índice glicêmico IG dessas refeições parece variar entre os atletas, e as preferências pessoais de alimentação e a tolerância podem ser fatores mais importantes na escolha do que comer antes de correr.

Se o atleta se mantiver bem-hidratado nos dias que antecedem a corrida, só será necessário reabastecer os fluidos de forma moderada na manhã da corrida. Beber por volta de 475 ml de líquidos na manhã da corrida deve ser o suficiente. Como discutido anteriormente nesse capítulo, bebidas esportivas contendo carboidratos e sódio oferecem uma energia útil e ajudam a garantir que o atleta retenha mais fluidos.

Como a cafeína afeta a *performance* de corrida?

O consumo de cafeína faz parte do cotidiano, uma vez que a maioria dos corredores bebe café, chá, refrigerantes ou energéticos. Bebidas cafeinadas oferecem um efeito estimulante conhecido e podem ajudar a manter o atleta mais alerta.

Alguns corredores e outros atletas tomam cafeína antes da competição para melhorar a *performance*. Vários estudos descobriram benefícios em termos de melhora de *performance* por meio da ingestão de cafeína, e outros estudos averiguaram que não há melhora na resistência de *performance* (Burke, 2008; Goldstein *et al.*, 2010; Sokmen *et al.*, 2008). Apesar de a cafeína afetar o cérebro e o corpo de diversas maneiras, o efeito principal na resistência da *performance* é o provável estímulo ao sistema nervoso central, o que aumenta a sensação de alerta e a concentração. Na nossa visão, corredores não deveriam usar cafeína durante as corridas, a menos que já estejam treinando duro e de forma inteligente, que já tenham uma dieta excelente e que estejam tentando otimizar diversos fatores de estilo de vida que influenciam a *performance* de corrida. Varia muito entre os atletas a sensibilidade e a tolerância à cafeína, então, é preciso compreender como ela afeta cada pessoa. Os efeitos colaterais da cafeína podem incluir dores de cabeça, enjoo, ansiedade, nervosismo, irritação gastrintestinal e alterações cardíacas. Se o atleta está pensando em tentar usar cafeína antes de uma corrida, deve consultar um nutricionista esportivo.

Durante a corrida

Corredores têm duas razões para comer e beber enquanto correm: repor a perda de fluidos e absorver mais carboidratos. O quanto se deve comer ou beber durante uma corrida depende da distância da corrida, do tamanho do corpo, do calor, da umidade e da taxa de suor.

O propósito de beber enquanto se corre é prevenir que se atinja um nível de desidratação que afetaria a *performance*. O limiar no qual a desidratação afeta a *performance* não é claro, mas, em geral, considera-se ser uma perda de, no mínimo, 2% do peso corporal. Por exemplo, um corredor de 68 kg deveria se precaver de uma perda de fluidos maior do que 1,56 kg. Como regra, beber ao longo da corrida é mais benéfico para repor perdas de fluidos durante corridas de uma hora ou mais ou para corridas de 45 minutos ou mais em um dia quente.

A quantidade máxima que se deveria beber durante uma corrida é a quantidade que pode ser absorvida pelo estômago ou a quantidade que foi perdida como suor, a qual for menor. Pesquisas demonstraram que a maioria dos estômagos dos corredores podem absorver apenas algo em torno de 177 a 207 ml de líquidos a cada 15 minutos durante a corrida, ou de 710 a 828 ml por hora (Rehrer *et al.*, 1990). Se a pessoa beber mais do que isso, os líquidos adicionais só ficarão chacoalhando no estômago, e não oferecerão benefícios extras. Entretanto, uma pessoa pode ser capaz de absorver menos do que a média, então, deve-se experimentar para descobrir quanto líquido o estômago pode tolerar. Na verdade, é difícil beber de 177 a 207 ml de líquidos em uma estação de apoio durante uma corrida, a menos que o corredor pare, e a maioria dos corredores bebe menos do que metade dessa quantidade durante uma prova.

Dentro da variedade de corridas que focamos nesse livro, ingerir carboidratos extras durante a corrida é útil principalmente para as meias maratonas. Durante as meias maratonas, os estoques de glicogênio podem começar a cair perto do fim da corrida, sobretudo se o atleta não se abasteceu com carboidratos antes. Se o corredor beber entre 113 e 141 ml de uma bebida esportiva com 6% de carboidratos a cada 15 minutos (452 a 564 por hora), terá absorvido de 28 a 35 gramas de carboidrato. Cada grama de carboidrato contém 4 calorias, então terá absorvido algo em torno de 110 a 140 calorias por hora, o que ajudará a manter um *pace* constante até a linha de chegada.

Um método alternativo de ingerir carboidratos durante provas ou treinos longos é por meio do uso de géis energéticos. Os géis energéticos vêm, convenientemente, em pacotes pequenos, que podem ser carregados pelo atleta. Dependendo da marca escolhida, cada pacote de gel contém de 80 a 140 calorias de carboidratos. São um pouco chatos para lidar durante corridas mais curtas, mas corredores mais lentos podem considerá-los úteis durante meias maratonas ou corridas mais longas. Os géis energéticos têm a consistência de um pudim e devem ser acompanhados por uns goles de líquidos para ajudar a engolir. O atleta também deveria tomar por volta de um copo de algum líquido depois para ajudar na absorção. O melhor momento para tomar um gel energético é imediatamente antes de uma estação de apoio. Se o corredor planeja usar géis durante uma corrida, deve praticar algumas vezes durante os treinos anteriores para tomar a água da forma correta.

Repor eletrólitos é mais importante para provas mais longas (ou em treinos longos) e para dias mais quentes. Quase todas as bebidas e os géis energéticos contêm eletrólitos que ajudarão a repor as perdas nos estoques de sódio e de potássio e, com frequência, de magnésio, de cálcio e de outros íons. Os eletrólitos dão apoio na contração e no relaxamento muscular (prevenindo espasmos musculares e cãibras) e também melhoram a reidratação. Como já discutido, consumir líquidos que contenham sódio também previne a hiponatremia. Vários produtos de baixa caloria ou sem calorias que contêm eletrólitos estão disponíveis, incluindo tabletes e bebidas esportivas com concentração reduzida de carboidratos.

Pós-corrida

Como discutido no Capítulo 2, depois do treino ou de uma corrida é preciso reabastecer os estoques de glicogênio, prover proteínas para o reparo da musculatura e se reidratar. Vamos olhar cada um desses fatores essenciais para a recuperação pós-corrida com mais detalhes.

Comer e beber carboidratos o mais rápido possível depois de uma corrida melhora a recuperação, ao maximizar a restauração dos estoques de glicogênio. A taxa de armazenamento de glicogênio aumenta bastante logo após a corrida e permanece moderadamente alta por volta de seis horas. O atleta pode tirar proveito dessa janela de oportunidade ao ingerir carboidratos o quanto antes depois da corrida ou de um treino intenso.

A primeira meia hora é o período mais eficaz para a reposição dos estoques de glicogênio, seguido pela meia hora seguinte, pela hora seguinte, e assim vai. Consumir de 50 a 100 gramas de carboidratos (200 a 400 calorias) em menos de 30 minutos do final da corrida e outros 50 a 100 gramas na próxima meia hora acelerará o processo de reabastecimento. É preciso se planejar antecipadamente para ter bebidas esportivas e alimentos ricos em carboidratos de fácil digestão disponíveis após a corrida.

Para melhorar os estoques de glicogênio, esses dois lanches iniciais devem conter carboidratos com um alto IG, como pão, *bagel*, bolacha água e sal, biscoito de arroz e jujubas. Deve-se consumir uma refeição mais substanciosa com um alto teor de carboidratos para reabastecer em menos de 6 horas após completar a corrida. Pode levar por volta de 24 a 48 horas para completar o reabastecimento dos estoques de glicogênio, especialmente para corredores de alta quilometragem, então, é sensato aumentar o consumo de carboidratos para 10 gramas por quilograma de massa corporal por um ou dois dias depois de uma corrida longa como uma meia maratona.

O reabastecimento de glicogênio também pode ser melhorado com a ingestão de uma quantidade moderada de proteína (por exemplo, 15 a 25 gramas) com o primeiro lanche de recuperação. Ingerir proteínas imediatamente após o exercício também ajuda na redução da quebra proteica e estimula a síntese de proteínas. As proteínas dietéticas têm um papel importante na restauração muscular, no funcionamento do sistema imunológico e na síntese de uma série de proteínas e devem ser incluídas nas refeições pós-corrida e pós-treino. Um modo eficaz de consumir uma mistura de carboidratos e proteínas é beber dois copos de leite desnatado após a corrida.

Para se recuperar da melhor forma do treino ou da corrida, a ingestão de líquidos nas horas após a corrida deveria repor por completo o que foi perdido na forma de suor. Apesar de a sede indicar quando e quanto beber, é comum ver corredores que não bebem o suficiente para repor os fluidos perdidos. Depois de corridas em climas quentes ou de treinos intensos em dias quentes, pode ser necessário um dia ou mais para atingir os níveis normais de hidratação. Como discutido anteriormente, a cor da urina é um indicador da situação da hidratação. É importante, portanto, planejar a reposição de fluidos, em especial em climas quentes, quando a perda de suor é grande. Se a pessoa está treinando duas vezes ao dia, a ingestão de líquidos demanda mais atenção, para garantir que o atleta não esteja desidratado na segunda corrida do dia. Ingerir líquidos durante o treino ou durante a corrida compensará a perda de fluidos e reduzirá a quantidade que será preciso repor depois.

Em razão da perda de fluidos pela urina enquanto o atleta está se reidratando, pode ser necessário beber até 150% da quantidade de fluidos perdidos durante a corrida para recuperar o nível de hidratação. Incluir sódio nas bebidas de recuperação garantirá que seja retido mais dos líquidos consumidos, por causa da redução da perda pela urina. As bebidas mais populares para recuperação têm uma quantidade relativamente baixa de sódio, e acrescentar uma pitada de sal após grandes perdas de suor pode ajudar a reter mais líquidos para restaurar seu equilíbrio com mais rapidez. Comer alimentos salgados após a refeição também promove a retenção de líquidos. O sódio não é o único eletrólito perdido no suor, e os outros, que incluem o potássio e o magnésio, podem ser repostos com facilidade por meio das refeições pós-corrida.

E a tradicional cerveja pós-corrida?

Apesar de a cerveja e de outras bebidas que contêm álcool estarem quase sempre disponíveis após as corridas, elas não são uma boa escolha para recuperar os fluidos. A cerveja contém tanto líquido quanto carboidratos, mas o álcool atrasa a recuperação ao tornar a reidratação mais lenta. O álcool é diurético, o que significa que aumenta a quantidade de urina, dessa forma, retém-se menos líquidos. O consumo de álcool também pode reduzir o reabastecimento de glicogênio, então, não é uma boa escolha para o pós-corrida ou pós-treino quando o atleta está tentando repor o glicogênio para a próxima corrida.

Após a corrida, a coisa correta a se fazer é se reidratar por, pelo menos, quatro horas antes de consumir álcool. Quando uma pessoa bebe cerveja, vinho ou outras bebidas alcoólicas, deve tomar água o suficiente para compensar a desidratação causada pelo álcool. Recomenda-se beber 30 ml a mais de água para cada 30 ml de cerveja e 90 ml a mais de água para cada 30 ml de vinho. Essa regra também se aplica para a noite anterior a uma corrida longa ou a outro treino. Lembre-se, como foi discutido no Capítulo 2, de que o excesso de álcool reduz tanto a quantidade quanto a qualidade do sono, o que retarda as adaptações positivas aos treinos e às corridas.

Considerações para a categoria *master*

Este capítulo é voltado para o segmento que mais cresce na comunidade de corredores: a categoria *master*. Mais de 40% das pessoas que concluíram corridas de rua nos Estados Unidos durante o ano de 2012 tinham 40 anos ou mais (Running USA, 2013), e essa tendência não dá sinais de redução. Alguns corredores da categoria *master* são veteranos grisalhos que vêm acumulando quilômetros por décadas; outros são novatos que estão dando as boas-vindas ao desafio de correr mais rápido por maiores distâncias.

Independentemente de como a pessoa de mais de 40 anos chegou ao esporte, não há como não notar que o treino para corredores da categoria *master* é um pouco diferente do treino de um *whippet*[18] jovem. Enquanto pode ser concebível para um companheiro de treino mais jovem (ou para uma versão mais jovem do atleta) executar um treino de $\dot{V}O_2$máx, um treino de ritmo, uma sessão de velocidade e uma corrida longa no período de uma única semana, para o atleta com mais idade, um treino tão denso pode conduzi-lo a uma consulta no fisioterapeuta.

O treino para a categoria *master* é, então, todo focado em estabelecer um equilíbrio confortável entre as demandas do esporte e as limitações do corpo. Para esse fim, começamos o capítulo tratando sobre os vários tipos de corredores da categoria *master*. A seguir, examinamos

---

[18] N. do T.: raça de cães famosa por seu talento inato para atingir grande velocidade, em razão do seu porte aerodinâmico.

alguns dos problemas comuns associados ao envelhecimento e as formas com as quais os corredores podem retardá-los ou contrabalanceá-los. Por fim, exploramos as corridas agrupadas por faixa etária e classificadas por idade, que permitem que os corredores *master* continuem a competir de formas mais significativas.

Tipos de atletas *master*

Nem todos os corredores *master* são iguais. Por causa das diferenças no histórico de treinamento e de motivação, alguns atletas *master* experiementam um período de estabelecimento de recordes em corridas, ao passo que outros lutam para conter um declínio constante. Há aqueles, ainda, que ficam felizes só de amarrar de novo os tênis, animados com a ideia de que o esporte que abandonaram tenha algo para lhes oferecer mais uma vez.

Descobrir o tipo de atleta *master* que a pessoa é não se trata apenas de uma questão de semântica. Fazer isso oferece a melhor chance para ajustar metas apropriadas e de criar a melhor adaptação aos efeitos do envelhecimento. A seguir, estão as três categorias que englobam a maioria dos corredores competitivos da categoria *master*.

Corredores sérios com um longo histórico de corrida

Corredores que praticam arduamente o esporte desde a juventude, com frequência continuam competindo durante a meia-idade e além. Esses corredores experimentaram todos os altos e baixos que a corrida tem a oferecer e continuam forçando seus limites físicos. Décadas de treino lhes deram uma formação aeróbia invejável e uma compreensão firme de onde se encaixam na hierarquia da corrida.

De muitas maneiras, o processo de envelhecimento é o mais duro para esse grupo, porque seus efeitos são mais visíveis. Presumindo um treinamento consistente e uma progressão normal, a maioria dos corredores sérios com um longo histórico de corrida registrou seus recordes pessoais nas distâncias de 5 km ou mais entre as idades de 25 e 35 anos, viu uma pequena queda na *performance* ao chegar nos 40, e isso foi seguido por uma subsequente redução mais brusca de velocidade. Se querem continuar encontrando um significado no lado competitivo do esporte, a maior parte desses corredores sérios precisa mudar o foco para corridas agrupadas por faixa etária e *performances* classificadas por idade (que serão discutidas mais à frente).

Isso não quer dizer que esses corredores não podem ter sucesso com níveis mais altos por serem *master*. Haile Gebrselassie, o ex-recordista mundial dos 5.000 m, 10.000 m e de maratona, imediatamente estabeleceu os recordes mundiais para categoria *master* em 10 km e 15 km depois de fazer 40 anos. A lenda americana Joan Benoit Samuelson continuou mantendo um alto nível de corrida por até mais tempo, foi vencedora da medalha de ouro na maratona da Olimpíada de 1984 com 27 anos e, depois, correu sua oitava preliminar para a maratona da Olimpíada de 2008, aos 50 anos.

Corredores *master* novatos no esporte

Corredores que começaram a treinar pela primeira vez depois dos 40, com frequência, acreditam ter encontrado a fonte da juventude. Em pouco tempo, perdem peso, melhoram os níveis de colesterol e ficam mais em forma e mais rápidos a cada semana, ao passo que a maioria dos seus colegas está ficando lenta e acumulando quilogramas.

Conforme o amor deles pelo esporte cresce, os corredores *master* novatos são capazes de aumentar o volume de treino e de melhorar a capacidade física aeróbia. Conforme seus sistemas neuromusculares e cardiovasculares se adaptam, esses corredores, muitas vezes, parecem reverter os efeitos do envelhecimento ao estabelecerem seus recordes pessoais. Quando combinado com a falta de desgaste acumulado nos músculos, nos tendões e nas articulações, os corredores dessa categoria, frequentemente, aproveitam um período de cinco a oito anos no qual continuam estabelecendo os recordes pessoais das suas vidas.

O lendário Bill Rodgers: envelhecendo com graciosidade

Bill Rodgers, o lendário vencedor por quatro vezes da Maratona de Boston e da de Nova York, manteve um sucesso impressionante nos seus 40 e 50 anos. Ele ainda mantém três recordes americanos para 45 a 49 anos nos 8 km (24:41), 15 km (48:00) e meia maratona (1:08:05). Além disso, ele foi por um tempo o recordista mundial dos 10 km na categoria *master* com o tempo de 29:47.

Como muitos atletas com mais idade, o caminho do Rodgers para conquistar a glória entre os *masters* não foi sempre o mais suave. Com 56 anos, ele teve sua primeira grande lesão, quebrou a tíbia direita, e,

Continua

Continuação

aos 60, ele foi diagnosticado com câncer de próstata. Implacável, Rodgers voltou para a Corrida de Rua de Falmouth com 65 anos de idade e ganhou na sua faixa etária, 40 anos depois de ter vencido a corrida principal. "Essas duas 'lesões' me deram boas desculpas para o porquê de eu não ser tão rápido quanto os outros da minha idade", ele diz com seu charme característico.

Rodgers ainda viaja para 25 a 30 corridas por ano em seu papel inspirador duradouro para legiões de jovens corredores, mas é mais seletivo na frequência com a qual completa as corridas. "É sério, eu ainda gosto de correr, mas fico contente correndo com menos frequência agora", ele diz. "Corri uma meia maratona este ano em 1:44 e 10 km em 47 minutos. Às vezes, eu consigo ganhar na minha faixa etária."

Rodgers faz uma estimativa conservadora de que correu por volta de 280.000 km. "Algo difícil para mim são [os efeitos de] tantos quilômetros no meu corpo após quase 50 anos como corredor", ele conta. Para manter seu condicionamento físico, Rodgers ainda corre seis dias por semana (apesar de que ele acredita que deveria correr apenas a metade disso), corre em trilhas o máximo possível, além de nadar e fazer levantamentos de peso todas as semanas. "Faço um pouco de alongamento, mas deveria fazer mais", ele diz. "No geral, sinto que preciso de mais treino funcional. Também tiro um cochilo, provavelmente três dias por semana, para me recuperar, e recebo massagem profunda nos músculos a cada duas semanas, mais ou menos."

Algo que não parece estar nos planos é a aposentadoria. Como Rodgers diz, "Ainda é ótimo ser um corredor!".

Corredores *master* renascidos

Carreiras. Famílias. Outros interesses. As razões pelas quais pessoas que corriam no ensino médio ou na faculdade desistem do esporte no auge da capacidade física são tão diversas quanto os corredores em si. Da mesma forma são diversas as razões para retomar o esporte depois dos 40. Muitos dos corredores *master* renascidos começam a correr de novo por razões de saúde, só para descobrir que suas antigas chamas competitivas ainda ardem conforme o condicionamento físico aumenta.

Corredores *master* renascidos compartilham muitos atributos com os outros dois grupos. Como seus amigos novatos no esporte, corredores nessa categoria, com frequência, experimentam um período de rápido desenvolvimento aeróbio e mantêm, por um período, uma melhora nas *performances*. Esses ganhos, contudo, podem ter contextos diferentes, porque os corredores renascidos têm um histórico mais profundo no esporte vindo da juventude. E, como corredores como Pete Magill (cuja biografia está no final deste capítulo) mostram, alguns corredores *master* renascidos podem se tornar competidores em nível mundial no seu retorno ao esporte, independentemente de quão longo tenha sido o hiato pelo qual passaram.

Abordando os problemas do envelhecimento

Mesmo que a pessoa esteja correndo desde os 10 anos ou que tenha acabado de começar aos 45 anos, chega um ponto em que a idade começa a afetar o treinamento e a *performance*. Muitas vezes, começa de forma sutil: o treino demanda mais tempo de recuperação, um músculo fica mais rígido do que ficava antes, ou uma rotina de treino de ritmo que costumava levar 20 minutos para ser completada passa a demorar 21. Como esses efeitos são cumulativos, pode ser que a pessoa sinta que seus melhores dias de corrida ficaram para trás.

Por sorte, é possível abordar de forma sistemática muitos dos efeitos negativos do envelhecimento por meio de um treinamento específico. Nada pode reverter o processo, é claro, mas, hoje em dia, sabemos diversas formas de retardar e, em alguns casos, até de paralisar os pontos baixos do envelhecimento que se relacionam com a corrida.

Problema: o $\dot{V}O_2$máx decai conforme se envelhece

Esse é o maior vilão que um corredor *master* encontrará. Corredores em longas distâncias bem-treinados podem esperar uma perda de 5 % a 10% do seu $\dot{V}O_2$máx a cada década depois dos 25 anos de idade (Brisswalter e Nosaka, 2013; Suominen, 2011; Young *et al.*, 2008). Conforme a pessoa envelhece, a frequência cardíaca máxima decai lentamente, há uma tendência de perda de massa muscular, e o volume dos batimentos do coração pode reduzir de maneira gradual. Isso limita a quantidade de sangue oxigenado que pode ser bombeado e usado pelas musculaturas acionadas. Um lado positivo é que, se os níveis de treino forem mantidos, a economia de corrida permanece relativamente estável com a idade, e o *pace* de limiar de lactato (LL) tende a reduzir de forma muito gradual.

Infelizmente, quanto mais velha a pessoa fica, maior a influência que o $\dot{V}O_2$máx tem sobre a *performance*. O LL é um forte indicador de *performance* em distâncias acima de 5 km, tanto em corredores mais jovens quanto nos mais velhos, ao passo que as *performances* dos corredores *master* são mais afetadas pelo $\dot{V}O_2$máx.

Kathy Martin

Recordes pessoais desde os 40 anos: 1,6 km em 5:14; 5 km em 17:23; 8 km em 28:57; 10 km em 36:31; meia maratona em 1:22:24; recordes mundiais e americanos para a faixa etária em distâncias de 800 m a 50 km

Existe inspiração. E existe *inspiração*! Kathy Martin é a segunda opção. É difícil falar sobre a carreira dela sem recorrer a letras em itálico e pontos de exclamação. Quem, afinal, vai de uma pessoa que lutava para dar uma volta no quarteirão aos 30 anos para alguém que possui vários recordes por faixa etária em quase qualquer distância concebível? E quem faz isso enquanto trabalha de 60 a 70 horas por semana como corretor imobiliário em um mercado de alta demanda como Long Island, Nova York?

Com uma entrada relativamente tardia no esporte, Martin não fez sua primeira corrida antes dos 30. Acompanhando seu futuro marido, Martin durou 10 minutos antes de ficar sem fôlego. "Esse foi um grande momento 'A-ha!', em que percebi que se não podia correr dois quilômetros com 30 anos, provavelmente não seria capaz de andar quando estivesse com 60", ela diz. "Então, eu comecei a correr." Depois de ganhar sua primeira corrida, Martin flertou com o esporte por mais de uma década, tirando um tempo para ter um filho e para começar sua carreira como corretora. Mas, assim que foi apresentada para as corridas de pista da categoria *master*, tudo mudou. "Eu gosto do ritmo das ruas, mas as distâncias na pista são menores e mais rápidas", ela diz. "Eu amo aquela sensação também. Amo a diversidade que cada uma oferece."

Martin com certeza ama a diversidade. Depois de completar 60 anos, em 2011, ela imediatamente teve uma grande sucessão de vitórias. Ela estabeleceu novos recordes americanos em provas agrupadas por faixa etária de meia maratona e de maratona e venceu campeonatos nacionais em todas as distâncias de 1.500 m até os 10.000 m. Ela bateu recordes mundiais de pista nos 1.500 m e nos 3.000 m. E, talvez, o mais impressionante foi que, quando estabeleceu o recorde americano nos 50 km para o grupo de 60 a 64 anos, seus tempos para as distâncias de 20 km, 25 km e 30 km também foram todos recordes americanos.

Esse alcance incrível é produto de um treinamento consistente que abrange todos os sistemas energéticos. Sua quilometragem varia muito, dependendo

Continua

Continuação

da corrida-alvo, e Martin, em geral, corre sete dias por semana em ruas e em pistas. Seu marido, Chuck Gross, planeja o treino dela e inclui um regime constante de corridas no LL, tiros de subida, vários estímulos de $\dot{V}O_2$máx e uma corrida longa semanal. Quando ela se prepara para corridas mais curtas de pista, Martin gosta de incluir tiros de 1 minuto durante suas corridas aeróbias básicas, para manter as pernas se sentindo rápidas. Ioga, alongamentos, pliométricos e levantamento de pesos contribuíram para mantê-la saudável e perseguindo recordes.

"Eu realmente acredito que precisamos de um batalhão de ajudantes ao envelhecermos", ela diz. "Tantos corredores que eu conheci pensam que podem simplesmente treinar mesmo com uma lesão. Eles podem e devem incorporar ao treino o que for necessário para completar a corrida em alto nível." No caso da Martin, esse batalhão inclui um quiroprático, um fisioterapeuta, um massoterapeuta e um treinador para ajudá-la com o treino funcional. Ela também presta uma atenção maior para a alimentação e para a hidratação se comparada com quando era mais jovem.

Martin tem um último conselho no qual ela acredita que permitiu que ela treinasse em um nível tão alto, apesar estar nos 60 anos. É simples, está disponível para todos e não é surpresa que tenha um ponto de exclamação marcando o final. O segredo? "Continue se divertindo!", ela diz.

Solução: enfatizar treinos de $\dot{V}O_2$máx no plano de treino

Estudos mostraram que fazer estímulos no *pace* de $\dot{V}O_2$máx pode ajudar a atrasar o declínio natural no $\dot{V}O_2$máx para a maioria dos corredores (Reaburn e Dascombe, 2008; Young *et al.*, 2008). Isso significa que estímulos de 2 a 6 minutos próximos do *pace* de 5 km deveriam compor uma proporção maior dos treinos intensos para os corredores *master*. Deve-se aproveitar o tempo ao máximo, prestar mais atenção em se manter no *pace* correto e usar dicas sensoriais (incluindo o esforço percebido e a frequência cardíaca) para garantir que não se está indo muito rápido ou muito devagar. Se for usado um monitor cardíaco, é preciso certificar-se de ajustar as zonas de treino de acordo com a frequência cardíaca máxima.

Enfatizar treinos de $\dot{V}O_2$máx não significa fazê-los no lugar de outros tipos de treinos. Corridas longas, treinos de LL, trabalho de velocidade e corridas aeróbias básicas desempenham um papel na manutenção de um corredor afiado, não importa a idade. Apenas é necessário se certificar se está suficientemente recuperado de um treino de $\dot{V}O_2$máx antes de partir para outros treinos intensos do cronograma.

Problema: a recuperação demora mais depois de treinos e de corridas com o passar da idade

O dano muscular e a fadiga que se tem depois de um treino intenso ou de uma corrida como corredor *master* é similar à de um corredor mais jovem. A idade, no entanto, diminui a velocidade com que a pessoa é capaz de se recuperar. Apesar de a capacidade reduzida de recuperação muscular em atletas mais velhos não ser bem-compreendida, os níveis hormonais provavelmente têm um papel significativo. Hormônios, como o hormônio do crescimento, a testosterona e o estrogênio, que sofrem um declínio com a idade, ajudam a regenerar tanto as fibras musculares como os tecidos conjuntivos. O desgaste acumulado nos músculos, nos tendões e nos tecidos conjuntivos pode atrasar ainda mais esse processo de regeneração.

Solução: aumentar o tempo de recuperação e reduzir a temporada de corridas

Parece algo óbvio, mas dar ao corpo o repouso de que ele precisa é o melhor jeito de mantê-lo em um alto nível. A experiência treinando e aconselhando corredores mais velhos mostrou que o tempo extra necessário de recuperação é diferente, dependendo do tipo de treino envolvido. Treinos de $\dot{V}O_2$máx, que colocam os níveis mais altos de estresse nas fibras musculares e no sistema cardiovascular, demandam o tempo de recuperação mais longo, seguidos pelos treinos de ritmo e pelas corridas longas, que têm demandas similares. A Tabela 5.1 resume os dias adicionais necessários de recuperação para esses três tipos de treino, separados por idade. Apesar de nenhuma regra se aplicar a todos, esses parâmetros se provaram eficientes para a maioria dos corredores mais velhos. Por exemplo, uma pessoa de 30 anos com excelente forma física pode ser capaz de fazer um treino como 5 × 1.200 m na segunda-feira à tarde e estar recuperado por completo para um treino de ritmo de 9,65 km na quinta-feira pela manhã. Há de comparar isso com a recomendação para uma pessoa de 50 anos em boa forma, que ainda pode fazer um treino de 5 × 1.200 m, mas que deveria ter dois dias a mais de corrida leve para ter uma recuperação adequada. Nesse caso, isso empurraria o próximo treino intenso para o sábado.

Tabela 5.1 – Tempo extra de recuperação para corredores *master*

Idade do corredor	Treino de $\dot{V}O_2$máx	Treino de ritmo ou corrida longa
36–45	1	0–1
46–55	2	1
56–65	2–3	1–2
66 ou mais	3	2

Corridas colocam ainda mais estresse no corpo e precisam ser tratadas de acordo. A habilidade para retornar aos treinos intensos depois de correr variará de acordo com vários fatores, incluindo a idade, o histórico de treinamento, a distância, o terreno e as condições ambientais da corrida. A Tabela 5.2 apresenta o número de dias recomendados depois de uma corrida antes do próximo treino intenso para corredores *master*. Depois de corridas em dias quentes ou em terrenos montanhosos, um ou dois dias a mais de recuperação pode ser algo benéfico. A chave, assim como em outros treinos intensos, é garantir que o atleta tenha se recuperado por completo.

Tabela 5.2 – Dias de recuperação recomendados após a corrida

Idade do corredor	5 km	8-10 km	15 km até meia maratona
40–49	5	6	8
50–59	6	7	9
60–69	7	8	10
70 ou mais	7	8	11

Esse período de recuperação mais longo também se aplica quando se planeja o período de polimento (discutido em detalhes no Capítulo 6). Assim como demora mais para o corpo para se recuperar de um treino intenso, também demora mais para tirar proveito de todos os benefícios do treino conforme se envelhece e para seguir à corrida com uma recuperação completa. Por essas razões, é desejável aumentar o tempo do polimento com o passar da idade. Corredores *master* devem aumentar em vários dias a duração desse período: uma semana de polimento para corridas de menor prioridade, 10 dias de polimento para corridas de prioridade moderada e 17 dias de polimento para a corrida-alvo.

Esses dias adicionais de polimento incluem corridas aeróbias básicas e de recuperação. O atleta também deve reduzir a intensidade dos treinos conforme recomendado na Tabela 5.1. Por exemplo, se a pessoa tem 50 anos e tem um treino de $\dot{V}O_2$máx programado para seis dias antes de uma corrida, deve antecipá-lo para oito dias, a fim de garantir uma recuperação completa.

Outra questão a se considerar é a redução da temporada de corridas. Como corpos mais velhos, em geral, não lidam tão bem com o estresse acumulado quanto os mais jovens, o atleta corre o risco de forçar a temporada até despencar se estendê-la muito ou se correr com muita frequência. Ao reduzir a temporada de corrida e ao permitir mais recuperação entre as corridas, oferece-se a maior oportunidade para obter sucesso nas corridas.

Problema: perda de massa muscular com o passar da idade

Fibras musculares tendem a se atrofiar conforme a pessoa envelhece. Isso ocorre mais com as fibras de contração rápida, mas, eventualmente, afeta também algumas de contração lenta. Essa situação contribui para o declínio da força e da potência muscular e para a redução do $\dot{V}O_2$máx com o avanço da idade. A perda muscular com a idade pode ser atribuída ao princípio do "usar ou atrofiar", a questões genéticas, a mudanças hormonais e a outros fatores fisiológicos.

Solução: incorporar treino de força à rotina

Corredores de todas as idades podem se beneficiar ao incluir o treino de força nos seus programas de treinamento, mas isso tem um efeito magnífico para corredores na categoria *master*. O treino de *endurance* mantém os músculos firmes e as reservas de gordura do corpo relativamente baixas, mas não protege como um todo a massa muscular esquelética do declínio, especialmente na parte superior do corpo. O treino com pesos, entretanto, tem mostrado um aumento de massa muscular em adultos mais velhos em questão de semanas (Maharam et al., 1999). A mineralização dos ossos também aumenta com esse tipo de treino, uma questão importante se a pessoa corre risco de desenvolver osteoporose ou osteopenia. As rotinas de levantamento de peso discutidas no Capítulo 3 podem ajudar corredores mais velhos a manter ou, até mesmo, a aumentar a massa muscular.

Tiros curtos de velocidade, treino em ladeiras e outras formas de treinamento de alta intensidade também ajudam a manter a força muscular. Esse tipo de trabalho mantém as fibras de contração rápida de um modo específico para o esporte, o que deve manter a força e a potência muscular por mais tempo conforme o atleta envelhece, ao mesmo tempo que ajuda a reter a velocidade básica. Treinos que incluem subidas curtas, como discutido no Capítulo 1, são especialmente eficazes em desenvolver de modo seguro a força e a potência em corredores mais velhos. Também são uma forma eficiente de garantir a manutenção ou até a melhora da economia de corrida.

Problema: com a idade, os estoques de gordura corporal aumentam, e o volume de treino diminui

O americano médio ganha aproximadamente 0,45 kg ao ano entre os 35 e os 60 anos. Corredores nessa faixa etária não estão isentos disso. Pesquisas demonstraram que mesmo um corredor *master*, com uma quilometragem razoavelmente alta (acima de 64 km por semana) ganha peso de forma consistente conforme envelhece. Muita gordura não é um perigo apenas para a saúde no geral, mas também causa outros problemas, como a questão de que carregar alguns quilogramas a mais aumenta a demanda energética da corrida. Com o metabolismo já em processo de desaceleração, é improvável que o corredor se sinta na sua melhor forma quando treina se os estoques de gordura tiveram um aumento significativo.

A maioria dos corredores *master*, em algum momento, também reduz a quilometragem conforme envelhece. Isso pode ser causado pela necessidade de mais recuperação entre treinos principais ou mudanças nas prioridades pessoais e profissionais. Em todos os casos, reduzir o volume de treino gasta menos calorias e também reduz o estímulo para muitas das adaptações positivas do treino aeróbio.

Solução: manter (o máximo possível) o volume de treino anterior e monitorar a alimentação

Manter um volume consistente de treino com o passar dos anos pode ajudar o atleta a continuar mais rápido por mais tempo. O segredo é manter o volume o máximo possível ao mesmo tempo que se modifica o treino para atender o aumento da necessidade de recuperação. Corredores mais velhos toleram bem tanto corridas aeróbias básicas como as de recuperação. A densidade capilar, que tem um declínio rápido na população sedentária em processo de envelhecimento, mantém-se bem em corredores *master* que continuam com seu volume de treino em uma intensidade razoável. Quando feito em conjunto com treinos regulares de $\dot{V}O_2$máx, manter um volume constante de treino parece oferecer a melhor chance para correr bem durante os anos dourados.

Se manter um volume similar ao ápice dos dias de treino força muito o corpo ou é algo irreal dadas as circunstâncias atuais, não é preciso ter medo de aumentar o tempo gasto com o treino funcional. Na verdade, como mencionado no Capítulo 3, o treino funcional pode ser uma bênção para atletas mais velhos, mantendo o sistema cardiovascular em boa forma enquanto reduz a sobrecarga nos músculos e nas articulações.

Outra área a se monitorar é a dieta e o consumo de calorias. Mesmo que uma quantidade modesta de ganho de peso seja uma parte natural do processo de envelhecimento, quanto menos gordura corporal for ganha com a idade, mais provável será a manutenção da *performance* de corrida. Corredores *master* que reduzem o consumo de calorias acompanhando a redução do volume de treino estão fazendo a melhor escolha para manter o peso em uma faixa saudável.

Corredores *master* precisam mais de certos nutrientes também, especialmente das vitaminas D, B_6, B_{12} e de cálcio, diz Suzanne Girard Eberle (Eberle, 2014), nutricionista esportiva e autora do livro *Endurance Sports Nutrition*. Ela aconselha tomar um suplemento com múltiplas vitaminas e com minerais, para ajudar a garantir o consumo adequado desses e de outros nutrientes.

Enquanto os efeitos do envelhecimento no treino são fáceis de identificar, dois problemas permanecem ocultos para a maioria dos corredores mais velhos. "Hidratação e intolerância ao calor podem ser os problemas mais críticos que os atletas *master* precisam monitorar", Eberle disse há pouco tempo para Pete. "Mudanças normais relacionadas à idade incluem ser menos capaz de identificar a sede, os rins que não são tão bons com urina concentrada (então, é preciso ingerir mais água para remover os resíduos) e glândulas de suor que produzem menos suor. É fácil ver corredores com mais idade que deixam de atender as necessidades diárias de líquidos e, então, têm problemas com os exercícios."

Para limitar os riscos associados com a desidratação crônica, Eberle aconselha a inclusão de bebidas saudáveis em todas as refeições e lanches e beber um copo inteiro de água toda vez que for tomar uma medicação. Deve-se também se monitorar o volume e a cor da urina, e se pesar com regularidade, para garantir que se está repondo todos os fluidos perdidos.

Corredores mais velhos com frequência também sentem mais dificuldade em temperaturas mais quentes se comparados a atletas mais jovens e podem estar suscetíveis às doenças relacionadas ao calor. Um declínio geral na capacidade física é o culpado mais provável. De acordo com Erbele, corredores *master* que mantêm um nível alto de condicionamento aeróbio – e que se aclimatizam às temperaturas mais elevadas por meio da redução da carga de treino assim que encontram condições inoportunas – tendem a ter menos preocupações relacionadas ao calor.

Performances classificadas por faixa etária

É certo que o envelhecimento cobra um preço fisiológico do corpo. No entanto, pode ter, também, um efeito psicológico. Ninguém gosta de ver os tempos de corrida aumentando de maneira gradual, mas ficar perpetuamente mais lento, em especial se a pessoa continua treinando com dedicação ao longo dos anos. O Gráfico 5.1 mostra os recordes mundiais de 5 km distribuídos por idade. Nota-se o declínio constante (e, depois, rápido) quando até os melhores corredores do mundo sentem os efeitos do envelhecimento.

Gráfico 5.1 – Recordes mundiais de 5 km por sexo e faixa etária

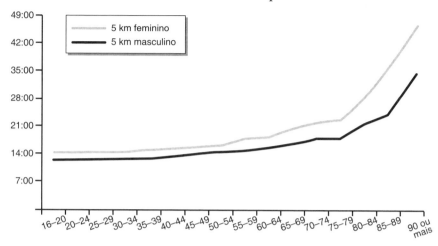

Fonte: Association of Road Race Statisticians.

Por sorte, há duas formas de classificar a *performance* como um corredor *master*. A primeira forma são as corridas agrupadas por faixa etária, as quais mostram como o atleta foi em determinada corrida em comparação aos semelhantes (em geral, em faixas de 5 a 10 anos de diferença). Contudo, esse agrupamento por faixas não é perfeito, porque os corredores mais velhos em cada grupo estão em desvantagem, e os resultados passam a depender muito dos outros competidores.

A classificação por idade, entretanto, leva em conta a idade, o sexo e o tempo e, então, classifica em uma escala de 0 a 100. Pode-se pensar na classificação por idade da mesma forma que os golfistas ou os jogadores de boliche pensam sobre os seus *handicaps*.[19] As *performances* de corrida em várias distâncias são graduadas por uma série de multiplicadores que se baseiam nos recordes mundiais atuais e, então, os ajustam para refletir os efeitos do envelhecimento. A Tabela 5.3 mostra ao que as classificações se equivalem em termos de *performance*.

Tabela 5.3 – *Performance* classificada por idade

Nível de um recordista mundial	100%
Classe mundial	90%–99%
Classe nacional	80%–89%
Classe regional	70%–79%
Classe local	60%–69%

[19] N. do T.: medida numérica da habilidade potencial do golfista.

Pete Magill, cujo perfil está neste capítulo, é o americano mais velho a quebrar os 15:00 nos 5.000 m, tendo corrido 14:45 na pista, aos 49 anos. Magill é claramente um atleta de classe mundial para sua idade. Isso reflete na sua pontuação na classificação por idade de 97,01. Outra forma de usar essa pontuação é ver o que seria uma *performance* equivalente para um jovem de 25 anos (o padrão usado na fórmula). Nesse caso, a *performance* de Magill é igual a 13:00 em uma corrida de 5.000 m feita por um atleta masculino no seu auge. (Para fins de comparação, o recorde atual dos Estados Unidos é de Bernard Lagat com 12:53.60.)

Pode-se, também, usar a classificação por idade para comparar a *performance* do atleta ao longo de vários anos. Por exemplo, digamos que Suzy tivesse 45 anos quando correu 5 km em 19:30, sem levar em conta a boa genética, mas com um treino normal. Com 55 anos, ela treinou muito e correu 21:00. Apesar de o tempo dela 10 anos depois ser 90 segundos mais lento, a *performance* da Suzy graduada pela idade foi de 81% para 85% (o equivalente a 17:19 em 5 km para uma mulher de 25 anos). Isso mostra que, em comparação à sua corrida anterior, ela teve uma *performance* melhor na segunda corrida, independentemente de ter corrido mais devagar, e isso deveria funcionar para mantê-la motivada a continuar treinando duro.

É possível achar a pontuação graduada por idade em algumas das principais corridas. Se as provas locais de 5 km ou de 10 km não incluem essa informação, é fácil lançar os dados em uma calculadora *online* de corrida mantida pela World Masters Association.

Pete Magill

Recordes pessoais na categoria *master*: 5.000 m em 14:34 (aos 46 anos); 10 km em 31:12 (aos 50 anos); meia maratona em 1:10:19 (aos 50 anos)

Americano mais velho a ficar abaixo de 15:00 para os 5 km. Recordes americanos em provas de 5 km, 10 km e meia maratona agrupadas por faixa etária

Aos seus 30 e poucos anos, desgastado por anos de estresse e de alcoolismo, acima do peso e tentando fechar as contas como pai divorciado e roteirista de Hollywood, Pete Magill desmaiou enquanto assistia à TV. No pronto-socorro, um médico lhe disse que ele morreria se continuasse com aquele estilo de vida.

Continua

Continuação

Dez anos depois, Magill se tornou o americano mais velho a ficar abaixo de 15 minutos para os 5 km.

Se há uma moral na história caótica de Pete Magill é esta: nunca é tarde demais para tentar encontrar uma grandiosidade em você. Sendo um corredor excelente desde o ensino médio, Magill alternou anos de treinamento sério com períodos em que ele "bebia e fumava até atingir um estupor fisiológico", ele diz. Isso prosseguiu por várias décadas, até a noite fatídica no pronto-socorro. Na manhã seguinte, ele resolveu mudar de vez seu estilo de vida.

Essa transformação não aconteceu do dia para a noite. Apesar do seu currículo invejável, Magill levou cinco meses para ser capaz de completar uma corrida de 8 km e quase um ano até estar pronto para tentar uma prova. "Depois disso, tornei-me um competidor *master* fervoroso, técnico e animador de torcida", ele diz. "Correr não é mais só um estilo de vida, é algo que literalmente salvou a minha vida."

Embora Magill tenha sido capaz de ficar abaixo dos 15 minutos nos 5 km quando tinha 20, 30 e 40 anos, seus longos períodos longe do esporte e seu papel atual como técnico na categoria *master* e como colunista de corrida lhe deram uma perspectiva única sobre o que é envelhecer no esporte.

"A primeira coisa que nós, corredores mais velhos, temos que encarar é que as fibras de contração rápida seguirão pelo mesmo caminho que os dinossauros se não incluirmos um treino que as estimule de forma consistente", ele diz. "Muitos de nós, homens e mulheres idosos, entram em uma rotina composta principalmente de corridas de distância, treinos intervalados ocasionais e de declínio da *performance* de corrida. Sessões de tiros em subida, tiros com *pace* de 5 km ou mais e outras corridas orientadas para fibras de contração rápida são essenciais."

Outra grande mudança que Magill fez como corredor *master* foi enfatizar mais a recuperação. "Quando era jovem, corria 5 km um dia, depois corria meus treinos de tiros mais intensos dois dias depois", ele conta. "Agora, espero de 8 a 10 dias depois de 5 km. Para corridas mais longas, a espera é ainda maior." Ele também melhorou sua recuperação com o uso de alongamentos FNP (facilitação neuromuscular proprioceptiva, descrita no Capítulo 3) e dinâmicos, além de passar mais tempo na sala de musculação, para garantir o equilíbrio muscular. Magill também descobriu que, muitas vezes, corria seus treinos de recuperação muito rápido; hoje, ele deixa o relógio em casa para garantir que não esteja apostando corrida consigo mesmo nos dias mais suaves.

Agora, na sua sexta década, Magill espera ainda ter uma chance de ficar abaixo dos 15:00 uma última vez (ele correu 15:01.2 aos 50 anos). Mas isso é só uma parte do porquê a corrida continua sendo algo central na sua vida. "O que me mantém motivado não são os recordes nem as classificações por idade", ele fala. "Para resumir, é o estilo de vida do corredor. Sou saudável, tenho grandes amigos entre os meus colegas de corrida, e, por uma ou duas horas todos os dias, sou jovem de novo; sou apenas outro ser humano saindo para praticar nossa herança nômade, correndo por trilhas e estradas, ligando-me com a natureza, aproveitando a existência na sua forma mais simples, curtindo a beleza pura do movimento, da respiração e da sensação."

A jornada do Craig Holm após os 40 anos

Desde que começou a competir, no começo dos anos 1970, Craig Holm tem compilado um currículo invejável e provado que é possível se manter como um corredor competitivo por muitos anos após o auge. Competidor por três vezes nas eliminatórias da maratona para as Olimpíadas, Holm estabeleceu seus recordes pessoais de 23:11 nos 8 km e de 1:03:06 para a meia maratona nos anos 1980. Aos 51 anos, ele correu em 56:40 uma prova de 16 km. Apesar de o seu *pace* ser de 32 segundos por quilômetro e de o tempo, 18% mais lento que do seu recorde de 47:57 estabelecido 20 anos antes, seu equivalente classificado por idade era de 46:34 para um corredor de 25 anos e pontuou 95,32 na escala de classificação por idade. Tal *performance* fez dele um dos melhores corredores *master* no país, em uma idade em que a maioria dos seus contemporâneos já tinha se aposentado há muito tempo.

Holm continua correndo bem ao se aproximar dos 60 anos. Apesar de não estar tão forte quanto nas suas *performances* anteriores, com um tempo de 1:06:48 em uma corrida de 16 km na Filadélfia, aos 58 anos, ainda pontuou 81% na escala de classificação por faixa etária (e foi o equivalente a 54:57 para um atleta-padrão). Ele também colecionou *performances* comparáveis em provas mais curtas, como 5 km e até em triatlo *sprint*.

Para afastar os efeitos da idade, Holm adaptou seu treino conforme envelhecia. Esses foram os principais fatores para se manter competitivo:

- manter estímulos longos (como 3 a 4 × 1.600 m) no treino para manter o $\dot{V}O_2$máx;
- correr estímulos curtos para trabalhar a velocidade e a economia de corrida (como 8 × 400 m);
- participar de provas com uma frequência bem menor;
- realizar treinamentos com pesos para a parte superior do corpo e exercícios para o *core* três vezes por semana para ajudar com a postura e a redução da carga na parte inferior da coluna;
- manter seu peso o mais próximo possível do seu antigo peso de corridas;
- fazer treino funcional, incluindo a participação em triatlos para se livrar de lesões.

Holm também credita seu sucesso duradouro por correr seus treinos com um esforço levemente reduzido. "Sinto que é bem melhor estar na linha de largada com 100% da saúde, mas 90% de condicionamento físico do que treinar com 110% do esforço, correr riscos de lesões e cruzar a largada duvidando de que chegarei ao final", ele explica.

6

Polimento para máxima *performance*

Depois de muitas semanas de treino intenso planejado, chega uma fase em que a demanda de trabalho está cumprida e o corpo e a mente precisam de uma pausa para reunir energias para a corrida que está por vir. Essa fase é o polimento,[20] um período de redução da carga de treino que permite que o corpo consolide os ganhos.

Os benefícios do polimento

O polimento oferece muitos benefícios, os quais podem ser resumidos como uma correção do desgaste acumulado pelo treino. O período de polimento é quando o corpo se recupera totalmente e se adapta ao treino, permitindo que a supercompensação ocorra por completo. O polimento proporciona um tempo para reparar os danos do treino na estrutura microcelular da musculatura e para repor por completo os estoques de glicogênio. Estudos demonstram que um polimento bem planejado melhora a economia de corrida e aumenta tanto a força como a potência muscular (Mujika, 2010; Mujika *et al.*, 2004). Reduzir a carga de treino gera um aumento na contagem de células vermelhas do sangue (potencializando a capacidade do sangue de carregar oxigênio) e pode levar a um aumento da atividade enzimática aeróbia e a um aumento do $\dot{V}O_2$máx (Mujika, 2010; Mujika *et al.*, 2004).

[20] N. do T.: *taper*, no original.

Além dos muitos benefícios fisiológicos, o polimento também é positivo no aspecto psicológico, o que, em geral, leva a melhoras no humor e reduz a percepção do esforço durante o treino. Um polimento eficaz deve levar o atleta a se sentir renovado mentalmente e com a motivação aumentada para a tarefa pela frente.

A magnitude dos benefícios do polimento para a *performance* depende da intensidade e do volume do treino antes do período de polimento, de quanto tempo o atleta tem forçado seus limites e da capacidade individual do corpo de se adaptar e se recuperar do treino. Quanto mais tempo durar e quanto mais intenso for o treino, maiores serão os benefícios de reduzir o treino antes da corrida. E, como discutido no Capítulo 5, corredores da categoria *master* podem precisar de alguns dias a mais no período de polimento do que precisavam quando eram mais jovens.

Vários estudos têm sido conduzidos sobre o período de polimento, e a maioria tem apontado melhoras na *performance*. Diversas publicações sobre as respostas fisiológicas ao polimento e os seus benefícios indicam que se pode esperar que um polimento bem planejado leve a uma melhora de 2% a 3% na *performance* (Bosquet *et al.*, 2007; Mujika, 2010; Mujika *et al.*, 2004). Isso significa o equivalente a uma melhora de 20 a 30 segundos para o corredor que faz 5 km em 18:00 ou 2:00 a 3:00 para um meio-maratonista com tempo de 1:40:00.

Como reduzir o treino

Uma vez que a carga de treino é a combinação do volume de treino (por quanto tempo), com a intensidade (com quanta força) e a frequência (por quantas vezes), é possível reduzir a carga de treino de várias maneiras. A experiência dos técnicos e as evidências científicas concordam que as maiores melhoras na *performance* por meio do polimento vêm da redução do volume de treino. Foi descoberto que reduções de 20% a 60% na quilometragem levam às maiores melhoras de *performance* (Bosquet *et al.*, 2007; Mujika, 2010; Mujika *et al.*, 2000). É possível reduzir a quilometragem tanto por meio da redução da duração das sessões de treino intenso quanto por meio da redução das distâncias das corridas de recuperação e com um eventual dia de folga.

O quanto reduzir do volume de treino depende do quanto de treino tem sido feito e de qual distância será a corrida. Corredores de alta quilometragem se beneficiam mais com um período de polimento relativamente maior do que os de menor quilometragem, e polimentos mais substanciais são mais vantajosos para corridas mais longas. A Tabela 6.1 mostra as recomendações de diminuições na quilometragem durante os polimentos para corridas de 5 km a 10 km e para corridas de 15 km a meia maratona. Os polimentos mais eficazes reduzem o volume de treino de modo progressivo, com a queda da quilometragem se acentuando mais conforme a corrida se aproxima.

Quando o polimento dura mais de uma semana, é importante manter a intensidade do treino para não perder as adaptações específicas para corrida obtidas com muito esforço. Durante o período de polimento, deve-se continuar incluindo treinos de $\dot{V}O_2$máx, de limiar de lactato (LL) e de velocidade, mas em doses menores. Por exemplo, em vez de uma sessão de alto volume de $\dot{V}O_2$máx de 6 × 1.200 m, que pode ser feita durante o treinamento completo, deve-se incluir um treino mais curto de $\dot{V}O_2$máx durante o polimento, como 6 × 800 m no mesmo *pace*. Incluir treinos de intensidade maior a cada três ou quatro dias também oferece um reforço psicológico para o atleta lembrar que está pronto para a corrida.

Tabela 6.1 – Redução da quilometragem durante o polimento

Distância da corrida	Segunda semana pré-corrida	Semana da corrida
15 km–meia maratona	30%–40%	50%–60%
5 km–10 km	20%–30%	40%–50%

Não está tão claro se o número de corridas por semana deve diminuir durante o polimento. Alguns corredores gostam de continuar com um número similar de corridas por semana, ao passo que outros parecem se beneficiar com dias de folga. Na nossa experiência, manter o número de corridas por semana funciona melhor para corredores de baixa quilometragem, ao passo que diminuir a frequência de treino para uma ou duas corridas por semana durante o polimento é eficaz para os corredores de alta quilometragem.

O treino que não envolve corrida também deve ser menor durante o polimento. Treinos de força e treinos funcionais aeróbios podem ser reduzidos usando princípios similares aos do treino de corrida. O atleta pode continuar com os exercícios de corrida durante o polimento e manter sua rotina de alongamento, para proporcionar uma amplitude de movimento completa no dia da corrida.

Ben True

Recordes pessoais: 5.000 m em 13:02; 10.000 m em 27:41; 15 km em 43:25; 16 km em 46:48; sexto lugar no Campeonato Mundial de Cross Country; campeão do USA Road Circuit de 2011

Quando os competidores do Campeonato Mundial de Cross Country de 2013 chegaram na última volta de um percurso de 12 km com um frio implacável e neve, a costumeira casta de elite estava na frente. O eventual campeão da corrida Japhet Korir (Quênia) seguido Imane Merga (Etiópia) batalhavam com vários atletas de Uganda, um da Eritreia, e o americano Ben True. Ben True?

True não deixou que a falta de notoriedade do seu nome o impedisse de ir com tudo. Ele fincou o pé no chão, manteve a sexta posição e lançou os Estados Unidos para uma medalha de prata surpreendente, a classificação mais alta desde 1984.

"Honestamente, acho que as condições climáticas desempenharam um papel importante no meu resultado, mas não pelos motivos que você pensa," True diz. "Poderia dizer que é por causa da minha herança de Maine que me deixou mais forte e pelo meu histórico como esquiador que me preparou para o frio e a neve, mas estaria mentindo. Eu já tive várias corridas horríveis, na lama, na neve, no frio. A verdade é que não deixei o clima me afetar. A confiança foi o fator mais importante, confiança e paciência."

Demandou muita paciência por parte de True para descobrir qual esporte, independentemente da situação, era o mais adequado para ele. Por crescer no Estado dos Pinheiros,[21] True se destacou tanto no esqui nórdico quanto na corrida em longa distância e continuou participando em ambos os esportes na Faculdade Dartmouth.

"Apesar de o esqui ser a minha paixão enquanto eu crescia, a corrida veio a mim de forma natural e foi o esporte que eu soube que poderia levar mais longe," diz True sobre a decisão de aplicar-se à corrida depois da faculdade. "Ambos os esportes eram ótimos para a melhora do meu sistema cardiovascular, e esquiar me permitiu escapar do impacto intenso da corrida por metade do ano. Por fim,

---

[21] N. do T.: Maine é conhecido como The Pine Tree State (O Estado dos Pinheiros), em razão das grandes florestas, onde há muitos pinheiros.

Continua

Continuação

eu sabia que se quisesse levar o esporte para o nível máximo da minha capacidade, precisaria me especializar em uma disciplina."

Isso não impediu True de se aventurar muito no esporte. Em 2011, True levou para casa o campeonato do Circuito de Ruas dos Estados Unidos com uma série de títulos nacionais nos 5 km e nos 10 km e disparou até a chegada dos 16 km. Quando mudou seu foco de volta para as pistas, em 2012, registrou recordes pessoais nos 3.000 m e nos 5.000 m e ficou a uma posição de integrar o time americano para os Campeonatos Mundiais de 2013 de 5.000 m e de 10.000 m.

Para se preparar para grandes competições, como as eliminatórias para as Olimpíadas e as principais corridas de rua, True usa a abordagem de redução que seus antigos técnicos, os atletas olímpicos dos Estados Unidos, Mark Coogan e Tim Broe, o ensinaram. Ele reduz seu volume por volta de 20% e enfatiza um treino de simulação da corrida de 7 a 10 dias antes da prova. True também nunca se afasta muito dos trabalhos de velocidade ou do limiar no decorrer da temporada. Ao manter todos os seus sistemas no auge, ele diz que pode "apertar um botão" e estar pronto para correr o seu melhor nível do ano com um adequado polimento de duas semanas.

Toda a preparação do mundo é inútil sem a confiança que ela traz, porém, e, nesse aspecto, True, de fato, destaca-se. "Levei anos para atingir esse nível de confiança em mim mesmo e nas minhas habilidades," ele diz. "Conforme eu fui envelhecendo e ganhando mais experiência, fiquei mais confiante com as minhas habilidades e parei de me preocupar com o que estava acontecendo à minha volta. Você não pode controlar o clima, nem seus concorrentes. Tudo o que você pode controlar é você mesmo e a sua atitude."

Duração do polimento

Um polimento de duas semanas oferece a máxima recuperação para os treinos para corridas de 5 km até a meia maratona. Reduzir o treino por duas semanas dá tempo para os músculos se repararem por completo e para o corpo se adaptar de forma positiva ao estresse do treinamento.

Polimentos muito longos ou em que não se mantém a intensidade levam a uma perda das adaptações ganhas com muito esforço com o treinamento. A queda do volume sanguíneo, a redução da atividade enzimática aeróbia, da capacidade de armazenar glicogênio e a redução do $\dot{V}O_2$máx são efeitos de uma redução por muito tempo na carga de treino. Não é preciso se preocupar com destreinamento ao se programar um polimento de duas semanas que mantenha a alta intensidade do treino.

A duração do polimento para determinada corrida depende da importância dela. Se o atleta corre várias vezes ao ano, ele perderá o condicionamento físico se reduzir os treinos por duas semanas para todas as corridas. É preciso priorizar as corridas e planejar adequadamente o período de polimento. Como mostrado na Tabela 6.2, deve-se planejar um polimento de duas semanas para as corridas mais importantes (talvez duas ou três no ano), de uma semana para corridas de importância moderada, e minipolimentos de quatro dias para as corridas nas quais o atleta deixa o ego em casa e corre o melhor que pode no dia. Exemplos de programas de polimento de duas semanas, de uma semana e de quatro dias são apresentados na próxima seção.

Tabela 6.2 – Duração do polimento conforme a importância da corrida

Importância da corrida	Duração do polimento
Corrida principal	2 semanas
Importância moderada	1 semana
Baixa prioridade	4 dias

Planejando o polimento ótimo

Agora que discutimos os princípios de um polimento, vamos colocar esse conhecimento em prática com a análise de exemplos de programas de polimento de duas semanas, de uma semana e de quatro dias.

Um polimento de duas semanas deixa o atleta recuperado e pronto para uma corrida-alvo. Como exemplo de um polimento eficiente, considere Rebecca, que treina 100 km por semana e está se preparando para uma corrida de 16 km. O polimento de duas semanas usado por Rebecca está na Tabela 6.3 e reduz o volume de treino de forma progressiva enquanto mantém a intensidade do treino. Rebecca começa com corridas de recuperação na segunda-feira e na terça-feira, partindo do pressuposto de que ela teve um fim de semana sólido de treinamento antes de começar o polimento. Ela corre um treino de $\dot{V}O_2$máx com volume reduzido na quarta-feira para manter sua aptidão física específica para a corrida e tira três dias suaves antes de uma corrida moderada de resistência para ajudar a reter as adaptações de resistência.

A semana da competição começa com uma corrida de recuperação, seguida por um treino de ritmo de duração reduzida na terça-feira. Os últimos quatro dias antes da competição são leves, incluindo um dia de folga dois dias antes da corrida. A única corrida rápida durante os últimos quatro dias consiste em tiros na quinta-feira, para reter a velocidade das pernas. No domingo da corrida, Rebecca deve estar se sentindo descansada, mas, também, apta fisicamente e pronta para correr na sua melhor forma.

Tabela 6.3 – Exemplo de programa de polimento de duas semanas

Semana	Segunda-feira	Terça-feira	Quarta-feira	Quinta-feira	Sexta-feira	Sábado	Domingo	Volume semanal
Uma semana antes	Recuperação 8 km	Recuperação 8 km	$\dot{V}O_2$máx 13 km 5 × 1.000 m no *pace* de corrida de 3-5 km	Corrida aeróbia básica 13 km	Dia de folga	Recuperação 8 km	Resistência 18 km	68 km
Semana da corrida	Recuperação 6 km	Limiar de lactato 11 km 18 min de treino de ritmo	Corrida aeróbia básica 11 km	Recuperação + velocidade 8 km 6 × 100 m tiros	Dia de folga	Recuperação 6 km	Corrida	42 km (sem contar a corrida)

Agora, vamos presumir que Rebecca tenha uma corrida de importância moderada se aproximando. Essa não é a sua corrida-alvo, então, ela não quer gastar o tempo com um período de polimento completo, mas quer se recuperar e correr razoavelmente bem. Rebecca segue o programa de polimento de uma semana (veja a Tabela 6.4). Ela programa corridas de recuperação na segunda-feira e na terça-feira, presumindo que tenha feito um fim de semana sólido de treinamento, que incluiu um treino de $\dot{V}O_2$máx ou um treino de ritmo. No restante da semana, o treino é reduzido de modo progressivo, com tiros na quinta-feira, para reter a velocidade das pernas. Em virtude do pouco tempo de polimento, não é necessário incluir um treino de alta intensidade no decorrer da semana. No dia corrida, Rebecca não está recuperada por completo, mas tem mais agilidade nos seus passos e está pronta para uma boa *performance*.

Tabela 6.4 – Exemplo de programa de polimento de uma semana

Segunda-feira	Terça-feira	Quarta-feira	Quinta-feira	Sexta-feira	Sábado	Domingo	Volume semanal
Recuperação 6 km	Recuperação 8 km	Corrida aeróbia básica 11 km	Recuperação + velocidade 8 km 6 × 100 m tiros	Dia de folga	Recuperação 6 km	Corrida	39 km (sem incluir a corrida)

Rebecca percebe agora que ela vai correr por várias semanas seguidas. Ela atribui menor prioridade para algumas corridas, de modo que possa correr razoavelmente bem em sequência, sem perder o condicionamento físico por causa de um período excessivo de polimento. Ela decide fazer um minipolimento de quatro dias para as corridas de menor prioridade (ver Tabela 6.5), o que permite que ela mantenha o volume de treino no começo da semana da corrida enquanto também oferece um nível moderado de recuperação para o fim de semana da corrida. Os quatro dias incluem três corridas de recuperação, um dia de folga e tiros na quinta-feira para reter a velocidade das pernas. No domingo, as pernas de Rebecca se sentirão levemente renovadas, e ela vai para a largada sabendo que deve ser capaz de completar a corrida sem sacrificar o treino para as corridas mais importante que estão por vir.

Tabela 6.5 – Exemplo de programa de minipolimento

Quarta-feira	Quinta-feira	Sexta-feira	Sábado	Domingo
Recuperação 8 km	Recuperação + velocidade 8 km Tiros: 6 × 100 m	Dia de folga	Recuperação 6 km	Corrida

Outras considerações para um polimento eficiente

Além de modificar o treino, pode-se dar vários outros passos para garantir que o atleta esteja com a melhor preparação possível para o dia da corrida. Se o corredor tem músculos encurtados que podem travar a *performance*, deve usar alongamento e massagem para relaxá-los. Músculos muito encurtados ou doloridos podem demandar um fisioterapeuta para deixar o atleta no ponto para correr livre novamente. Fisioterapeutas têm ajudado muitos corredores a superarem um grande número de preocupações relacionadas a corridas, mas não se deve esperar milagres de última hora.

Ao reduzir o treino, o atleta deve reduzir outros estresses na vida o máximo possível. Deve seguir uma rotina regular de sono desde o começo do período de polimento, para não sentir a necessidade de compensar o sono nas últimas duas noites antes da corrida. O período de polimento definitivamente não é o momento para revisar o imposto de renda dos últimos cinco anos ou para se voluntariar para dobrar o turno à noite no trabalho pela primeira vez.

Durante um polimento de duas semanas, o corredor deve tentar reduzir a ingestão de calorias para compensar o gasto energético reduzido. Apesar de ser um problema menor depois de duas semanas, reduzir o treino e continuar consumindo uma dieta para alta quilometragem pode levar a um pequeno aumento no nível de gordura corporal. Se o atleta aumentar a ingestão de carboidratos antes da corrida, deve esperar ganhar de 1 a 2 quilogramas, porque, conforme o corpo armazena mais glicogênio, ele também armazena mais água. O aumento dos estoques de glicogênio é positivo para a *performance* de corrida; não se deve confundir o ganho de peso com um aumento repentino de massa gorda no corpo.

Cada corredor é um indivíduo e responde de forma única ao treinamento. Isso é verdade, em especial, para o período de polimento, no qual a fisiologia e o histórico e as crenças pessoais se fundem para determinar o polimento ótimo. Para compreender de fato como planejar um polimento ótimo, o atleta deve manter um registro de como ele responde a diferentes planos de polimento. Deve anotar qual o treinamento feito durante o período de polimento, como se sentiu antes da corrida e como foi a *performance* no dia da corrida. Ao registrar as respostas, com o passar do tempo, ele será capaz de ajustar a rotina de polimento, para encontrar o equilíbrio entre volume, intensidade e duração que traga a melhor *performance* de corrida.

Experiências do Pete com o período de polimento

Durante meus dias de competição, aprendi a fazer o polimento por tentativa e erro, e eventuais desastres. Um dos meus maiores fracassos com o polimento ocorreu antes dos 10.000 m, no Campeonato de New England. O erro foi fazer uma série de 10 × 300 m com a maior intensidade que era capaz na terça-feira anterior à corrida do sábado. Esse elemento desastroso foi feito na época com Greg Meyer, que, com um *pace* de 2:27 por quilômetro, era muito mais rápido do que eu. O treino era de dificuldade moderada para o Greg e muito intenso para mim. No sábado, durante o aquecimento, minhas panturrilhas ainda estavam doloridas do treino. Senti-me "travado" no começo da corrida e, depois de 10 voltas, estava pior ainda. Foi um "longo dia no escritório", mas cruzei a linha de chegada e aprendi duas valiosas lições:

1. Apesar de ser útil manter alguma velocidade durante um polimento, não é sábio fazer um esforço supramáximo.
2. Ter cuidado quando treinar com um corredor mais rápido, porque, como ele parece bem-relaxado, você pode acidentalmente correr com muita intensidade.

Uma experiência muito melhor veio do meu polimento antes dos 15 km da Gasparilla Distance Classic, em Tampa, Flórida. Eu vinha de um treino de 193 km

Continua

Continuação

por semana e fiz o polimento de forma progressiva ao longo de duas semanas. Esse polimento está resumido na Tabela 6.6. A carga de treino de uma semana pode parecer muito grande, mas o total de 135 km tinha uma redução de 30% da minha quilometragem normal. O número total de corridas na semana foi 11, uma redução pequena do meu normal de 12 ou 13. O treino principal para a semana foi uma série de estímulos de 1 km em uma pista interna em Cornell, para evitar a neve.

O polimento seguiu de forma progressiva durante a semana da corrida, com 83 km nos seis dias que antecederam a prova. As sessões mais rápidas incluíram um treino compacto de $\dot{V}O_2$máx de 2 × 1.600 m na terça-feira e tiros na quinta-feira. Depois de voar para o calor de Tampa, o polimento funcionou com perfeição, e estabeleci meu melhor tempo de 43:37 ao terminar em um respeitável quinto lugar em uma prova bem difícil.

Tabela 6.6 – Polimento do Pete para os 15 km da Gasparilla

Semana	Segunda-feira	Terça-feira	Quarta-feira	Quinta-feira	Sexta-feira	Sábado	Domingo	Volume semanal
Uma semana antes	2 corridas de recuperação: 10 km 8 km	2 corridas de recuperação: 10 km 8 km	$\dot{V}O_2$máx 16 km 6 × 1.000 m no *pace* de 2:47 na pista coberta	Corrida aeróbia básica e de recuperação: 14 km 8 km	Resistência 24 km	2 corridas de recuperação: 10 km 8 km	Corrida aeróbia básica 19 km	135 km
Semana da corrida	2 corridas de recuperação: 10 km 10 km	$\dot{V}O_2$máx 14 km 2 × 1.600 m no *pace* de 4:32 na pista coberta	2 corridas de recuperação: 10 km 8 km	Corrida aeróbia básica + velocidade 14 km 6 × 20 s tiros	Recuperação 11 km Voo para Tampa	Recuperação 6 km	Corrida	83 km (sem contar a corrida)

Parte II

Treinando para máxima *performance*

Seguindo planos de treino

Os capítulos da segunda metade deste livro contêm planos de treino para corredores cujo foco se encontra nas mais variadas distâncias populares das corridas de rua: 5 km, 8 km e 10 km, 15 km e 16 km e a meia maratona. O Capítulo 13 traz planos de treino para uma preparação balanceada para corridas nessa faixa de distâncias. Cada um desses capítulos oferece vários planos de treino para corredores de baixa, média e alta quilometragem.

Cada distância de corrida vem com um conjunto específico de desafios que testarão a mente e o corpo de formas únicas. Neste capítulo, cobrimos os tipos de corridas que o atleta encontrará nos seus planos de treino, como se preparar para os treinos, como interpretar os planos de treino e o que fazer se for forçado a parar por um tempo por causa de uma lesão, uma doença ou outras circunstâncias da vida.

Muito do material deste capítulo repete informações dos Capítulos 1 e 2, mas é válido revisá-las aqui por causa da explicação mais prática. Se o leitor decidiu deixar de lado a primeira parte do livro e saltar direto para o treino, recomendamos a leitura deste capítulo, pelos esclarecimentos que ele oferece, antes de usar os planos de treino.

Tipos de treinos de corrida

Por mais que haja diferenças entre as preparações para distâncias de 5 km até a meia maratona que serão encontradas em breve nos planos de treino, a maior parte dos componentes de treino são similares. Vamos olhar os tipos de corrida que serão usados.

Corrida de resistência

Sendo um componente essencial em todos os planos de treinos, as corridas de resistência são simplesmente as corridas mais longas da semana e seu principal benefício é o aumento da resistência.

A maior adaptação positiva é obtida se a corrida de resistência for feita na faixa apropriada de *pace*. Correr muito devagar não desafia o corpo o suficiente para melhorar; correr muito rápido corroerá o tempo de recuperação até o próximo treino. Em vez disso, para a maioria das corridas longas, recomendamos iniciar com um *pace* confortável e aumentar de forma gradual o ritmo conforme a corrida progride. Como discutido no Capítulo 1, a intensidade mais benéfica está normalmente entre 74% e 84% da frequência cardíaca máxima ou 65% a 78% da frequência cardíaca de reserva. Se o atleta não usa um monitor cardíaco, os *paces* são, aproximadamente, de 20% a 33% mais lentos do que o *pace* de corrida de 10 km ou de 17% a 29% mais lentos do que o de 15 km até a meia maratona. Ao aumentar, de modo gradual, o *pace* durante as corridas longas, o corredor se preparará melhor fisiológica e psicologicamente para o dia da corrida. O Apêndice C mostra tempos de corrida e faixas de *pace* de treino recomendadas para treinos de corridas longas, de limiar de lactato (LL), de $\dot{V}O_2$máx e para sessões de velocidade.

Além das corridas longas-padrão, incluímos corridas longas progressivas nos planos de treino para corridas de 15 km e 16 km no Capítulo 11, para a meia maratona no Capítulo 12 e para corridas em múltiplas distâncias no Capítulo 13. Corridas longas progressivas começam na mesma intensidade do que as outras corridas longas, mas aumenta-se o esforço até o *pace* no LL. Por exemplo, uma progressão de 22,5 km começaria da mesma forma que a corrida longa padrão e aumentaria a intensidade por volta de 84% da frequência cardíaca máxima no meio do caminho. Durante os últimos 11 km, o esforço continuaria aumentando até atingir o *pace* de LL perto dos últimos 5 km. Essas corridas longas mais intensas oferecem um estímulo de treino potente, mas, como demandam mais tempo de recuperação, são incluídas com moderação nos planos de treino.

Deve-se tentar planejar as corridas longas em trajetos que sejam equivalentes em perfil de inclinação com a corrida-alvo. Por exemplo, se o atleta está se preparando para uma meia maratona com um trecho de ladeira entre os quilômetros 8 e 14, deve tentar escolher percursos longos que também tenham subidas nessas quilometragens no meio do trajeto. Embora o *pace* fique necessariamente mais lento nos trechos de ladeira (nunca se ganha de volta na descida o tanto de tempo perdido na subida), deve-se aumentar a intensidade de forma moderada enquanto o atleta corre na subida para impedir uma redução grande no *pace*.

Corridas aeróbias básicas

Corridas aeróbias básicas se somam ao condicionamento aeróbio do atleta e são o tipo mais comum de corrida incluso nos planos de treino. Mais curtas do que uma corrida longa e feitas com um *pace* confortável, as corridas aeróbias básicas permitem o aumento da quilometragem sem comprometer a recuperação dos treinos mais extenuantes. Ao longo dos planos de treino, as corridas aeróbias básicas contribuem para as adaptações positivas ao treino aeróbio discutido no Capítulo 1.

Para aproveitar ao máximo essas corridas, o atleta deve manter a intensidade por volta de 70% a 81% da frequência cardíaca máxima ou a 62% a 75% da frequência cardíaca de reserva. O esforço deveria ser maior do que o feito em uma corrida de recuperação e menor que o de uma corrida longa. Essas corridas deveriam ser informais, mas não parecidas com um trote.

Corridas de recuperação

Sendo o tipo mais lento de treino, as corridas de recuperação permitem que o atleta se recupere de forma apropriada de um treino mais desafiador ou que se prepare para um treino assim, ao mesmo tempo que mantém o volume semanal de treino. Para promover a máxima recuperação, o atleta deve manter o esforço abaixo de 76% da frequência cardíaca máxima ou de 70% da frequência cardíaca de reserva. Outra forma de calibrar o *pace* correto para as corridas de recuperação é fazê-las cerca de 75 segundos mais lentas por quilômetro do que o *pace* de corrida para 15 km ou para a meia maratona. Apesar de não ser exatamente um trote, o atleta deve garantir que o *pace* pareça ser consideravelmente mais suave nas corridas de recuperação do que nas corridas aeróbias básicas. O atleta deve tentar correr em um terreno relativamente plano durante as corridas de recuperação, porque a frequência cardíaca subirá rapidamente para acima da faixa recomendada ao correr em uma subida, e as forças de impacto das descidas podem retardar a recuperação.

Treinos (de ritmo) no limiar de lactato

Como discutido no Capítulo 1, o *pace* de LL é o melhor indicador de *pace* de corrida para distâncias de 8 km até a meia maratona (e o segundo melhor depois do $\dot{V}O_2$máx para corredores de 5 km). Corridas no LL são esforços confortavelmente intensos que aumentam o *pace* de LL, permitindo que o atleta corra mais rápido por mais tempo.

Para corredores experientes, o *pace* de LL é aquele em que o atleta poderia correr por uma hora. Como descrito no Capítulo 1, o *pace* de LL é aproximadamente o *pace* de corrida de 15 km a 16 km para corredores mais rápidos e, para corredores de elite, é, normalmente, o *pace* para as provas de 15 km até a meia maratona. Para corredores mais lentos ou para aqueles cuja experiência tem foco em corridas mais curtas, o *pace* de LL é, em geral, de 6 a 9 segundos por quilômetro mais lento do que o *pace* de corrida de 10 km, ou 12 a 18 segundos mais lento por quilômetro do que o *pace* de corrida de 5 km. Para a maioria dos corredores, o *pace* estará na faixa de 80% a 91% da frequência cardíaca máxima ou de 75% a 88% da frequência cardíaca de reserva. A Tabela 7.1 mostra as faixas de frequência cardíaca recomendadas para esses treinos e para outros tipos de treinos de corrida.

Tabela 7.1 – Zonas de intensidade da frequência cardíaca

Corrida	Frequência cardíaca máxima	Frequência cardíaca de reserva
Recuperação	< 76%	< 70%
Corrida aeróbia básica	70%–81%	62%–75%
Resistência	74%–84%	65%–78%
Limiar de lactato	80%–91%	75%–88%
$\dot{V}O_2$máx	94%–98%	92%–97%

A seguir, tipos eficientes de treinos de limiar de lactato:

- **Treinos de ritmo clássicos**. Essas corridas normalmente duram de 20 a 40 minutos e são feitas em uma intensidade entre o *pace* de LL e 6 segundos mais rápido por quilômetro do que o *pace* de LL. Um *pace* e um esforço constantes são a marca de bons treinos de ritmo. Correr esses treinos em um percurso demarcado permitirá que o atleta monitore o progresso no decorrer da temporada e que mantenha o *pace* e o esforço em uma faixa apropriada.
- **Estímulos de limiar de lactato**. Os estímulos de LL são corridos na mesma intensidade do que um treino de ritmo clássico e também são executados em um *pace* constante. Para acumular mais tempo no LL, dividem-se os esforços em vários estímulos longos, com um trote curto de recuperação entre eles. Subidas no LL são outro tipo de sessão de estímulo de LL e são descritas mais adiante neste capítulo, na seção acerca do treinamento em ladeira. Para determinar a faixa de frequência cardíaca para treinos de ritmo clássicos, estímulos de LL e subidas no LL, acrescentam-se apenas 4 bpm na faixa de frequência cardíaca no LL.
- **Treinos de ritmo com mudança de *pace***. Como um tipo mais novo de trabalho de LL, a corrida intervalada com mudança

de *pace* mistura trechos que são 3 a 9 segundos mais rápidos por quilômetro do que o *pace* de LL, com trechos constantes que são até 16 segundos mais lentos por quilômetro do que o *pace* de LL. A teoria por trás desse treino prega que a combinação de vários turnos de corrida mais rápidos do que no *pace* de LL com trechos no *pace* de LL ou um pouco abaixo ajuda os músculos a se adaptarem para eliminar o lactato com mais rapidez. Como exemplo, digamos que o *pace* de LL do atleta é de 3:43 por quilômetro. Durante os trechos rápidos, ele tentará correr com um *pace* entre 3:34 e 3:40 e, durante as partes mais lentas, oscilará entre 3:43 e 3:49. Apesar das variações no *pace*, os treinos de ritmo com mudança de *pace* são corridos de forma contínua, sem períodos de descanso. Esse tipo de trabalho é perfeito para ser feito em uma longa estrada bem-demarcada e também pode ser corrido em uma esteira, na qual é possível controlar o *pace* com precisão. Um relógio com GPS (veja o boxe *Soluções tecnológicas para corredores: relógios com GPS*) pode se mostrar útil quando essas sessões são feitas em uma estrada.

Como todas essas corridas exigem que o atleta corra em um *pace* desafiador, ele deve se certificar de fazer um aquecimento completo antes da sessão de LL e uma volta à calma depois dela. O aquecimento para uma sessão de LL é mais simples do que para um treino de $\dot{V}O_2$máx ou para uma prova. Apenas corre-se por 10 a 20 minutos, alonga-se por alguns minutos e executa-se dois ou três tiros. Isso preparará o corpo para lidar com o *pace* de LL durante o treino. A volta à calma deveria consistir em 10 a 20 minutos de corrida leve, seguidos de um alongamento leve.

Soluções tecnológicas para corredores: relógios com GPS

Relógios com sistema global de posicionamento (em inglês, *global positioning system* – GPS) se tornaram mais populares no decorrer da década passada e por uma boa razão. Apertando apenas um botão, os atletas têm acesso a uma fonte rica de informações durante e após cada corrida, incluindo o *pace* no momento, o tempo para correr cada milha ou quilômetro, a distância acumulada, a altitude e a cadência. Relógios mais novos podem alegar ter uma precisão de 99% e quase todos os modelos permitem baixar e salvar essas informações no computador, lidando, assim, com a tarefa de manter um registro do treino.

Continua

Continuação

> Relógios com GPS também permitem que o atleta acrescente flexibilidade quando decide onde correr. Em vez de ficar preso a uma ciclofaixa demarcada para os treinos de ritmo ou ficar adivinhando o quanto o *pace* subiu em uma corrida progressiva, o corredor pode confiar que o relógio lhe dará informações confiáveis. Quando combinado com dados de frequência cardíaca, esses relógios permitem que o atleta corra na intensidade desejada em quase qualquer situação. Antes de correr para a loja, certifique-se de fazer uma pesquisa. Como a maioria das tecnologias, a regra é que o quanto se paga é o quanto se recebe. Um relógio com GPS básico de 100 dólares normalmente vai mostrar o tempo, a distância e o *pace* atual, e só. Entretanto, um relógio de 400 dólares provavelmente vai oferecer 20 ou mais métricas, será a prova d'água por pelo menos 50 m, terá uma tela sensível ao toque e várias opções de ajustes, além de uma qualidade geral maior.
>
> Um relógio com GPS acima de 150 dólares, no geral, registrará o *pace* e a velocidade atuais e médias, permitindo um treino personalizado e durará pelo menos de 5 a 10 anos. A Garmin tem se mantido a indústria líder na última década, mas produtos Nike, Timex, Suunto, TomTom, Polar e Soleus oferecem uma grande variedade de funções ao mesmo tempo que usam uma tecnologia similar de satélites.
>
> Apesar de tudo que podem fazer, os relógios com GPS não substituem o bom senso e a atenção que se deve ter aos sinais do corpo. Isso posto, a maioria dos corredores sérios descobrirá que um relógio com GPS vale o investimento e é uma ferramenta valiosa para tentar maximizar o treino.

Estímulos de $\dot{V}O_2$máx

Estímulos de $\dot{V}O_2$máx são a forma mais intensa de treino aeróbio. A faixa de intensidade mais eficaz para esses esforços fica entre o *pace* de corrida de 3 km e 5 km. Se o atleta usa um monitor cardíaco, isso se traduzirá em algo em torno de 94% a 98% da frequência cardíaca máxima (ou de 92% a 97% da frequência cardíaca de reserva). Os planos de treino usam essa faixa de intensidade para todos os treinos de $\dot{V}O_2$máx, exceto por alguns dos treinos de 8 km e 10 km, os quais são executados com o *pace* de corrida de 8 km e 10 km.

Como discutido no Capítulo 2, deve-se sempre fazer um aquecimento cuidadoso para os treinos de $\dot{V}O_2$máx. Começa-se com 10 a 20 minutos de corrida leve, aumenta-se de forma progressiva o esforço até por volta do *pace* no LL nos últimos minutos. O atleta deve acompanhar a corrida com exercícios e alongamentos e, depois, mais vários minutos de corrida leve. O passo final do aquecimento é fazer uma série de tiros (no geral, de três a seis) para se preparar para o *pace* mais rápido dos estímulos de $\dot{V}O_2$máx.

Deve-se sempre realizar os treinos de $\dot{V}O_2$máx como uma série de estímulos (esforços intensos) com um período de recuperação após cada um deles. Se o atleta está fazendo o treino em uma pista, deve verificar o tempo nos 200 m e a cada 400 m, para se certificar de que está correndo no *pace* prescrito. A tabela de *paces* no Apêndice A mostra o tempo em relação a várias distâncias para as sessões de $\dot{V}O_2$máx, para os outros treinos principais e para as corridas.

Para garantir a recuperação apropriada, realiza-se um trote suave com duração de 50% a 90% do tempo que leva para correr cada estímulo. Por exemplo, se o treino consiste em 6 × 1.000 m em 3:20, o atleta realiza um trote lento por 1:40 a 3:00 depois de cada estímulo. Manter-se na faixa apropriada de *pace* é importante para obter todos os benefícios dos treinos de $\dot{V}O_2$máx. Se o atleta correr muito rápido, usará muito o sistema anaeróbio e não será capaz de completar o número necessário de estímulos. Se correr muito devagar, não forçará o suficiente o sistema aeróbio para estimular de forma ideal as melhoras no nível de $\dot{V}O_2$máx.

O atleta sempre deve fazer uma volta à calma após uma sessão de $\dot{V}O_2$máx, com 10 a 20 minutos de corrida leve, seguidos de um alongamento leve. Uma volta à calma cuidadosa ajudará o corredor a se recuperar com mais rapidez para o próximo treino intenso.

Treino de velocidade

Apesar de todas as corridas acima de 5 km usarem de forma predominante o sistema aeróbio, passar um tempo aperfeiçoando a velocidade pode pagar grandes dividendos. O trabalho de velocidade não só ajuda a aumentar a velocidade básica e o *sprint* final, como também promove adaptações neurológicas e biomecânicas que podem tornar o corredor mais eficiente e ágil para todas as variações de distâncias de corrida.

O trabalho de velocidade nos planos de treino é composto de três tipos de exercícios: tiros de cerca de 100 m, tiros curtos em subida que duram por volta de 12 segundos e tiros de velocidade de 150 m a 300 m. Em geral, os dois primeiros tipos de trabalho de velocidade são feitos depois de uma corrida aeróbia básica. Para os tiros, acelera-se até a velocidade máxima até o meio do percurso, mantém-se a velocidade pela distância restante e, então, desacelera-se de forma gradual. Uma forma de realizar os tiros é correr várias voltas na pista, acelerando nas retas e realizando trote nas curvas. Para tiros em subida, o atleta corre próximo do esforço máximo para maximizar a velocidade e os ganhos de potência.

Incluímos tiros de velocidade nos planos de treino para 5 km, 8 km e 10 km também no Capítulo 13. Tiros de velocidade são estruturados de forma similar aos treinos de $\dot{V}O_2$máx, mas são feitos com um *pace* de corrida de 800 m a 1.600 m. O trote de recuperação deveria ter a mesma distância dos tiros de velocidade ou um pouco mais. Por exemplo, se o treino consiste em 8 × 200 m, o atleta realiza um trote lento por 200 m de volta até a largada após cada tiro. O trote de recuperação pode levar até três vezes do tempo gasto para completar um tiro de velocidade, mas isso é normal; a meta é garantir que o atleta corra os tiros de velocidade no *pace* apropriado. (Como os tiros de velocidade são curtos o suficiente para que a frequência cardíaca ainda esteja aumentando quando o atleta reduz para um trote, não são inclusos valores de frequência cardíaca para esses treinos.)

O corredor deve enfatizar uma boa técnica quando faz o trabalho de velocidade e deve manter-se o mais relaxado o possível, mesmo correndo com muita intensidade. Músculos rígidos, dentes cerrados e um movimento excessivo são coisas que inibem a habilidade do corpo de correr rápido.

Ladeiras

As ladeiras oferecem muitos benefícios que podem potencializar o treino. Permitem que o atleta corra em uma intensidade alta com o mínimo de estresse de impacto, o que resulta em uma recuperação mais rápida. Ladeiras deveriam ser um elemento central da preparação se a corrida-alvo for em qualquer lugar que não seja chato como uma panqueca.

Apesar de ser possível transformar qualquer corrida em um treino em ladeira com o uso de um terreno desafiador, vários tipos de treinos em ladeira oferecem mais vantagens.

- **Corridas aeróbias básicas e de resistência em ladeira**. É possível melhorar a forma física geral ao se buscar trechos de treino em ladeira e ao se aumentar os esforços de forma moderada em cada subida durante as corridas longas e as corridas aeróbias básicas. Para simular as demandas das corridas em ladeiras, acrescente subidas em pelo menos um treino de corrida por semana. Simular a inclinação e a extensão das subidas de uma corrida que está por vir ajudará a manter tanto o preparo mental quanto o fisiológico para os desafios do dia da corrida.
- **Subidas no limiar de lactato**. Esse treino tira proveito de várias subidas longas durante uma corrida e divide o esforço no LL em vários estímulos. Digamos que o atleta corre em um circuito fechado de 13 km que inclui uma subida de 1,6 km e duas de 800 m. Ao subir as inclinações com esforço no LL e se recuperar nas descidas, o atleta faz uma boa dose de corrida no LL com pouco estresse de impacto.
- **Estímulos de $\dot{V}O_2$máx em subida**. Tiros de subida no esforço de $\dot{V}O_2$máx são especialmente benéficos no começo do ano de

treinamento quando o condicionamento físico cardiovascular é mais importante do que a velocidade de corrida. O treino é simples: corra a subida por 2 a 6 minutos no esforço de $\dot{V}O_2$máx e, depois, desça de volta de forma suave até o início, para se recuperar. O tempo de recuperação será um pouco mais longo do que o de subida, mas, no começo da temporada, essa recuperação maior é uma preocupação irrelevante.

- **Subidas e descidas de $\dot{V}O_2$máx**. Ser capaz de fazer um esforço em subida e manter aquela velocidade no topo é uma tática vencedora usada por corredores muitos bons. Os treinos de subida e descida de $\dot{V}O_2$máx permitem que o atleta pratique essa habilidade ao mesmo tempo que diversifica o treino. Um bom exemplo de sessão de $\dot{V}O_2$máx em ladeira é fazer entre quatro e seis esforços de 4 minutos (com a mesma recuperação que um treino tradicional de $\dot{V}O_2$máx). Cada esforço começa no plano, ganha intensidade na subida e mantém a mesma intensidade na descida.
- **Tiros curtos de subida**. Subir uma ladeira íngreme correndo é uma forma excelente de melhorar a força e a potência ao mesmo tempo que se promove uma boa técnica de corrida. Em geral, esses tiros são bem curtos (10 a 12 segundos), mas com esforço máximo. O atleta deve caminhar de volta na descida e permitir uma recuperação completa entre os esforços.

Corridas preparatórias

Independentemente do quanto o treino esteja indo bem, é preciso ajustar o progresso. Mesmo que a maior parte de cada plano de treino seja baseada em treinos que ajudarão a maximizar o condicionamento físico para a corrida-alvo, colocar o pé na largada e se desafiar ao lado de outros competidores em corridas de menor importância oferece benefícios significativos.

Corridas preparatórias servem a vários propósitos importantes. Primeiro, oferecem uma evidência tangível do condicionamento físico e podem ajudar a estabelecer o quanto o atleta está progredindo para a corrida-alvo. Segundo, corridas preparatórias permitem que o atleta passe pela rotina de aquecimento e lide com a ansiedade pré-corrida para reduzir a probabilidade de que se sinta ansioso na corrida-alvo. Por fim, essas corridas desenvolvem a acuidade mental. Ao correr fazendo o ritual completo, essas competições permitem trabalhar no desenvolvimento da determinação e do impulso competitivo necessário para atingir as metas durante a corrida principal para a qual o atleta está treinando.

Embora o atleta deva correr a corrida preparatória perto do esforço máximo, ele não estará renovado por completo para a prova. Todo o treinamento é montado pensando na corrida que será o objetivo principal; isso significa que, quando o atleta vai para a largada de uma corrida preparatória, ele pode esperar uma fadiga residual. Isso provavelmente vai significar a realização de um tempo moderadamente mais lento do que o realizado ao se fazer polimento completo. O atleta deve manter isso em mente ao avaliar a *performance* das corridas preparatórias.

Cada plano de treino nos Capítulos 9 a 12 inclui duas corridas preparatórias e cada plano no Capítulo 13 inclui uma. Em geral, essas corridas serão mais curtas do que a distância da corrida-alvo. Como a corrida preparatória requer um minipolimento prévio e alguns dias de recuperação depois, desencorajamos correr com muita frequência, porque isso pode dificultar o preparo para a corrida-alvo.

Compreendendo os planos de treino

Os planos de treino neste livro listam os treinos diários. Para tornar as informações nos planos fáceis de entender, cada dia é planejado de forma específica e consistente. A Tabela 7.2 mostra uma semana de treino, com a terça-feira e a sexta-feira demarcadas. Terça-feira é um treino de $\dot{V}O_2$máx e sexta-feira é um dia de corrida aeróbia básica com tiros no final. Vamos reservar um momento para olhar para esses dois exemplos e ver com precisão como esses planos são montados.

Tabela 7.2 – Um exemplo de semana de treino

Semanas até a meta	Segunda--feira	Terça--feira	Quarta--feira	Quinta--feira	Sexta--feira	Sábado	Domingo	Volume semanal
7	Descanso ou treino funcional	$\dot{V}O_2$máx 13 km 5 × 1.000 m no *pace* de corrida de 3–5 km (recup.: trote com duração de 50%–90% do tempo do estímulo)	Resistência 13 km	Repouso ou treino funcional	Corrida aeróbia básica + velocidade 13 km 2 séries de tiros: 6 × 100 m (trote de 3 min entre as séries)	Recuperação 5 km	Resistência 16 km	58 km

Tipo de corrida

A primeira categoria listada em cada dia do plano é o tipo de corrida. Ela é composta pelos oito tipos de corridas já discutidos neste capítulo: resistência, corrida aeróbia básica, recuperação, corridas longas com progressão, LL, $\dot{V}O_2$máx, velocidade e corridas preparatórias.

Quilometragem diária total

Registrar a quilometragem diária e semanal ajuda a avaliar o quanto o atleta está estressando o corpo durante o treino. Cada dia do plano inclui uma meta de quilometragem. Apesar de ser possível ajustar a quilometragem quando for necessário, deve-se tentar atingir de forma consistente a quilometragem indicada, para garantir que o atleta esteja obtendo o máximo de benefícios em cada corrida e atingindo o volume semanal de treino.

No exemplo 1, o total diário de quilometragem supostamente seria 13 km, mas o treino em si tem por volta de 6,5 km, incluindo os estímulos. Isso é porque estamos presumindo (melhor dizendo, esperamos) que o atleta acrescente um aquecimento e uma volta à calma para atingir a quilometragem total. Nesse exemplo, um aquecimento de 3,2 km e uma volta à calma de 3,2 km atingiria a meta de quilometragem para o dia.

Esse princípio se aplica ao exemplo 2. Aqui, o plano pede um total de 13 km, incluindo duas séries de seis tiros de 100 m. Para atingir a quilometragem prescrita para o dia, o atleta começa com uma corrida aeróbia básica de 9,6 km, segue para os tiros e, então, finaliza com um trote curto de volta à calma para completar os 13 km.

Diretrizes de treino

Para deixar os planos de treino o mais concisos possível, usamos abreviações para escrever o treino pretendido para o dia. No exemplo 1, o treino pede 5 × 1.000 m no *pace* de corrida de 3–5 km. Isso significa que o atleta vai correr cinco estímulos de 1.000 m e que o *pace*-alvo para esses estímulos é o *pace* que ele costuma praticar para corridas de 3 km a 5 km. Se o atleta correu recentemente 5 km em 18:00, por exemplo, ele realizaria cada estímulo em 3:36 (18:00 dividido por 5) ou um pouco mais rápido.

Os detalhes para o treino estão listados na ordem em que deveriam ser feitos. No exemplo 2, o atleta deveria completar a corrida aeróbia básica antes de seguir para os tiros. De forma similar, se o treino lista estímulos de várias distâncias (como 2 × 1.200 m, 2 × 1.000 m e 2 × 800 m), eles devem ser executados na ordem em que são exibidos.

Diretrizes para recuperação

Treinos de $\dot{V}O_2$máx, de LL e de velocidade são divididos em estímulos intercalados com períodos de repouso. Esses períodos permitem que o atleta lide com um volume maior de trabalho do que deveria ser possível. No exemplo 1, o período de descanso depois de cada tiro de 1.000 m é "recup.: trote com duração de 50%–90% do tempo do estímulo". Isso significa que, se o estímulo demorou 3:36 para ser corrido, o atleta realizará um trote suave por 1:45 a 3:15 entre os esforços.

Alguns treinos de $\dot{V}O_2$máx e de velocidade são divididos em séries. Depois de completar uma série, o atleta faz uma recuperação mais longa antes de começar a próxima para aumentar a quantidade de treino com que pode lidar. No exemplo 2, depois de completar os primeiros seis tiros de 100 m (o que já inclui um trote curto de recuperação na volta), o atleta realizará um trote por 3 minutos antes de começar a próxima série de seis tiros de 100 m.

Ajustando o plano de treino

No século XVIII, o poeta Robert Burns escreveu que "Os melhores planos de ratos e de homens por vezes fracassam". Alguns ditados podem se provar verdadeiros para um corredor. Mesmo com toda a preparação meticulosa e com todos os sacrifícios (dormir cedo no sábado à noite ou uma corrida média às 5 h da manhã antes de levar as crianças à escola), a vida dá um jeito de colocar barreiras que são quase inevitáveis. As mais comuns envolvem clima, doenças, lesões e obrigações não relacionadas à corrida.

Felizmente, em geral, os planos de treino podem ser ajustados prontamente com pouco ou nenhum impacto na preparação para a corrida (contudo, isso pode exigir um pouco de criatividade). Vamos observar algumas estratégias para ajustar o treinamento no decorrer dele, em razão das circunstâncias desafiadoras.

Quando dobrar

Nos planos de treino, na maior parte do tempo, defendemos que se faça uma corrida por dia. Como alguns outros livros propõem treinos dobrados, o atleta pode se perguntar por que limitamos essa prática apenas para os grupos com a mais alta quilometragem (e, mesmo assim, de forma esparsa).

Em geral, fazer uma corrida longa por dia oferece mais benefícios fisiológicos do que quebrar o dia de treino em duas corridas curtas. Isso também permite uma recuperação mais completa entre cada sessão (de 22 a 23 horas). Correr duas vezes ao dia também aumenta a quantidade de tempo gasto fazendo atividades auxiliares, como trocar de roupa e tomar banho.

Não vamos dizer que dobrar nunca é válido. Corridas mais curtas cobram um preço menor do corpo e podem, portanto, ser úteis para corredores de alta quilometragem em dias de recuperação. Em vez de fazer uma corrida de recuperação de 13 km, é mais suave para as pernas fazer duas de 6,5 km. Isso dilui o estresse do treino no corpo e permite uma recuperação mais completa de uma sessão anterior mais intensa. Alguns corredores também gostam de fazer uma corrida para despertar pela manhã para soltar os músculos antes de um treino intenso ou de uma corrida. Quanto mais curta for corrida para qual o atleta está se preparando, menor será a quilometragem na qual treinos dobrados são incluídos nos planos. Isso ocorre porque o treino para distâncias curtas exige uma qualidade maior nos treinos de $\dot{V}O_2$máx e de velocidade e duas corridas mais curtas manterão as pernas com uma sensação de estarem renovadas para esses esforços. Os planos de treino de 5 km incluem corridas dobradas quando o volume de treino chega a 88 km por semana, ao passo que os de meia maratona mantêm uma corrida por dia até que a quilometragem chegue a 113 km por semana. Quando corridas dobradas forem incluídas nos planos, permita, pelo menos, 8 horas de descanso entre uma e outra.

Ajustando-se ao clima

Como regra, os corredores são uma espécie vigorosa. Entretanto, até mesmo o corredor mais forte pode ser rapidamente derrubado por uma nevasca vinda do noroeste ao longo da noite sobre as estradas ou por uma onda de calor escaldante que torna o exercício em campo aberto perigoso.

Em geral, o senso comum é o melhor fator determinante se o atleta deve ou não correr conforme o planejado, se deve postergar em um dia na esperança de uma mudança no clima ou se é melhor transferir o treino para uma área coberta em uma esteira ou em um equipamento de treino funcional. Corridas aeróbias básicas ou de recuperação, por exemplo, podem, com frequência, ser executadas em condições que não são ideais, ao passo que sessões de $\dot{V}O_2$máx e de velocidade demandam uma pista com mais aderência e temperaturas toleráveis.

Apesar de o clima ter a possibilidade de flutuar muito de um dia para o outro, é sábio planejar os ciclos de treino pensando nos padrões climáticos locais. Isso pode significar acordar mais cedo para correr no verão, a fim de evitar o calor, ou correr à tarde durante o inverno, para aproveitar um pouco de sol. Se o atleta vive em um ambiente particularmente hostil, deve elaborar o plano de corrida e os blocos de treino baseando-se nas previsões do tempo.

Adaptando-se a doenças ou lesões

Doenças ou lesões impõem as duas maiores barreiras para os corredores. Recomenda-se minimizar a perda dos dias de treino é imprescindível para atingir as metas de corrida; forçar o corpo para entrar em ação quando não se está pronto só prolongará a recuperação. Por essa razão, defendemos pecar pelo excesso de cautela quando se trata de lidar com doenças ou lesões.

Se é dado ao corpo a chance de se recuperar, a maior parte das doenças menores podem ser superadas em alguns dias. Muitas vezes, porém, corredores continuam forçando mesmo com uma gripe forte ou com uma dor de garganta. O que poderia ser uma recuperação de dois dias se transforma em uma semana de corridas fracas, seguida por outra semana de cama quando a doença fica severa demais para ser ignorada. O conselho de que é possível correr desde que a doença esteja acima do peito (por exemplo, um nariz escorrendo), mas não abaixo (pulmões congestionados) é uma boa regra, mas o atleta sempre deve prestar atenção às mensagens que o corpo envia e nunca deve hesitar em consultar um médico.

Correr com uma lesão traz mais riscos ainda. Corredores lesionados não apenas se arriscam a agravar mais o local da lesão, como também podem fazer uma compensação da lesão ao alterar suas biomecânicas para acomodar o osso, o músculo ou o tendão lesionado. Por sorte, com a maioria das lesões, os corredores podem manter o condicionamento físico com o treino funcional em uma piscina, com a uma bicicleta ou por meio de outro tipo de exercício que não coloque peso no local lesionado.

Se o atleta acaba perdendo muito treino por causa de uma lesão ou de uma doença, precisará decidir se deve revisar a meta de treino ou mudar a corrida-meta. O Quadro 7.1 apresenta diretrizes sobre como revisar as metas dadas as circunstâncias, incluindo se é capaz ou não de fazer treino funcional. Uma coisa que o atleta deve manter em mente é a quantidade de tempo que falta até a corrida-alvo. Se o corredor distende o isquiotibial três meses antes da corrida-alvo, terá muito tempo para se curar e retomar o treino. Entretanto, se distende o isquiotibial duas semanas antes da grande corrida, não terá tempo o suficiente para se recuperar. Em geral, se o corredor não for capaz de voltar ao treino completo por mais de quatro semanas antes de uma corrida-alvo, ele deve considerar seriamente optar por uma nova prova.

Quadro 7.1 – Ajustando o treino após uma doença ou lesão

Semanas de treino perdidas	Treino funcional: sim	Treino funcional: não
0–1	Retomar o plano de treino	Retomar o plano de treino
1–2	Retomar o plano de treino	Revisar a corrida-alvo Recomeçar com uma semana de treino de base e, depois, retomar o plano de treino
2–3	Retomar o plano de treino Ajustar os *paces* de treino por 1–2 semanas	Revisar a corrida-alvo Recomeçar com 2 semanas de treino de base e, depois, retomar o plano de treino e ajustar os *paces*
> 3	Revisar a corrida-alvo. Recomeçar com o treino de base e, depois, retomar o plano de treino e ajustar os *paces*	Encontrar uma nova corrida-alvo

Ajustando-se a compromissos não relacionados à corrida

O leitor deste livro provavelmente decidiu fazer da corrida uma prioridade na vida. Isso é algo a se aplaudir, mas, algumas vezes, obrigações familiares ou do trabalho simplesmente sobrecarregam o dia, tornando impossível começar um dia de treino.

Quando possível, deve-se ajustar os planos de treino para que as sessões mais importantes da semana sejam feitas de forma a permitir um tempo adequado para a recuperação. Por exemplo, se há um treino de $\dot{V}O_2$máx programado para quarta-feira, mas o filho do atleta fica doente, ele muda o treino para a quinta-feira em vez de simplesmente pular o treino. Ao fazer esses tipos de remanejamentos, o atleta não deve tentar compensar o tempo perdido juntando muitos treinos intensos em sequência. Siga os princípios dos Capítulos 1 e 2 para ajustar os planos de treino às novas restrições.

Ajustando os planos de treino para corredores da categoria *master*

Apesar de ser perigoso fazer indicações genéricas para corredores da categoria *master* por causa dos vários históricos de treino, no geral, corredores mais velhos precisam de mais tempo de recuperação após treinos e corridas. O Capítulo 5 apresenta parâmetros para ajustar os planos de treino e para aumentar a recuperação.

Corredores mais velhos deveriam tentar evitar reduzir a intensidade do treino nos dias mais intensos ou diminuir muito a quilometragem em favor da recuperação. Manter um treino intenso de $\dot{V}O_2$máx e manter a volume de treino em um nível razoavelmente alto são fatores importantes para reduzir o declínio da *performance* dos corredores mais velhos. Acrescentar treino com pesos e em ladeiras são dois outros métodos que se mostraram úteis para ajudar os corredores mais velhos a manterem a velocidade de corrida. Para mais informações sobre como adaptar o treino para corredores da categoria *master*, veja o Capítulo 5.

Treino de base

No Capítulo 1, observamos a fundo a fisiologia da corrida em distância e os tipos de treinos que são mais eficazes para melhorar a *performance* de corrida. Vimos que a base do sucesso da corrida em distância é o treino aeróbio. O sistema aeróbio provém 95% da energia usada em uma corrida de 5 km e mais de 99% da energia usada em uma meia maratona, assim, desenvolver esse sistema é a maior prioridade. Desenvolver uma base aeróbia também permite que o atleta agregue todos os benefícios dos outros tipos de treinos, como os de $\dot{V}O_2$máx.

A forma mais eficiente de melhorar o condicionamento físico aeróbio é focalizar o treino de base aeróbio, dedicando um bloco de tempo para acumular quilômetros de treino enquanto se reduz a intensidade do treino. Para muitos corredores, de janeiro a março é a época perfeita para focar o treino de base antes da temporada de corridas de primavera.[21] Corredores de elite aproveitam essa época para reconstruir suas bases aeróbias no começo de cada ano, sabendo que os quilômetros depositados no banco pagarão dividendos nas corridas principais mais à frente no ano. Um segundo bloco de treino aeróbio, durante os meses de julho a agosto, pode elevar ao máximo a base aeróbia para a temporada de corridas de outono.

---

[21] N. do T.: o leitor precisa levar em conta que os períodos do ano aqui mencionados atendem a práticas comuns para corredores do Hemisfério Norte.

Neste capítulo, revisamos os benefícios de desenvolver uma grande base aeróbia e discutimos como melhorar a base aeróbia com segurança e eficiência. Há três planos de treino de base incluídos que funcionam como guia para aumentar a quilometragem.

Como discutido no Capítulo 1, o treino aeróbio leva para uma ampla variedade de adaptações positivas que melhoram o sistema cardiovascular e a habilidade dos músculos de produzir energia de forma aeróbia. Essas adaptações positivas continuam a aumentar com o passar do tempo e com o acúmulo de quilometragem. Desenvolver a base aeróbia leva ao aumento da densidade capilar, ao aumento do número e do tamanho das mitocôndrias, ao aumento da atividade enzimática aeróbia, ao aumento da habilidade de usar gordura e à ampliação do estoque de glicogênio. Essas adaptações nos músculos levam a uma melhora na *performance* de corrida quando o atleta vai para a rua. Desenvolver a base aeróbia também aumenta a confiança. O atleta força de modo gradual os horizontes para a fadiga psicológica, o que oferece benefícios reais durante as corridas.

Apesar de a *performance* de corrida melhorar conforme o corredor constrói sua base aeróbia, é preciso tomar cuidado para prevenir lesões com esse aumento de quilometragem. Todos os corredores têm seus próprios limites atuais de quilometragem, os quais são ditados pela biomecânica, pelos treinos anteriores, pelo histórico de lesões, pelos calçados de corrida, pela superfície de corrida, pela alimentação e por vários fatores estressantes da vida. Por sorte, o limite individual de quilometragem pode aumentar com o passar do tempo, conforme ossos, músculos, tendões e ligamentos se adaptam, de forma gradual, às cargas maiores de treino quando o atleta aprende a tirar o melhor do conjunto formado por superfície de treino, calçados de corrida, exercícios de força, alimentação e questões de estilo de vida.

Quanto o atleta deveria aumentar a quilometragem e com qual velocidade?

As diretrizes a seguir ajudarão a aumentar a quilometragem ao mesmo tempo que minimizam o risco de lesão:

- **Aumentar de forma gradual**. É quase certo que aumentar muito a quilometragem de uma única vez leve às lesões e à rigidez. Apesar de haver pouca evidência científica indicando o quanto é possível aumentar de modo seguro de uma vez só, uma regra comum é não aumentar a quilometragem mais do que 10% em uma semana. O fisiologista e treinador Jack Daniels recomenda não aumentar a quilometragem mais do que 1,6 km para cada sessão de treino corrida por semana. Por exemplo, se o atleta corre cinco vezes por semana, deveria aumentar a quilometragem, no máximo, até 8 km por semana.
- **Aumentar em patamares**. Para reduzir as chances de lesões, não se deve aumentar a quilometragem mais do que duas ou três semanas seguidas; depois, o atleta fica nesse novo nível por, pelo menos, mais uma semana antes de aumentar novamente.
- **Evitar corridas de alta intensidade**. O atleta deve evitar treinos de $\dot{V}O_2$máx ou outros treinos de alta intensidade quando aumenta a quilometragem. Treinos de alta intensidade causam mais estresse ao corpo e demandam mais dias de recuperação do que o atleta tem disponibilidade durante o treino de base.
- **Minimizar o impacto**. Quando o atleta está aumentando sua quilometragem, deve aumentar a quantidade de treino feito em superfícies macias, como trilhas ou grama, para reduzir o impacto acumulado no corpo. Deve garantir, também, que os tênis de corrida estejam de acordo com as necessidades e em boas condições.
- **Incluir treino funcional aeróbio**. Se o atleta quiser aumentar a quilometragem para melhorar a base aeróbia, mas tem lesões frequentes, deve acrescentar o treino funcional ao programa como uma alternativa. Corridas suplementares com treino funcional aeróbio são discutidas em detalhes no Capítulo 3.

Chris Derrick

Recordes pessoais: 5.000 m em 13:08; 10.000 m em 27:31

Recordista júnior dos EUA nos 5.000 m; recordista universitário dos EUA nos 10.000 m; indicado 14 vezes para o All-American da NCAA

Não há atalhos na corrida em distância. Basta perguntar para Chris Derrick. Anunciado como o próximo grande corredor americano depois de uma carreira estelar no colegial em Illinois, Derrick ganhou 14 certificados de All-American quando correu na Universidade de Stanford. Durante seu tempo em Palo Alto, Califórnia, ele bateu o recorde júnior americano do Galen Rupp ao correr em 13:29.98 os 5.000 m e, mais tarde, estabeleceu o recorde universitário americano de 10.000 m (27:31.38) na frente da multidão local.

Essas conquistas são excelentes, mas as honras que Derrick mais ambicionava (um título da NCAA e um lugar no time olímpico de 2012) não se materializaram. Derrick ficou em segundo em duas ocasiões nos campeonatos da NCAA e não entrou para o time olímpico dos 10.000 por ficar apenas uma agonizante posição para trás.

Reflexivo e destemido, Derrick se reagrupou com rapidez dessas quase vitórias e voltou sua atenção para reconstruir sua base aeróbia. "Acredito muito nos benefícios de uma trabalho aeróbio consistente alternando entre treinos de ritmo e de quilometragem comum", diz o atleta. "O quanto mais disso que você puder reunir, mais forte será sua casa aeróbia, por assim dizer." Por assumir uma abordagem em longo prazo no seu treinamento, Derrick também acredita que é mais capaz de manter sua saúde. "A lesão é a morte da consistência, e a consistência é a energia vital da capacidade aeróbia", ele fala. "Sou uma pessoa razoavelmente bem-equilibrada e voltada para o processo, e acho que isso se traduz em um regime de treino bem consistente."

Esse crescimento contínuo da base de força aeróbia foi demonstrado logo depois de Derrick se graduar em 2012 e se juntar ao Clube de Corrida de Oregon, coordenado pelo treinador Jerry Schumacher. Saindo de uma longa temporada de outono e inverno de trabalho aeróbio, Derrick finalmente venceu uma USA Track & Field na categoria *cross-country* (12 km), depois, ficou em décimo lugar no

Continua

Continuação

Campeonato Mundial de Cross Country de 2013, ajudando os Estados Unidos a ganhar uma surpreendente medalha de prata coletiva. Três meses depois ele ganhou para os Estados Unidos outro prêmio coletivo ao compor o time na corrida de 10.000 m do Campeonato Mundial.

"Talvez eu seja tendencioso, porque sou um cara que põe foco na força e é nisso que sou melhor, mas acho que importância do período de base é uma dificuldade a ser superada", Derrick diz, refletindo sobre a crescente na sua carreira juvenil. "Mesmo que você possa alcançar um nível rapidamente fazendo um trabalho intenso específico de corrida, o trabalho aeróbio pode continuar agregando."

Derrick se manterá fiel às suas raízes aeróbias ao buscar atingir todo o seu potencial junto com colegas de time, como Chris Solinsky e Shalane Flanagan. O treino aeróbio consistente pode não parecer tão estimulante quanto uma sessão intensa na pista, mas Derrick está convencido de que os benefícios acumulados fazem a corrida esportiva valer a pena.

"Há apenas uma certeza que você tem quando faz a transição ao final de uma fase boa de treino de base, que é uma das minhas partes favoritas da corrida", Derrick diz. "É o sentimento de que talvez a mecânica ainda não esteja no ponto, que talvez você tenha chegado ao limite um pouco antes do que gostaria, mas que faz você sentir que pode ficar ali para sempre. Dias como esses são o motivo de eu gostar de correr."

Entendendo os planos de treino de base

Os planos de treino de base neste capítulo garantirão que o atleta esteja pronto para os planos de preparação às corridas que virão a seguir. Se a quilometragem atual de treino está abaixo do ponto de partida dos planos de preparação para a corrida, esses planos de treino de base garantirão que o atleta supere essa diferença ao aumentar de forma segura a quilometragem para que ele possa lidar confortavelmente com os planos dos Capítulos 9 a 13.

Os planos de treino de base focalizam aumentar a quilometragem de treino de modo moderado e progressivo. A quilometragem semanal segue um padrão de aumento por duas semanas, seguidas por uma semana no mesmo nível antes de aumentar novamente. A maior parte das corridas durante o treino de base deveria ser composta de corridas aeróbias básicas. Como discutido no Capítulo 1, corridas aeróbias básicas têm esforço moderado e melhoram o condicionamento físico geral. Para corredores que usam um monitor cardíaco, essas corridas ficariam por volta de 70% a 81% da frequência cardíaca máxima ou 62% a 75% da frequência cardíaca de reserva. Cada plano inclui corridas dominicais longas para fortalecer a resistência. Treinos de limiar de lactato (LL) foram incluídos nas semanas 5, 7 e 9 para preparar o corpo para os treinos inseridos nos planos específicos para corrida. Uma série de tiros de 100 m foi incluída com uma corrida durante as semanas 4, 6, 8 e 10 para garantir que o atleta não perca a velocidade nas pernas enquanto focaliza a quilometragem.

Os planos são de 10 semanas cada, que é tempo o suficiente para aumentar a quilometragem de modo significativo. Em vez de começar com a primeira semana do plano, o corredor pode pular direto para onde está a quilometragem atual dele. Por exemplo, se o atleta está correndo 32 km por semana, poderia começar na semana 6 do plano para chegar a 48 km por semana e completar o resto do plano. Se o corredor tem tendência a ficar entediado quando faz o treino de base aeróbio, deve ter em mente que está forçando bastante a capacidade de resistência, o que o recompensará com a melhora das *performances* nas corridas mais à frente no ano.

Seguindo os planos de treino de base

Os planos especificam o treino para cada dia. Se houver alguma dúvida sobre como fazer uma sessão de treino, deve-se reler o Capítulo 7, que traz detalhes sobre como correr cada tipo de treino. Sabemos que o atleta não será sempre capaz de seguir os planos com exatidão por causa do trabalho, da escola, da família, de outros compromissos ou por caprichos da Mãe Natureza. É preciso flexibilidade para ajustar os planos de treino para se encaixarem no plano de vida, então, deve-se considerar os planos como um guia. Se o atleta se atrasar no plano de treino recomendado, não deve tentar compensar o tempo perdido; ele simplesmente recomeçará de onde parou e seguirá dali.

Cada linha nos planos de treino de base representa uma semana de treino. Por exemplo, a quinta semana do plano, em que se busca chegar aos 72 km por semana, consiste em cinco corridas, que totalizam 58 km. As corridas estão programadas para terça-feira, quarta-feira, quinta-feira, sábado e domingo. A corrida mais longa é de 18 km, no sábado, o que ajudará a melhorar a resistência. Um treino de LL está programado para quinta-feira, o qual inclui um aquecimento de

3 a 5 km, seguido de 18 minutos no *pace* de LL e, depois, volta à calma para totalizar 11 km de treino. As corridas restantes são de esforço moderado, corridas aeróbias básicas.

O primeiro plano de treino de base inclui quatro corridas por semana. Começa com 26 km por semana e aumenta o volume de treino até 48 km por semana. Isso é um aumento grande em um espaço de tempo relativamente curto e pode ser muito rápido para alguns corredores. Se o corredor for novato e não correu essa quantidade que quilômetros antes, pode precisar seguir uma progressão mais lenta.

O segundo plano de treino de base inclui cinco corridas por semana. Começa com 43 km por semana e aumenta para 72 km na décima semana. Apesar de o aumento de 5 km ser fácil de lidar em qualquer semana, os aumentos acumulados podem ser demais para alguns corredores. Nesse caso, basta reduzir a progressão, dando mais tempo antes de aumentar o volume de treino ou reduzir a quantidade de aumento na quilometragem durante o período de 10 semanas.

O terceiro plano de treino de base é para corredores mais experientes. O número de corridas por semana começa em cinco e aumenta para seis, e a quilometragem aumenta de 61 para 96 km por semana. Esse aumento em um período relativamente curto de tempo está no limite do que qualquer corredor deveria tentar. Se o atleta já elevou antes o volume de treinamento para 96 km por semana sem se lesionar, ele deveria ser capaz de lidar com essa taxa de aumento. No entanto, se está aumentando para 96 km por semana pela primeira vez, deve-se considerar escalonar a quilometragem de forma mais lenta.

Treino de base: preparando-se para 48 km por semana

Preparando-se para 48 km por semana — Plano de 10 semanas

	Segunda-feira	Terça-feira	Quarta-feira	Quinta-feira
Semana 1	Descanso ou treino funcional	Corrida aeróbia básica 6 km	Descanso ou treino funcional	Corrida aeróbia básica 5 km
Semana 2	Descanso ou treino funcional	Corrida aeróbia básica 6 km	Descanso ou treino funcional	Corrida aeróbia básica 6 km
Semana 3	Descanso ou treino funcional	Corrida aeróbia básica 6 km	Descanso ou treino funcional	Corrida aeróbia básica 6 km
Semana 4	Descanso ou treino funcional	Corrida aeróbia básica 6 km	Descanso ou treino funcional	Corrida aeróbia básica + velocidade 8 km Tiros: 6 × 100 m
Semana 5	Descanso ou treino funcional	Corrida aeróbia básica 8 km	Descanso ou treino funcional	Limiar de lactato 10 km 16 min de treino de ritmo
Semana 6	Descanso ou treino funcional	Corrida aeróbia básica 8 km	Descanso ou treino funcional	Corrida aeróbia básica + velocidade 10 km Tiros: 6 × 100 m
Semana 7	Descanso ou treino funcional	Corrida aeróbia básica 10 km	Descanso ou treino funcional	Limiar de lactato 10 km 18 min de treino de ritmo
Semana 8	Descanso ou treino funcional	Corrida aeróbia básica 10 km	Descanso ou treino funcional	Corrida aeróbia básica + velocidade 11 km Tiros: 6 × 100 m
Semana 9	Descanso ou treino funcional	Corrida aeróbia básica 10 km	Descanso ou treino funcional	Limiar de lactato 11 km 20 min de treino de ritmo
Semana 10	Descanso ou treino funcional	Corrida aeróbia básica 11 km	Descanso ou treino funcional	Corrida aeróbia básica + velocidade 13 km Tiros: 8 × 100 m

Preparando-se para 48 km por semana — Plano de 10 semanas

Sexta-feira	Sábado	Domingo	Volume semanal
Corrida aeróbia básica 5 km	Descanso ou treino funcional	Resistência 10 km	26 km
Corrida aeróbia básica 5 km	Descanso ou treino funcional	Resistência 11 km	28 km
Corrida aeróbia básica 5 km	Descanso ou treino funcional	Resistência 11 km	28 km
Corrida aeróbia básica 6 km	Descanso ou treino funcional	Resistência 11 km	31 km
Corrida aeróbia básica 6 km	Descanso ou treino funcional	Resistência 13 km	37 km
Corrida aeróbia básica 6 km	Descanso ou treino funcional	Resistência 13 km	37 km
Corrida aeróbia básica 8 km	Descanso ou treino funcional	Resistência 13 km	41 km
Corrida aeróbia básica 10 km	Descanso ou treino funcional	Resistência 14 km	45 km
Corrida aeróbia básica 10 km	Descanso ou treino funcional	Resistência 14 km	45 km
Corrida aeróbia básica 10 km	Descanso ou treino funcional	Resistência 14 km	48 km

Treino de base: preparando-se para 72 km por semana

	Segunda-feira	Terça-feira	Quarta-feira	Quinta-feira
Semana 1	Descanso ou treino funcional	Corrida aeróbia básica 10 km	Corrida aeróbia básica 5 km	Corrida aeróbia básica 6 km
Semana 2	Descanso ou treino funcional	Corrida aeróbia básica 10 km	Corrida aeróbia básica 5 km	Corrida aeróbia básica 8 km
Semana 3	Descanso ou treino funcional	Corrida aeróbia básica 10 km	Corrida aeróbia básica 5 km	Corrida aeróbia básica 8 km
Semana 4	Descanso ou treino funcional	Corrida aeróbia básica 11 km	Corrida aeróbia básica 5 km	Corrida aeróbia básica + velocidade 10 km Tiros: 8 × 100 m
Semana 5	Descanso ou treino funcional	Corrida aeróbia básica 11 km	Corrida aeróbia básica 5 km	Limiar de lactato 11 km 18 min de treino de ritmo
Semana 6	Descanso ou treino funcional	Corrida aeróbia básica 11 km	Corrida aeróbia básica 5 km	Corrida aeróbia básica + velocidade 11 km Tiros: 8 × 100 m
Semana 7	Descanso ou treino funcional	Corrida aeróbia básica 13 km	Corrida aeróbia básica 6 km	Limiar de lactato 13 km 20 min de treino de ritmo
Semana 8	Descanso ou treino funcional	Corrida aeróbia básica 14 km	Corrida aeróbia básica 6 km	Corrida aeróbia básica + velocidade 13 km Tiros: 8 × 100 m
Semana 9	Descanso ou treino funcional	Corrida aeróbia básica 14 km	Corrida aeróbia básica 6 km	Limiar de lactato 13 km 22 min de treino de ritmo
Semana 10	Descanso ou treino funcional	Corrida aeróbia básica 16 km	Corrida aeróbia básica 8 km	Corrida aeróbia básica + velocidade 13 km Tiros: 8 × 100 m

Treino de base /// 215

Sexta-feira	Sábado	Domingo	Volume semanal
Descanso ou treino funcional	Corrida aeróbia básica 8 km	Resistência 14 km	43 km
Descanso ou treino funcional	Corrida aeróbia básica 10 km	Resistência 16 km	49 km
Descanso ou treino funcional	Corrida aeróbia básica 10 km	Resistência 16 km	49 km
Descanso ou treino funcional	Corrida aeróbia básica 11 km	Resistência 16 km	53 km
Descanso ou treino funcional	Corrida aeróbia básica 13 km	Resistência 18 km	58 km
Descanso ou treino funcional	Corrida aeróbia básica 13 km	Resistência 18 km	58 km
Descanso ou treino funcional	Corrida aeróbia básica 13 km	Resistência 18 km	63 km
Descanso ou treino funcional	Corrida aeróbia básica 14 km	Resistência 19 km	66 km
Descanso ou treino funcional	Corrida aeróbia básica 14 km	Resistência 19 km	66 km
Descanso ou treino funcional	Corrida aeróbia básica 16 km	Resistência 19 km	72 km

Preparando-se para 72 km por semana
Plano de 10 semanas

Treino de base: preparando-se para 97 km por semana

	Segunda-feira	Terça-feira	Quarta-feira	Quinta-feira
Semana 1	Descanso ou treino funcional	Corrida aeróbia básica 13 km	Corrida aeróbia básica 6 km	Resistência 14 km
Semana 2	Descanso ou treino funcional	Corrida aeróbia básica 13 km	Corrida aeróbia básica 6 km	Resistência 16 km
Semana 3	Descanso ou treino funcional	Corrida aeróbia básica 13 km	Corrida aeróbia básica 6 km	Resistência 16 km
Semana 4	Descanso ou treino funcional	Corrida aeróbia básica 13 km	Corrida aeróbia básica 6 km	Resistência 16 km
Semana 5	Descanso ou treino funcional	Corrida aeróbia básica 14 km	Corrida aeróbia básica 8 km	Resistência 18 km
Semana 6	Descanso ou treino funcional	Corrida aeróbia básica 14 km	Corrida aeróbia básica 8 km	Resistência 18 km
Semana 7	Descanso ou treino funcional	Corrida aeróbia básica 16 km	Corrida aeróbia básica 8 km	Resistência 19 km
Semana 8	Descanso ou treino funcional	Corrida aeróbia básica 16 km	Corrida aeróbia básica 10 km	Resistência 19 km
Semana 9	Descanso ou treino funcional	Corrida aeróbia básica 16 km	Corrida aeróbia básica 10 km	Resistência 19 km
Semana 10	Descanso ou treino funcional	Corrida aeróbia básica 18 km	Corrida aeróbia básica 11 km	Resistência 19 km

Sexta-feira	Sábado	Domingo	Volume semanal
Descanso ou treino funcional	Corrida aeróbia básica 10 km	Resistência 18 km	61 km
Descanso ou treino funcional	Corrida aeróbia básica 11 km	Resistência 19 km	65 km
Descanso ou treino funcional	Corrida aeróbia básica 11 km	Resistência 19 km	65 km
Recuperação 6 km	Corrida aeróbia básica + velocidade 11 km Tiros: 8 × 100 m	Resistência 21 km	73 km
Recuperação 6 km	Limiar de lactato 11 km 20 min de treino de ritmo	Resistência 21 km	78 km
Recuperação 6 km	Corrida aeróbia básica + velocidade 11 km Tiros: 8 × 100 m	Resistência 21 km	78 km
Recuperação 6 km	Limiar de lactato 13 km 22 min de treino de ritmo	Resistência 23 km	85 km
Recuperação 8 km	Corrida aeróbia básica + velocidade 14 km Tiros: 10 × 100 m	Resistência 23 km	89 km
Recuperação 8 km	Limiar de lactato 14 km 24 min de treino de ritmo	Resistência 23 km	89 km
Recuperação 10 km	Corrida aeróbia básica + velocidade 16 km Tiros: 10 × 100 m	Resistência 23 km	97 km

Preparando-se para 97 km por semana — Plano de 10 semanas

Treino para corridas de 5 km

Os treinos neste capítulo prepararão o atleta para correr provas de 5 km na sua melhor forma. Os corredores mais bem treinados podem correr essa distância em uma intensidade por volta de 95% do *pace* de $\dot{V}O_2$máx. O foco principal dos planos de treino é a preparação para a corrida, incluindo treinos de $\dot{V}O_2$máx e duas corridas preparatórias. As prioridades secundárias incluem o aumento de corridas longas e da quilometragem geral e a melhora do limiar de lactato (LL) e da velocidade.

Três planos de treino de 12 semanas são oferecidos para corredores de quilometragem baixa, média e alta. Doze semanas é tempo o suficiente para estimular as adaptações positivas do treino que melhorarão a *performance* de 5 km, mas não é um tempo longo a ponto de o atleta perder o foco na meta. Se o corredor não for capaz de dedicar 12 semanas inteiras para se preparar à corrida-alvo, ele ainda pode ficar em forma entrando no programa faltando, no mínimo, 8 semanas para essa corrida. Cada plano inclui, também, uma semana de recuperação depois da corrida-alvo, cujo foco se encontra em uma recuperação rápida e em ajudar o atleta a se voltar para o próximo desafio.

Entendendo os planos de treino

Embora os planos de treino listem o que o atleta deveria fazer em cada dia, há momentos em que outros compromissos da vida ou a Mãe Natureza atrapalham, e não é possível fazer o treino recomendado para o dia. Quando for preciso fazer um malabarismo com os dias do plano, o atleta não deve tentar compensar o tempo perdido juntando vários dias intensos na sequência. Deve-se apenas tentar encaixar o treino de maior prioridade para a semana. Ao seguir os princípios dos Capítulos 1 e 2, o corredor será capaz de ajustar os planos de treino para atenderem às mudanças necessárias.

Tentamos oferecer informações o suficiente nos planos para que o corredor saiba como fazer cada treino, incluindo a intensidade da corrida, quanto deve fazer de aquecimento e a quantidade de recuperação entre os esforços intensos. Se o atleta encontrar dificuldade para compreender um treino em um dos planos, deve retornar para o Capítulo 7, que explica como fazer cada treino: resistência, LL, $\dot{V}O_2$máx, velocidade, *pace* de corrida, corrida aeróbia básica, recuperação e corridas preparatórias. O Capítulo 1 também explica a fisiologia de cada tipo de treino.

Seguindo os planos de treino

Cada linha no plano de treino apresenta uma semana de treino. Observando a linha, o atleta pode notar rapidamente um padrão de trabalho intenso e a recuperação durante a semana. A coluna à esquerda mostra o número de semanas até a corrida-alvo. Descendo pelas colunas, fica claro o quanto os vários tipos de treinos progridem conforme o atleta se aproxima da corrida-alvo. À medida que o treinamento e o condicionamento físico progridem ao longo das 12 semanas, o atleta deveria ajustar os *pace*s de acordo.

Para cada dia, incluímos uma categoria de treino (como $\dot{V}O_2$máx) e o treinamento específico. Por exemplo, no plano de 48 a 67 km por semana, o que está programado para a sexta-feira da primeira semana (11 semanas até a corrida-alvo) é uma corrida de LL. A corrida totaliza 11 km, e, durante a corrida, o atleta realiza 4 tiros de 6 minutos entre o *pace* de LL e 6 segundos por quilômetro mais rápido do que o *pace* de LL, e um trote de 2 minutos entre os esforços. Se qualquer aspecto dos planos ou dos treinos não estiver claro, pedimos, por favor, que sejam lidas as explicações detalhadas no Capítulo 7.

Se a corrida-alvo incluir ladeiras significativas ou passar por um terreno irregular, o atleta deverá incluir ladeiras no treinamento, a fim de estar preparado para os desafios específicos que encontrará no dia da corrida. Para as corridas de resistência e as corridas aeróbias básicas, deve-se tentar projetar algumas das corridas de treino, de modo a imitar o perfil de ladeira do percurso da corrida. Também é possível ajustar uma parte das sessões de LL correndo os treinos de subidas no LL descritos nos Capítulos 1 e 7. Para se preparar para corridas em ladeiras, o atleta substitui as sessões de LL programadas para 11 e 9 semanas antes da corrida-alvo por subidas no LL. De forma similar, substitui os treinos de $\dot{V}O_2$máx programados para 5 e 3 semanas antes da corrida-alvo por 5 a 7 tiros de 3 minutos em subida. Esses ajustes prepararão o atleta para correr com força nas ladeiras.

Cada plano de treino inclui corridas preparatórias de 5 km a serem realizadas a quatro e a duas semanas antes da corrida-alvo. Corridas preparatórias são corridas menos importantes que ajudam a preparar o corredor para a corrida-alvo e são explicadas em mais detalhes no Capítulo 7. Duas semanas antes da corrida-alvo, o atleta verá a opção de correr uma prova ou de 5 km ou de 3 km. É útil que uma das corridas preparatórias seja com uma distância menor do que a corrida-alvo, então, correr uma prova de 3 km (ou uma corrida de pista, se houver) pode aumentar a preparação. Se o corredor fizer corridas preparatórias em outros momentos durante a progressão, ele deve fazer o devido ajuste nos planos de treino. Mesmo que essas corridas sejam secundárias em relação à meta no final da temporada, o atleta ainda deve planejar vários dias de corridas aeróbias básicas ou de corridas de recuperação antes, a fim de garantir que não chegará na corrida muito fatigado.

Supusemos nos planos que a corrida-alvo de 5 km será em um sábado. Se a corrida for em um domingo, apenas se acrescenta uma corrida aeróbia básica na quarta-feira da semana da corrida, e as corridas restantes mudam para um dia à frente. Esse ajuste simples corrige o plano para a corrida no domingo.

Estratégias de corrida

Corridas de 5 km são feitas a 95% do *pace* no $\dot{V}O_2$máx para a maioria dos corredores bem-treinados. Começar a corrida muito rápido, colocará o atleta no $\dot{V}O_2$máx ou acima dele, o que, com o tempo, provavelmente o forçará a reduzir de forma significativa na segunda metade da corrida. Para estabelecer um *pace*-alvo razoável, o atleta deve olhar para os tempos dele nas corridas e nos treinos anteriores, estimar o *pace* que pode manter de forma razoável durante os 5 km da corrida-alvo e tentar chegar no *pace* durante o primeiro quilômetro.

Então, o atleta corre o mais próximo possível desse *pace* durante a corrida. A tabela de *pace* no Apêndice A pode servir de guia para o corredor realizar todas as etapas da prova no *pace*-alvo. Se o atleta treinou com intensidade e fez um bom polimento, um *pace* constante pode dar a sensação de que ele está se segurando um pouco durante o primeiro quilômetro. Essa estratégia de *pace* o colocará em um bom caminho para a melhor *performance*, e o atleta se alegrará ao ultrapassar, ao final da corrida, os outros corredores que foram mais descuidados no primeiro quilômetro.

Depois da corrida

Depois de uma corrida intensa de 5 km, o atleta precisa de cerca de cinco dias a uma semana para se recuperar por completo. Após a corrida-alvo, cada plano inclui uma semana para a recuperação e a transição ao treino completo para a próxima corrida. Durante a semana de recuperação, a corrida é suave, de modo que permita que os músculos se recuperem e relaxem do esforço extremo de corrida. O único esforço é uma série de tiros no sábado, para soltar os membros inferiores e ajudá-los a se sentirem normais de novo.

Continuando a temporada

Depois da corrida-alvo, a questão é o que vem a seguir. Alguns corredores podem olhar adiante para um período de descanso ou para um retorno ao trabalho de base após uma grande corrida; outros estão ansiosos para voltar a correr nas ruas quase que de imediato. Após 12 semanas de treino diligente, o atleta está com um bom condicionamento físico e pode continuar correndo com sucesso uma grande variedade de corridas. Para muitos, essa é uma grande oportunidade para correr de novo na faixa dos 5 km até os 10 km e para mostrar o condicionamento físico em corridas mais longas também. Com um bom planejamento, o atleta pode correr repetidamente perto de seu melhor nível.

Meseret Defar

Records pessoais: 3.000 m em 8:23; 5.000 m em 14:12; 10.000 m em 29:59; meia maratona em 1:06:09

Duas medalhas de ouro olímpicas nos 5.000 m; recordista mundial dos 3.000 m (*indoor*), 2 milhas e 5.000 m; 22 medalhas em campeonatos internacionais; atleta do ano pela International Association of Athletics Federations, em 2007

Em 2013, quando Meseret Defar cruzou a linha de chegada em primeiro lugar no Campeonato Mundial dos 5.000 m, pode ter parecido só mais uma joia no cinturão de uma etíope talentosa, cujo sobrenome significa "ousada" em sua língua nativa, o amárico. Afinal, Defar tinha duas medalhas de ouro olímpicas nos 5.000 m e era a grande favorita na pista. Mas a atleta aprendeu que tais oportunidades para grandeza nunca deveriam ser subestimadas.

"Depois de muitos anos, eu consegui a medalha de ouro de novo", ela contou para a repórter Sabrina Yohannes. "Corri seis campeonatos mundiais e tenho duas medalhas de ouro. É uma grande conquista para mim."

Depois do ouro no Campeonato Mundial de 2007, Defar foi humilhada várias vezes no evento bienal. Tanto em 2009 quanto em 2011, ela tentou correr os 10.000 m e os 5.000 m. Os dois casos resultaram em grandes decepções no evento mais longo (incluindo uma desistência em 2011) antes de lutar muito para conseguir a medalha de bronze no evento menor. Esses fracassos tornaram mais doce o triunfo no Campeonato Mundial de 2013 e ajudaram a solidificar o lugar dela nos anais da corrida feminina.

Competindo em nível de elite desde o ensino primário, Defar foi classificada para todos os campeonatos mundiais e times olímpicos da Etiópia desde 2003. Ela também provou ser uma atleta rara que pode correr bem em situações de provas de tempo (nas quais basicamente se corre sozinho contra o relógio) e em campeonatos, em que táticas valiosas e um disparo final forte valem mais do que tudo. Esse conjunto de habilidades só foi equiparado por uma das suas contemporâneas, uma mulher do interior chamada Tirunesh Dibaba. Desde 2006, Difar e Dibaba se alternaram nos recordes olímpicos nos 5.000 m enquanto batalharam em campeonatos com uma rivalidade que talvez seja a maior de todos os tempos na corrida feminina em distância. Ambas as mulheres tinham *paces* fortes (cada uma corria regularmente

Continua

Continuação

abaixo dos 60 segundos os últimos 400 m de uma corrida de 5.000 m) e tinham reservas similares de $\dot{V}O_2$máx, de LL e de resistência. Isso levou a muitas corridas memoráveis. Também ajudou a elevar as *performances* individuais, segundo Defar.

"Gosto de correr com ela", Defar disse para a imprensa depois da vitória no campeonato mundial de 2013 (Yohannes, 2013). "Ela é a atleta mais forte e minha maior concorrente."

Defar e Dibaba também se conhecem bem fora das competições. O atletismo etíope é controlado pelo estado, o qual ordena que quase todos os melhores atletas fiquem na capital Addis Ababa. Com uma altitude robusta de 2.225 m, os melhores corredores do país treinam no estádio da cidade e fazem suas corridas de longa distância nas colinas. Durante uma semana normal, os atletas e os seus treinadores se encontram três vezes. O restante do tempo, Defar fica livre para treinar sozinha, o que lhe dá mais tempo para ficar com o seu marido e suas duas filhas adotivas.[22]

Ultimamente, muito do treinamento de Defar foi direcionado para aumentar o volume de corrida dela. Isso inclui várias incursões pela meia maratona, as quais, não é de se surpreender, Dibaba está começando a disputar mais. O duelo muito esperado na Great North Run de 2013, na Inglaterra, terminou de forma um pouco anticlimática com Defar e Dibaba em segundo e terceiro lugares, respectivamente, atrás da queniana Priscah Jeptoo. Não obstante, correr mais em estradas tem aberto os olhos de Defar para as possibilidades à frente. "A primeira vez que corri [uma meia maratona], senti muito medo da distância e achei que nem fosse terminar a corrida", ela explicou. "Mas, talvez porque eu vinha trabalhando a minha velocidade por tanto tempo, uma vez que comecei a correr, [o *pace*] não foi tão difícil e eu terminei bem."

Com a corrida de rua sendo, agora, um dos seus pontos fortes, não será surpresa alguma de Defar disparar para um ouro olímpico na maratona nos anos que virão. E não será uma surpresa se Dibaba estiver correndo ao lado dela.

O Apêndice B mostra *performance*s equivalentes de corrida de 5 km até a meia maratona para ajudar a comparar as *performance*s entre distâncias de corrida e ajustar as metas para as próximas corridas. As diretrizes a seguir ajudarão o atleta a correr várias corridas com sucesso:

1. Selecionar as corridas com sabedoria.
2. Preparar-se especificamente para a próxima corrida.
3. Utilizar apenas o período de polimento necessário para cada corrida.
4. Recuperar-se rapidamente de cada corrida.
5. Manter a base aeróbia.
6. Conhecer os limites.

---

[22] N. do E.: Defar tem mais uma filha, biológica, nascida em 2014.

1. Selecionar as corridas com sabedoria

Ao escolher suas corridas, o atleta precisa equilibrar o desejo de correr frequentemente com a paixão por correr bem. Muita corrida e pouco treino é uma situação que pode comprometer a *performance* bem rápido. Ao selecionar as corridas, o atleta deve tentar organizar duas ou três corridas juntas com várias semanas de treino entre cada grupo. Isso oferecerá várias oportunidades de correr, mas, também, permitirá uma adequação dos treinos entre os grupos. Por exemplo, o atleta poderia correr 5 km, 10 km e 15 km em uma sequência, uma próxima da outra, e, então, devotaria três ou quatro semanas de treino para elevar a base aeróbia com uma quilometragem mais alta e com corridas de resistência mais longas. Ao alternar os grupos de corridas com várias semanas de um treino sólido, o atleta pode correr com frequência e, também, manter o condicionamento físico durante a temporada de corridas.

2. Preparar-se especificamente para a próxima corrida

A preparação específica requerida para a próxima corrida depende da distância e da ênfase do treino recente. Se o atleta acabou de correr uma prova de 5 km, ele desenvolveu bastante o $\dot{V}O_2$máx. Se a próxima corrida estiver na faixa dos 5 km até os 10 km, ele estará pronto para correr de novo de imediato. Entretanto, se estiver planejando correr na faixa dos 15 km até a meia maratona, precisará enfatizar corridas longas e treinos de LL por várias semanas, a fim de elevar o condicionamento físico específico para correr essas distâncias mais longas. O atleta também pode simplesmente saltar para um dos planos de treino de 15 km e de 16 km ou de meia maratona.

3. Utilizar apenas o período de polimento necessário para cada corrida

Como vimos no Capítulo 6, um polimento completo permite que o corpo se recupere inteiramente para que o atleta possa correr melhor. Muitos polimentos completos feitos próximos uns dos outros, contudo, podem levar a uma perda do condicionamento físico durante a temporada de corrida. Para correr ao máximo diversas provas, é preciso abreviar o período de redução dos treinos para todas as corridas, exceto para as mais importantes. O Capítulo 6 descreve um minipolimento de quatro dias para corridas menos importantes, e um polimento de uma semana para corridas de importância moderada. Deve-se reservar o polimento completo de duas semanas para algumas poucas corridas principais por ano.

4. Recuperar-se rapidamente de cada corrida

Para correr repetidas vezes com sucesso, o atleta se beneficiará ao aprender a se recuperar com rapidez das corridas, para que possa retornar para o treino completo o quanto antes. Um dos elementos principais para uma recuperação rápida é reduzir o treino durante os três primeiros dias depois da corrida, quando os músculos e os tendões estão fatigados e menos resistentes. Depois de três dias, se o atleta não tem músculos muito doloridos, ameaçando se transformar em uma lesão, pode começar a aumentar com segurança a quilometragem. Outras sugestões para acelerar a recuperação são oferecidas no Capítulo 2. Com qual rapidez o treino deve ser elevado depende da distância que o atleta correu; corridas mais longas demandam uma recuperação mais longa antes de voltar para o treinamento completo.

5. Manter a base aeróbia

Indiscutivelmente, o fator mais importante para correr repetidas vezes em uma alta intensidade ao longo da temporada de corridas é manter a base aeróbia. Quando o atleta faz o polimento, corre e se recupera repetidas vezes, a quilometragem começa a diminuir. Isso não é um problema para uma ou duas corridas, mas, ao longo de várias corridas, o corredor pode descobrir que o volume de treino foi reduzido por um período prolongado, e o condicionamento aeróbio está prejudicado.

Para evitar perder a base aeróbia e para evitar a redução decorrente na *performance* de corrida, o atleta precisa encontrar formas criativas de manter a quilometragem de treinamento entre corridas. A seguir, estão várias estratégias para manter a quilometragem durante a temporada de corridas:

- aumentar a duração dos aquecimentos e do tempo de volta à calma antes e depois dos treinos de $\dot{V}O_2$máx, das sessões de LL, dos treinos de velocidade e das corridas;
- acrescentar alguns quilômetros nas corridas de resistência e nas corridas aeróbias básicas;
- acrescentar uma corrida suave de recuperação nos dias com treino de $\dot{V}O_2$máx ou com sessão de velocidade.

6. Conhecer os limites

A consideração final ao projetar o plano de corrida é manter a fome por corridas. Correr demais pode levar a uma falta de gana e a *performance*s medíocres. Só o corredor pode julgar quando acrescentar outra corrida passará do limite.

Planos de treino para corridas de 5 km

Três planos de treino são oferecidos para preparar o atleta para correr os 5 km na sua melhor forma. Cada plano tem 12 semanas de duração. Simplesmente, escolhe-se aquele que começa o mais próximo possível da quilometragem atual de treino.

Treino para corridas de 5 km: 48 a 63 km por semana

Este plano é para corredores que estão treinando de 40 a 56 km por semana. Se o atleta estiver correndo menos de 40 km por semana, deve seguir o plano de treino delineado no Capítulo 8, para chegar a 48 km por semana antes de tentar este plano. Ele começa com 48 km por semana e aumenta de forma gradual para 63 km quando estiver faltando três semanas para a corrida-alvo. O treino, então, é reduzido, para que o atleta esteja em boa forma e renovado para o dia da corrida.

Treino para corridas de 5 km: 71 a 88 km por semana

Este plano é para corredores que estão treinando de 64 a 80 km por semana. Se o atleta estiver correndo menos de 64 km por semana, deve seguir o plano de treino delineado no Capítulo 8, para chegar a 71 km por semana antes de tentar este plano. Ele começa com 71 km por semana e aumenta de forma gradual para 88 km quando estiver faltando três semanas para a corrida-alvo. O treino, então, é reduzido, para que o atleta esteja em boa forma e renovado para o dia da corrida.

Treino para corridas de 5 km: 94 a 111 km por semana

Este plano é para corredores que estão treinando de 88 a 104 km por semana. Se o atleta estiver correndo menos de 88 km por semana, deve seguir o plano de treino de base delineado no Capítulo 8, para chegar a 94 km por semana antes de tentar este plano. Ele começa com 94 km por semana e aumenta de forma gradual para 111 km quando estiver faltando três semanas para a corrida-alvo. O treino, então, é reduzido, para que o atleta esteja em boa forma e renovado para o dia da corrida.

5 km / Plano 1: 48 a 63 km por semana

Semanas até a meta	Segunda--feira	Terça--feira	Quarta--feira	Quinta--feira
11	Descanso ou treino funcional	Corrida aeróbia básica + velocidade 10 km Subidas: 6 × 12 s, seguidas por Tiros: 6 × 100 m	Resistência 13 km	Descanso ou treino funcional
10	Descanso ou treino funcional	Corrida aeróbia básica + velocidade 8 km Subidas: 6 × 12 s, seguidas por Tiros: 6 × 100 m	Resistência 13 km	Descanso ou treino funcional
9	Descanso ou treino funcional	Velocidade 8 km 2 séries de 3 × 300 m no *pace* de corrida de 800 m a 1.600 m (trote de 300 m para recup. e de 4 min entre as séries)	Resistência 13 km	Descanso ou treino funcional
8 Recuperação	Descanso ou treino funcional	Velocidade 10 km 2 séries de 4 × 200 m no *pace* de corrida de 800 m a 1.600 m (trote de 200 m para recup. e de 4 min entre as séries)	Corrida aeróbia básica 11 km	Descanso ou treino funcional
7	Descanso ou treino funcional	Corrida aeróbia básica + velocidade 11 km Subidas: 6 × 12 s, seguidas por Tiros: 6 × 100 m	Resistência 13 km	Descanso ou treino funcional
6	Descanso ou treino funcional	Limiar de lactato 11 km 20 min de treino de ritmo	Resistência 13 km	Descanso ou treino funcional
5	Descanso ou treino funcional	Corrida aeróbia básica + velocidade 11 km Tiros: 2 séries de 6 × 100 m (trote de 3 min entre as séries)	Resistência 13 km	Descanso ou treino funcional
4	Descanso ou treino funcional	Corrida aeróbia básica + velocidade 11 km Tiros: 2 séries de 4 × 150 m (trote de 250 m para recup. e de 4 min entre as séries)	Corrida aeróbia básica 11 km	Descanso

	Sexta-feira	Sábado	Domingo	Volume semanal
	Limiar de lactato 11 km Estímulos de LL: 4 × 6 min (recup.: trote de 2 min)	Descanso ou treino funcional	Resistência 14 km	48 km
	V̇O₂máx 11 km Subidas no esforço de corrida de 3–5 km: 5 × 3 min (recup.: trote na descida)	Recuperação 5 km	Resistência 14 km	51 km
	Limiar de lactato 13 km Estímulos de LL: 3 × 8 min (recup.: trote de 3 min)	Recuperação 5 km	Resistência 16 km	55 km
	Corrida aeróbia básica 10 km	Recuperação 5 km	Corrida aeróbia básica 13 km	49 km
	V̇O₂máx 13 km 5 × 1.000 m no *pace* de corrida de 3–5 km (recup.: trote com duração de 50%–90% do tempo do estímulo)	Recuperação 5 km	Resistência 16 km	58 km
	V̇O₂máx 13 km 8 × 600 m no *pace* de corrida de 3–5 km (recup.: trote com duração de 50%–90% do tempo do estímulo)	Recuperação 6 km	Resistência 16 km	59 km
	V̇O₂máx 14 km 3 × 1.000 m 3 × 800 m Todos os estímulos no *pace* de corrida de 3–5 km (recup.: trote com duração de 50%–90% do tempo do estímulo)	Recuperação 6 km	Resistência 16 km	60 km
	Recuperação 5 km	Corrida preparatória de 5 km 13 km	Resistência 13 km	53 km

48 a 63 km por semana
Plano de 12 semanas

Continua

Continuação

Semanas até a meta	Segunda-feira	Terça-feira	Quarta-feira	Quinta-feira
3	Descanso ou treino funcional	Corrida aeróbia básica + velocidade 13 km Tiros: 2 séries de 5 × 100 m (trote de 3 min entre as séries)	Resistência 14 km	Descanso ou treino funcional
2	Descanso ou treino funcional	Corrida aeróbia básica + velocidade 11 km Tiros: 2 séries de 4 × 150 m (trote de 250 m para recup. e de 4 min entre as séries)	Corrida aeróbia básica 11 km	Descanso
1	Descanso ou treino funcional	Corrida aeróbia básica + velocidade 10 km Tiros: 8 × 100 m	Recuperação 6 km	$\dot{V}O_2$máx 13 km 4 × 800 m 2 × 600 m Todos os estímulos no *pace* de corrida de 3–5 km (recup.: trote com duração de 50%–90% do tempo do estímulo)
Semana da corrida	*Pace* de corrida + velocidade 10 km Tiros: 4 × 100 m 800 m no *pace* de corrida de 5 km	Recuperação 5 km	Recuperação 6 km	Descanso

48 a 63 km por semana — Plano de 12 semanas

	Segunda-feira	Terça-feira	Quarta-feira	Quinta-feira
Pós-corrida semana de recuperação	Descanso ou treino funcional	Recuperação 8 km	Recuperação 8 km	Recuperação 10 km

Sexta--feira	Sábado	Domingo	Volume semanal
$\dot{V}O_2$máx 14 km 2 séries de (1.200 m, 800 m, 800 m) Todos os estímulos no *pace* de corrida de 3–5 km (recup.: trote com duração de 50%–90% do tempo do estímulo)	Recuperação 6 km	Resistência 16 km	63 km
Recuperação 5 km	Corrida preparatória de 5 km ou prova de tempo de 3 km 13 km	Resistência 13 km	53 km
Descanso ou treino funcional	Recuperação 6 km	Corrida aeróbia básica 11 km	46 km
Recuperação 5 km Tiros: 4 × 100 m	**Corrida-alvo de 5 km** 14 km	Recuperação 6 km	46 km

Sexta--feira	Sábado	Domingo	Volume semanal
Descanso ou treino funcional	Corrida aeróbia básica + velocidade 11 km Tiros: 8 × 100 m	Corrida aeróbia básica 13 km	50 km

48 a 63 km por semana
Plano de 12 semanas

5 km / Plano 2: 71 a 88 km por semana

Semanas até a meta	Segunda-feira	Terça-feira	Quarta-feira
11	Descanso ou treino funcional	Corrida aeróbia básica 11 km	Limiar de lactato 13 km Estímulos de LL: 3 × 8 min (recup.: trote de 3 min)
10	Descanso ou treino funcional	Corrida aeróbia básica 13 km	$\dot{V}O_2$máx 14 km Subidas no esforço de corrida de 3–5 km: 6 × 3 min (recup.: trote na descida)
9	Descanso ou treino funcional	Corrida aeróbia básica 13 km	Limiar de lactato 14 km 10 min de estímulo de LL (recup.: trote de 3 min) 10 min de estímulo de LL (recup.: trote de 3 min) 8 min de estímulo de LL
8 Recuperação	Descanso ou treino funcional	Corrida aeróbia básica 11 km	Corrida aeróbia básica 13 km
7	Descanso ou treino funcional	Corrida aeróbia básica 13 km	$\dot{V}O_2$máx 14 km 5 × 1.000 m no *pace* de corrida de 3–5 km (recup.: trote com duração de 50%–90% do tempo do estímulo)
6	Descanso ou treino funcional	Corrida aeróbia básica 13 km	Limiar de lactato 14 km 20 min de treino de ritmo
5	Descanso ou treino funcional	Corrida aeróbia básica 13 km	$\dot{V}O_2$máx 14 km 4 × 1.000 m 2 × 800 m Todos os estímulos no *pace* de corrida de 3–5 km (recup.: trote com duração de 50%–90% do tempo do estímulo)

Quinta-feira	Sexta-feira	Sábado	Domingo	Volume semanal
Resistência 14 km	Recuperação 6 km	Corrida aeróbia básica + velocidade 11 km Subidas: 6 × 12 s, seguidas por Tiros: 8 × 100 m	Resistência 16 km	71 km
Resistência 14 km	Recuperação 6 km	Corrida aeróbia básica + velocidade 11 km Subidas: 6 × 12 s, seguidas por Tiros: 8 × 100 m	Resistência 16 km	74 km
Resistência 14 km	Recuperação 8 km	Velocidade 13 km 2 séries de 4 × 300 m no *pace* de corrida de 800 m a 1.600 m (trote de 300 m para recup. e de 4 min entre as séries)	Resistência 16 km	78 km
Velocidade 13 km 2 séries de 5 × 200 m no *pace* de corrida de 800 m a 1.600 m (trote de 200 m para recup. e de 4 min entre as séries)	Recuperação 6 km	Corrida aeróbia básica 13 km	Resistência 14 km	70 km
Resistência 14 km	Recuperação 8 km	Corrida aeróbia básica + velocidade 13 km Subidas: 6 × 12 s, seguidas por Tiros: 8 × 100 m	Resistência 18 km	80 km
Resistência 14 km	Recuperação 10 km	$\dot{V}O_2$máx 13 km 8 × 600 m no *pace* de corrida de 3–5 km (recup.: trote com duração de 50%–90% do tempo do estímulo)	Resistência 18 km	82 km
Resistência 16 km	Recuperação 10 km	Corrida aeróbia básica + velocidade 14 km Tiros: 2 séries de 6 × 100 m (trote de 3 min entre as séries)	Resistência 18 km	85 km

71 a 88 km por semana
Plano de 12 semanas

Continua

Continuação

71 a 88 km por semana — Plano de 12 semanas

Semanas até a meta	Segunda-feira	Terça-feira	Quarta-feira
4	Descanso ou treino funcional	Corrida aeróbia básica + velocidade 14 km Tiros: 2 séries de 5 × 150 m (trote de 250 m para recup. e de 4 min entre as séries)	Corrida aeróbia básica 13 km
3	Descanso ou treino funcional	Corrida aeróbia básica 14 km	$\dot{V}O_2$máx 16 km 2 séries de (1.200 m, 800 m, 800 m) Todos os estímulos no *pace* de corrida de 3–5 km (recup.: trote com duração de 50%–90% do tempo do estímulo)
2	Descanso ou treino funcional	Corrida aeróbia básica + velocidade 14 km Tiros: 2 séries de 5 × 150 m (trote de 250 m para recup. e de 4 min entre as séries)	Corrida aeróbia básica 13 km
1	Descanso ou treino funcional	Corrida aeróbia básica 11 km	Recuperação 8 km
Semana da corrida	*Pace* de corrida + velocidade 11 km Tiros: 4 × 100 m 800 m no *pace* de corrida de 5 km	Corrida aeróbia básica 10 km	Recuperação 8 km
	Segunda-feira	Terça-feira	Quarta-feira
Pós-corrida semana de recuperação	Descanso ou treino funcional	Recuperação 8 km	Recuperação 10 km

Quinta--feira	Sexta--feira	Sábado	Domingo	Volume semanal
Recuperação 11 km	Recuperação 6 km	Corrida preparatória de 5 km 14 km	Resistência 14 km	72 km
Resistência 16 km	Recuperação 10 km	Corrida aeróbia básica + velocidade 14 km Tiros: 2 séries de 6 × 100 m (trote de 3 m entre séries)	Resistência 18 km	88 km
Recuperação 11 km	Recuperação 6 km	Corrida preparatória de 5 km ou prova de tempo de 3 km 14 km	Resistência 14 km	72 km
$\dot{V}O_2$máx 14 km 5 × 1.000 m no *pace* de corrida de 3–5 km (recup.: trote com duração de 50%–90% do tempo do estímulo)	Recuperação 6 km	Corrida aeróbia básica + velocidade 10 km Tiros: 8 × 100 m	Corrida aeróbia básica 13 km	62 km
Descanso	Recuperação 6 km Tiros: 4 × 100 m	**Corrida-alvo de 5 km** 14 km	Recuperação 8 km	57 km

Quinta--feira	Sexta--feira	Sábado	Domingo	Volume semanal
Recuperação 6 km	Recuperação 6 km	Corrida aeróbia básica + velocidade 13 km Tiros: 8 × 100 m	Corrida aeróbia básica 14 km	61 km

71 a 88 km por semana
Plano de 12 semanas

5 km / Plano 3: 94 a 111 km por semana

Semanas até a meta	Segunda-feira	Terça-feira	Quarta-feira
11	Recuperação 6 km	Corrida aeróbia básica 14 km	Limiar de lactato 14 km 10 min de estímulo de LL (recup.: trote de 3 min) 8 min de estímulo de LL (recup.: trote de 3 min) 8 min de estímulo de LL
10	Recuperação 6 km	Corrida aeróbia básica 14 km	$\dot{V}O_2$máx 16 km Subidas no esforço de corrida de 3–5 km: 7 × 3 min (recup.: trote na descida)
9	Recuperação 10 km	Corrida aeróbia básica 14 km	Limiar de lactato 16 km Estímulos de LL: 3 × 10 min (recup.: trote de 3 min)
8 Recuperação	Recuperação 10 km	Corrida aeróbia básica 13 km	Corrida aeróbia básica 13 km
7	Recuperação 10 km	Corrida aeróbia básica 14 km	$\dot{V}O_2$máx 16 km 6 × 1.000 m no *pace* de corrida de 3–5 km (recup.: trote com duração de 50%–90% do tempo do estímulo)
6	2 corridas de recuperação: 6 km 6 km	Corrida aeróbia básica 13 km	Limiar de lactato 16 km 22 min de treino de ritmo
5	2 corridas de recuperação: 6 km 6 km	Corrida aeróbia básica 14 km	$\dot{V}O_2$máx 16 km 2 × 1.200 m 2 × 1.000 m 2 × 800m Todos os estímulos no *pace* de corrida de 3–5 km (recup.: trote com duração de 50%–90% do tempo do estímulo)

Quinta-feira	Sexta-feira	Sábado	Domingo	Volume semanal
Resistência 16 km	2 corridas de recuperação: 6 km 6 km	Corrida aeróbia básica + velocidade 14 km Subidas: 6 × 12 s, seguidas por Tiros: 8 × 100 m	Resistência 18 km	94 km
Resistência 16 km	2 corridas de recuperação: 8 km 6 km	Corrida aeróbia básica + velocidade 14 km Subidas: 6 × 12 s, seguidas por Tiros: 8 × 100 m	Resistência 18 km	98 km
Resistência 16 km	2 corridas de recuperação: 10 km 6 km	Velocidade 13 km 2 séries de 5 × 300 m no *pace* de corrida de 800 m a 1.600 m (trote de 300 m para recup. e de 4 min entre as séries)	Resistência 18 km	103 km
Resistência 14 km	2 corridas de recuperação: 10 km 6 km	Velocidade 13 km 3 séries de 4 × 200 m no *pace* de corrida de 800 m a 1.600 m (trote de 200 m para recup. e de 4 min entre as séries)	Resistência 16 km	95 km
Resistência 16 km	2 corridas de recuperação: 8 km 6 km	Corrida aeróbia básica + velocidade 14 km Subidas: 6 × 12 s, seguidas por Tiros: 8 × 100 m	Resistência 19 km	103 km
Resistência 16 km	2 corridas de recuperação: 8 km 6 km	$\dot{V}O_2$máx 14 km 9 × 600 m no *pace* de corrida de 3–5 km (recup.: trote com duração de 50%–90% do tempo do estímulo)	Resistência 19 km	104 km
Resistência 18 km	2 corridas de recuperação: 8 km 6 km	Corrida aeróbia básica + velocidade 14 km Tiros: 2 séries de 6 × 100 m (trote de 3 min entre as séries)	Resistência 19 km	109 km

94 a 111 km por semana
Plano de 12 semanas

Continua

Continuação

Semanas até a meta	Segunda-feira	Terça-feira	Quarta-feira
4	2 corridas de recuperação: 8 km 8 km	Corrida aeróbia básica + velocidade 16 km Tiros: 2 séries de 5 × 150 m (trote de 250 m entre os estímulos e de 4 min entre as séries)	Corrida aeróbia básica 14 km
3	2 corridas de recuperação: 8 km 6 km	Corrida aeróbia básica 14 km	$\dot{V}O_2$máx 16 km 2 séries de (1.200 m, 1.000 m, 800 m) Todos os estímulos no *pace* de corrida de 3–5 km (recup.: trote com duração de 50%– 90% do tempo do estímulo)
2	2 corridas de recuperação: 8 km 8 km	Corrida aeróbia básica + velocidade 16 km Tiros: 2 séries de 5 × 150 m (trote de 250 m para recup. e de 4 min entre as séries)	Corrida aeróbia básica 14 km
1	Recuperação 8 km	Corrida aeróbia básica 13 km	Recuperação 10 km
Semana da corrida	*Pace* de corrida + velocidade 13 km Tiros: 4 × 100 m 800 m no *pace* de corrida de 5 km	Corrida aeróbia básica 11 km	Recuperação 8 km
	Segunda-feira	Terça-feira	Quarta-feira
Pós-corrida semana de recuperação	Descanso ou treino funcional	Recuperação 8 km	Recuperação 10 km

94 a 111 km por semana
Plano de 12 semanas

Quinta--feira	Sexta--feira	Sábado	Domingo	Volume semanal
Corrida aeróbia básica 11 km	Recuperação 8 km	Corrida preparatória de 5 km 14 km	Resistência 16 km	95 km
Resistência 18 km	2 corridas de recuperação: 8 km 6 km	Corrida aeróbia básica + velocidade 14 km Tiros: 2 séries de 6 × 100 m (trote de 3 min entre as séries)	Resistência 21 km	111 km
Corrida aeróbia básica 11 km	Recuperação 8 km	Corrida preparatória de 5 km ou prova de tempo de 3 km 14 km	Resistência 16 km	95 km
$\dot{V}O_2$máx 16 km 5 × 1.000 m no *pace* de corrida de 3–5 km (recup.: trote com duração de 50%–90% do tempo do estímulo)	Recuperação 6 km	Corrida aeróbia básica + velocidade 13 km Tiros: 8 × 100 m	Corrida aeróbia básica 16 km	82 km
Descanso	Recuperação 6 km Tiros: 4 × 100 m	**Corrida-alvo de 5 km** 14 km	Recuperação 11 km	63 km

94 a 111 km por semana
Plano de 12 semanas

Quinta--feira	Sexta--feira	Sábado	Domingo	Volume semanal
Recuperação 11 km	Corrida aeróbia básica 11 km	Corrida aeróbia básica + velocidade 14 km Tiros: 8 × 100 m	Corrida aeróbia básica 16 km	71 km

10

Treino para corridas de 8 km e de 10 km

Os treinos neste capítulo prepararão o atleta para correr provas de 8 km e 10 km na sua melhor forma. Os corredores mais bem treinados correm essas distâncias entre o *pace* de $\dot{V}O_2$máx e o de limiar de lactato (LL). O foco principal dos planos de treino é a preparação para a corrida por meio de treinos de $\dot{V}O_2$máx, sessões de estímulos de LL e duas corridas preparatórias. As prioridades secundárias incluem o aumento de corridas longas e da quilometragem geral e a melhora da velocidade.

Planos de 12 semanas são oferecidos para corredores de quilometragem baixa, média e alta. Doze semanas é tempo o suficiente para estimular as adaptações positivas do treino que melhorarão a *performance* de 8 km e de 10 km, mas não é um tempo longo a ponto de o atleta perder o foco na meta. Se o corredor não for capaz de dedicar 12 semanas inteiras para se preparar à corrida-alvo, ele ainda pode se beneficiar entrando em um dos planos faltando, no mínimo, 8 semanas para a corrida. Cada plano inclui, também, uma semana de recuperação depois da corrida-alvo, cujo foco se encontra em uma recuperação rápida e em ajudar o atleta e se preparar para o próximo desafio.

Entendendo os planos de treino

Embora os planos de treino listem o que o atleta deveria fazer em cada dia, há momentos em que outros compromissos da vida ou a Mãe Natureza atrapalham, e não é possível fazer o treino recomendado para o dia. Quando for preciso fazer um malabarismo com os dias do plano, o atleta não deve tentar compensar o tempo perdido juntando vários dias intensos na sequência. Deve-se apenas tentar encaixar o treino de maior prioridade para a semana. Ao seguir os princípios dos Capítulos 1 e 2, o corredor será capaz de ajustar os planos de treino para atenderem às mudanças necessárias.

Tentamos oferecer informações o suficiente nos planos para que o corredor saiba como fazer cada treino. Se o atleta encontrar dificuldade para compreender um treino em um dos planos, deve retornar para o Capítulo 7, que explica como fazer cada treino (resistência, LL, $\dot{V}O_2$máx, velocidade, *pace* de corrida, corrida aeróbia básica, recuperação e corridas preparatórias), incluindo a intensidade da corrida, quanto deve fazer de aquecimento e a quantidade de recuperação entre os esforços intensos. O Capítulo 1 também explica a fisiologia de cada tipo de treino.

Seguindo os planos de treino

Cada linha nos planos de treino apresenta uma semana de treino. Observando a linha, o atleta pode notar rapidamente um padrão de trabalho intenso e a recuperação durante a semana. A coluna à esquerda mostra o número de semanas até a corrida-alvo. Descendo pelas colunas, fica claro o quanto os vários tipos de treinos progridem conforme o atleta se aproxima da corrida-alvo. À medida que o treinamento e o condicionamento físico progridem ao longo das 12 semanas, o atleta deveria ajustar os *pace*s de acordo.

Para cada dia, incluímos uma categoria de treino (como $\dot{V}O_2$máx) e o treinamento específico. Por exemplo, no plano de 48 a 67 km por semana, o que está programado para a sexta-feira da primeira semana (11 semanas até a corrida-alvo) é uma corrida de LL. O total da corrida é de 11 km, e, durante o treino, o atleta realiza 3 tiros de 8 minutos entre o *pace* de LL, 6 segundos por quilômetro mais rápido do que o *pace* de LL e um trote de 3 minutos entre os esforços. Se qualquer aspecto dos planos ou dos treinos não estiver claro, pedimos, por favor, que sejam lidas as explicações detalhadas no Capítulo 7.

Se a corrida-alvo incluir ladeiras significativas ou passar por um terreno irregular, o atleta deverá incluir ladeiras no treinamento, a fim de estar preparado para os desafios específicos que encontrará no dia da corrida. Para as corridas de resistência e as corridas aeróbias básicas, deve-se tentar projetar algumas das corridas de treino, de modo a imitar o perfil de ladeira do percurso da corrida. Também é possível ajustar uma parte das sessões de LL correndo os treinos de subidas no LL descritos nos Capítulos 1 e 7. Para se preparar para corridas em ladeiras, o atleta substitui as sessões de LL programadas para 10 e 6 semanas antes da corrida-alvo por subidas no LL. De forma similar, substitui o treino de $\dot{V}O_2$máx programado para 3 semanas antes da corrida-alvo por 6 a 7 tiros de 3 minutos em subida. Esses ajustes prepararão o atleta para correr com força nas ladeiras.

Cada plano de treino inclui corridas preparatórias de 5 km a serem realizadas a quatro e duas semanas antes da corrida-alvo. Corridas preparatórias são corridas menos importantes que ajudam a preparar o corredor para a corrida-alvo e são explicadas em mais detalhes no Capítulo 7. Se o corredor fizer corridas preparatórias em outros momentos durante a progressão, ele deve fazer o devido ajuste nos planos de treino. Mesmo que essas corridas sejam secundárias em relação à meta no final da temporada, o atleta ainda deve planejar vários dias de corridas aeróbias básicas ou de corridas de recuperação antes, a fim de garantir que não chegará à corrida muito fatigado.

Os planos apresentam a corrida-alvo de 8 km ou de 10 km em um sábado. Se a corrida for em um domingo, apenas é acrescentada uma corrida aeróbia básica na quarta-feira da semana da corrida, e as corridas restantes mudam para um dia à frente. Esse ajuste simples corrige o plano para a corrida no domingo.

Shalane Flanagan

Recordes pessoais: 5.000 m em 14:44; 10.000 m em 30:22; meia maratona em 1:08:31; maratona em 2:21:14

Medalha olímpica de bronze em 2008 e recordista americana nos 10.000 m; medalha de bronze no 2011 World Cross Country Championships; 19 vezes campeã americana em corrida de rua, pista e *cross-country*

Medalha olímpica? Confere. Medalha mundial de *cross-country*? Ela tem uma dessas também. Ser capaz de transitar de 1.600 m para a maratona? Sim, Shalane Flanagan tem sido uma das melhores americanas em cada um desses eventos e em todos os outros entre eles.

Continua

Continuação

Essa mistura singular de resistência e velocidade fez de Flanagan a melhor corredora americana de longa distância da geração dela. Isso foi demostrado com muito brilho na Olimpíada de Pequim, na qual Flanagan manteve um *pace* intenso desde o início na rota para uma medalha de bronze olímpica no 10.000 m e um tempo recorde americano de 30:22.

Uma coisa que marcou aquela corrida como algo ainda mais espetacular foi o fato de Flanagan ter ficado muito doente por vários dias antes da corrida. Incapaz de comer, Flanagan foi forçada a mudar seu foco, que era ganhar uma medalha olímpica, para simplesmente ser capaz de levantar da cama. Com essa mudança, vieram algumas epifanias. "Quando eu cheguei de fato à largada, já estava grata apenas por estar lá," ela disse. "Qualquer pressão ou expectativa que eu tinha colocado em mim desapareceu. Corri com total liberdade. Quando ganhei a medalha de bronze, aprendi que as coisas não tinham que ser perfeitas para atingir a grandeza e que qualquer coisa pode acontecer."

Flanagan já tivera muito sucesso antes de Pequim, indo de um fenômeno da escola preparatória em Marblehead, Massachusetts, para uma campeã por duas vezes no campeonato de *cross-country* da NCAA na Universidade da Carolina do Norte. Na verdade, ela integrou seu primeiro time olímpico nos 5.000 m antes mesmo de se graduar. Desde então, ela não tem medo de sair da zona de conforto, testando seus limites em corridas de rua mais longas enquanto continua o treinamento nas pistas. Agora, é nas ruas que Flanagan acredita que está sua maior chance de continuar bem-sucedida, mesmo que isso exija mais do corpo.

"Quando fui para a maratona, meu treinamento mudou de forma drástica", ela conta. "Passei de 113 a 129 km por semana para 153 a 193 km. Foi um certo choque para o sistema, mas me senti bem mais forte e adaptada. O treinamento que fazemos (com o treinador Jerry Schumacher) tem uma abordagem de postergar as recompensas. Construímos uma base monstruosa de resistência, e isso é o que unifica o nosso programa, porque permite que nos tornemos completos, com um alto nível de consistência."

A mudança no foco não significou que Flanagan perdeu sua velocidade. Depois de ficar em décimo lugar na classificação geral da maratona da Olimpíada de Londres, Flanagan deu a volta por cima com títulos americanos em *cross-crountry* (8 km) e 10.000 m, em 2013 (com um quarto lugar na maratona de Boston entre essas duas conquistas). A força que ela ganhou com o treino para a maratona e a experiência na Olimpíada de Pequim lhe deu a confiança para desafiar quase qualquer corredor em qualquer distância a qualquer momento.

"Agora, eu vou para as corridas dizendo para mim mesma, 'Por que não eu? Por que não poderia vencer essa corrida?'. Sempre é possível. Foco nos meus esforços sabendo que não posso controlar o resultado. Mas, às vezes, as coisas se alinham, e é o seu dia."

Estratégias de corrida

A maioria dos corredores bem-treinados faz as corridas de 8 a 10 km entre o *pace* no $\dot{V}O_2$máx e o de LL. Começar a corrida muito rápido colocará o atleta acima do LL, e é muito provável que ele pague por esse entusiasmo mais à frente na corrida. Com base nos *pace*s de corridas anteriores na faixa de 5 a 10 km, pode-se estimar o *pace* que o atleta é capaz manter de forma razoável durante a corrida-alvo de 8 ou 10 km e, com isso, ele tentará chegar nesse *pace* durante o primeiro quilômetro. Então, o atleta corre o mais próximo possível desse *pace* durante a corrida. A tabela de *pace* no Apêndice A pode servir de guia para o corredor realizar todas as etapas da prova no *pace*-alvo. Se o atleta treinou com intensidade e fez um bom polimento, um *pace* constante pode dar a sensação de que ele está se segurando um pouco durante o primeiro quilômetro. Essa estratégia de *pace* o colocará em um bom caminho estável para a melhor *performance*, e o atleta se alegrará ao ultrapassar, ao final da corrida, os outros corredores que foram mais descuidados no primeiro quilômetro.

Depois da corrida

Após corridas de 8 a 10 km, o atleta precisa de cerca de uma semana inteira para se recuperar por completo. Cada um dos planos inclui uma semana após a corrida-alvo para a recuperação e a transição ao treino completo para a próxima corrida. Durante a semana de recuperação, a corrida é suave, de modo que permita que os músculos se recuperem e relaxem do esforço extremo de corrida. O único esforço é uma série de tiros no sábado, a fim de soltar os membros inferiores e ajudá-los a se sentirem normais de novo.

Continuando a temporada

Depois da corrida-alvo, a questão é o que vem a seguir. Alguns corredores podem olhar adiante para um período de descanso ou para um retorno ao trabalho de base após uma grande corrida; outros estão ansiosos para voltar a correr nas ruas quase que de imediato. Após 12 semanas de treino diligente, o atleta está com um bom condicionamento físico e pode continuar correndo com sucesso uma grande variedade de corridas. Para muitos, essa é uma grande oportunidade para correr de novo na faixa dos 5 km até os 10 km e para mostrar o condicionamento físico em corridas mais longas também.

Com um bom planejamento, o atleta pode correr repetidamente perto de seu melhor nível. O Apêndice B mostra *performances* equivalentes de corrida de 5 km até a meia maratona, a fim de ajudar a comparar as *performances* entre distâncias de corrida e ajustar as metas para as próximas corridas. As diretrizes a seguir ajudarão o atleta obter sucesso em várias corridas:

1. Selecionar as corridas com sabedoria.
2. Preparar-se especificamente para a próxima corrida.
3. Utilizar apenas o período de polimento necessário para cada corrida.
4. Recuperar-se rapidamente de cada corrida.
5. Manter a base aeróbia.
6. Conhecer os limites.

1. Selecionar as corridas com sabedoria

Ao escolher suas corridas, o atleta precisa equilibrar o desejo de correr frequentemente com a paixão por correr bem. Muita corrida e pouco treino é uma situação que pode comprometer a *performance* bem rápido. Ao selecionar as corridas, o atleta deve tentar organizar duas ou três corridas juntas com várias semanas de treino entre cada grupo. Isso oferecerá várias oportunidades de correr, mas, também, permitirá uma adequação dos treinos entre os grupos. Por exemplo, o atleta correr 5 km, 10 km e 15 km em uma sequência, próxima uma da outra, e, então, devotaria três ou quatro semanas de treino para elevar a base aeróbia com uma quilometragem mais alta e com corridas de resistência mais longas. Ao alternar os grupos de corridas com várias semanas de um treino sólido, o atleta pode correr com frequência e, também, manter o condicionamento físico durante a temporada de corridas.

2. Preparar-se especificamente para a próxima corrida

A preparação específica requerida para a próxima corrida depende da distância e da ênfase do treino recente. Se o atleta acabou de correr uma prova de 8 km ou de 10 km, ele desenvolveu bastante o $\dot{V}O_2$máx e o LL. Se a próxima corrida está na faixa dos 5 km até os 10 km, ele estará pronto para correr de novo de imediato. Entretanto, se estiver avançando para a meia maratona, precisará enfatizar corridas longas por várias semanas, a fim de elevar o condicionamento físico específico para correr essas distâncias. Ele também pode simplesmente saltar para um dos planos de treino de meia maratona.

3. Utilizar apenas o período de polimento necessário para cada corrida

Como vimos no Capítulo 6, um polimento completo permite que o corpo se recupere inteiramente para que o atleta possa correr melhor. Muitos polimentos completos feitos próximos uns dos outros, contudo, podem levar a uma perda do condicionamento físico durante a temporada de corrida. Para correr ao máximo diversas provas, é preciso abreviar o período de polimento para todas as corridas, exceto para as mais importantes. O Capítulo 6 descreve um minipolimento de quatro dias para corridas menos importantes, e um polimento de uma semana para corridas de importância moderada. Certifique-se de reservar o polimento completo de duas semanas para algumas poucas corridas principais por ano.

4. Recuperar-se rapidamente de cada corrida

Para correr repetidas vezes com sucesso, o atleta se beneficiará ao aprender a se recuperar com rapidez das corridas, para que possa retornar para o treino completo o quanto antes. Um dos elementos principais para uma recuperação rápida é reduzir o treino durante os três primeiros dias depois da corrida, quando os músculos e os tendões estão fatigados e menos resistentes. Depois de três dias, se o atleta não tem músculos muito doloridos, ameaçando se transformar em uma lesão, pode começar a aumentar com segurança a quilometragem. Outras sugestões para acelerar a recuperação são oferecidas no Capítulo 2. Com qual rapidez o treino deve ser elevado depende da distância que o atleta correu; corridas mais longas demandam uma recuperação mais longa antes de voltar para o treinamento completo.

5. Manter a base aeróbia

Indiscutivelmente, o fator mais importante para correr repetidas vezes em uma alta intensidade ao longo da temporada de corridas é manter a base aeróbia. Quando o atleta faz o polimento, corre e se recupera repetidas vezes, a quilometragem começa a diminuir. Isso não é um problema para uma ou duas corridas, mas, ao longo de várias corridas, o corredor pode descobrir que o volume de treino foi reduzido por um período prolongado, e o condicionamento aeróbio está prejudicado.

Para evitar perder a base aeróbia e para evitar a redução decorrente na *performance* de corrida, o atleta precisa encontrar formas criativas de manter a quilometragem de treinamento entre corridas. A seguir, estão várias estratégias para manter a quilometragem durante a temporada de corridas:

- aumentar a duração dos aquecimentos e do tempo de volta à calma antes e depois dos treinos de $\dot{V}O_2$máx, das sessões de LL, dos treinos de velocidade e das corridas;
- acrescentar alguns quilômetros nas corridas de resistência e nas corridas aeróbias básicas;
- acrescentar uma corrida suave de recuperação nos dias com treino de $\dot{V}O_2$máx ou com sessão de velocidade.

6. Conhecer os limites

A consideração final ao projetar o plano de corrida é manter a fome por corridas. Correr demais pode levar a uma perda de gana e a *performances* medíocres. Só o corredor pode julgar quando acrescentar outra corrida passará do limite.

Planos de treino para corridas de 8 a 10 km

Três planos de treino são oferecidos para preparar o atleta para correr os 8 km ou os 10 km na sua melhor forma. Cada plano tem 12 semanas de duração. Simplesmente, escolhe-se aquele que começa o mais próximo possível da quilometragem atual de treino.

Treino para corridas de 8 a 10 km: 48 a 67 km por semana

Este plano é para corredores que estão treinando de 40 a 56 km por semana. Se o atleta estiver correndo menos de 40 km por semana, deve seguir o plano de treino de base delineado no Capítulo 8, para chegar a 48 km por semana antes de tentar este plano. Ele começa com 48 km por semana e aumenta de forma gradual para 67 km quando estiver faltando três semanas para a corrida-alvo. O treino, então, é reduzido, para que o atleta esteja em boa forma e renovado para o dia da corrida.

Treino para corridas de 8 a 10 km: 72 a 91 km por semana

Este plano é para corredores que estão treinando de 64 a 80 km por semana. Se o atleta estiver correndo menos de 64 km por semana, deve seguir o plano de treino de base delineado no Capítulo 8, para chegar a 72 km por semana antes de tentar este plano. Ele começa com 72 km por semana e aumenta de forma gradual para 91 km quando estiver faltando três semanas para a corrida-alvo. O treino, então, é reduzido, para que o atleta esteja em boa forma e renovado para o dia da corrida.

Treino para corridas de 8 a 10 km: 96 a 122 km por semana

Este plano é para corredores que estão treinando de 88 a 104 km por semana. Se o atleta estiver correndo menos de 88 km por semana, deve seguir o plano de treino de base delineado no Capítulo 8, para chegar a 96 km por semana antes de tentar este plano. Ele começa com 96 km por semana e aumenta de forma gradual para 122 km quando estiver faltando três semanas para a corrida-alvo. O treino, então, é reduzido, para que o atleta esteja em boa forma e renovado para o dia da corrida.

8–10 km / Plano 1: 48 a 67 km por semana

Semanas até a meta	Segunda-feira	Terça-feira	Quarta-feira	Quinta-feira
11	Descanso ou treino funcional	Corrida aeróbia básica + velocidade 10 km Subidas: 6 × 12 s, seguidas por Tiros: 6 × 100 m	Resistência 13 km	Descanso ou treino funcional
10	Descanso ou treino funcional	Velocidade 10 km 2 séries de 4 × 200 m no *pace* de corrida de 800 m a 1.600 m (trote de 200 m para recup. e de 4 min entre as séries)	Resistência 13 km	Descanso ou treino funcional
9	Descanso ou treino funcional	Corrida aeróbia básica + velocidade 11 km Subidas: 6 × 12 s, seguidas por Tiros: 6 × 100 m	Resistência 14 km	Descanso ou treino funcional
8 Recuperação	Descanso ou treino funcional	Velocidade 11 km 2 séries de 4 × 200 m no *pace* de corrida de 800 m a 1.600 m (trote de 200 m para recup. e de 4 min entre as séries)	Corrida aeróbia básica 11 km	Descanso ou treino funcional
7	Descanso ou treino funcional	Corrida aeróbia básica + velocidade 11 km Subidas: 6 × 12 s, seguidas por Tiros: 6 × 100 m	Resistência 14 km	Descanso ou treino funcional
6	Descanso ou treino funcional	Velocidade 13 km 2 séries de 5 × 200 m no *pace* de corrida de 800 m a 1.600 m (trote de 200 m para recup. e de 4 min entre as séries)	Resistência 14 km	Descanso ou treino funcional
5	Descanso ou treino funcional	Corrida aeróbia básica + velocidade 13 km Tiros: 2 séries de 6 × 100 m (trote de 3 min entre as séries)	Resistência 14 km	Descanso ou treino funcional

48 a 67 km por semana — Plano de 12 semanas

Sexta-feira	Sábado	Domingo	Volume semanal
Limiar de lactato 11 km Estímulos de LL: 3 × 8 min (recup.: trote de 3 min)	Descanso ou treino funcional	Resistência 14 km	48 km
Limiar de lactato 13 km 10 min de estímulo de LL (recup.: trote de 3 min) 10 min de estímulo de LL (recup.: trote de 3 min) 8 min de estímulo de LL	Descanso ou treino funcional	Resistência 16 km	52 km
$\dot{V}O_2$máx 13 km Subidas no esforço de corrida de 3–5 km: 6 × 3 min (recup.: trote na descida)	Descanso ou treino funcional	Resistência 16 km	54 km
Corrida aeróbia básica 11 km	Descanso ou treino funcional	Corrida aeróbia básica 14 km	48 km
$\dot{V}O_2$máx 13 km 5 × 1.000 m no *pace* de corrida de 3–5 km (recup.: trote com duração de 50%–90% do tempo do estímulo)	Recuperação 5 km	Resistência 16 km	59 km
Limiar de lactato 13 km 12 min de estímulo de LL (recup.: trote de 4 min) 10 min de estímulo de LL (recup.: trote de 4 min) 10 min de estímulo de LL	Recuperação 5 km	Resistência 18 km	63 km
Pace de corrida 14 km 4 × 1.200 m 2 × 1.000 m Todos os estímulos no *pace* de corrida de 8–10 km (recup.: trote com duração de 50% do tempo do estímulo)	Recuperação 6 km	Resistência 18 km	65 km

48 a 67 km por semana
Plano de 12 semanas

Continua

Continuação

Semanas até a meta	Segunda--feira	Terça--feira	Quarta--feira	Quinta--feira
4	Descanso ou treino funcional	Corrida aeróbia básica + velocidade 11 km Tiros: 2 séries de 4 × 150 m (trote de 250 m para recup. e de 4 min entre as séries)	Corrida aeróbia básica 11 km	Descanso
3	Descanso ou treino funcional	Corrida aeróbia básica + velocidade 13 km Tiros: 8 × 100 m	Resistência 14 km	Descanso ou treino funcional
2	Descanso ou treino funcional	Corrida aeróbia básica + velocidade 11 km Tiros: 2 séries de 4 × 150 m (trote de 250 m para recup. e de 4 min entre as séries)	Corrida aeróbia básica 11 km	Descanso
1	Descanso ou treino funcional	Corrida aeróbia básica + velocidade 10 km Tiros: 8 × 100 m	Recuperação 6 km	$\dot{V}O_2$máx 13 km 4 × 800 m 2 × 600 m Todos os estímulos no *pace* de corrida de 3–5 km (recup.: trote com duração de 50%–90% do tempo do estímulo)
Semana da corrida	*Pace* de corrida + velocidade 10 km Tiros: 4 × 100 m 1.200 m no *pace* de corrida de 8–10 km	Recuperação 5 km	Recuperação 6 km	Descanso

	Segunda--feira	Terça--feira	Quarta-feira	Quinta--feira
Pós-corrida semana de recuperação	Descanso ou treino funcional	Recuperação 8 km	Recuperação 8 km	Recuperação 10 km

48 a 67 km por semana
Plano de 12 semanas

	Sexta--feira	Sábado	Domingo	Volume semanal
	Recuperação 5 km	Corrida preparatória de 5 km 13 km	Resistência 14 km	54 km
	V̇O₂máx 14 km 3 × 1.000 m 8 × 800 m Todos os estímulos no *pace* de corrida de 3–5 km (recup.: trote com duração de 50%–90% do tempo do estímulo)	Recuperação 8 km	Resistência 18 km	67 km
	Recuperação 5 km	Corrida preparatória de 5 km 13 km	Resistência 14 km	54 km
	Descanso ou treino funcional	Recuperação 6 km	Corrida aeróbia básica 13 km	48 km
	Recuperação 5 km Tiros: 4 × 100 m	**Corrida-alvo de 8 ou 10 km** 18 km	Recuperação 6 km	50 km
	Sexta--feira	Sábado	Domingo	Volume semanal
	Descanso ou treino funcional	Corrida aeróbia básica + velocidade 11 km Tiros: 8 × 100 m	Corrida aeróbia básica 14 km	51 km

48 a 67 km por semana
Plano de 12 semanas

8–10 km / Plano 2: 72 a 91 km por semana

Semanas até a meta	Segunda-feira	Terça-feira	Quarta-feira
11	Descanso ou treino funcional	Corrida aeróbia básica 13 km	Limiar de lactato 13 km 10 min de estímulo de LL (recup.: trote de 3 min) 8 min de estímulo de LL (recup.: trote de 3 min) 8 min de estímulo de LL
10	Descanso ou treino funcional	Corrida aeróbia básica 13 km	Limiar de lactato 14 km 12 min de estímulo de LL (recup.: trote de 4 min) 10 min de estímulo de LL (recup.: trote de 4 min) 8 min de estímulo de LL
9	Descanso ou treino funcional	Corrida aeróbia básica 13 km	$\dot{V}O_2$máx 14 km Subidas no esforço de corrida de 3–5 km: 7 × 3 min (recup.: trote na descida)
8 Recuperação	Descanso ou treino funcional	Corrida aeróbia básica 11 km	Corrida aeróbia básica 14 km
7	Descanso ou treino funcional	Corrida aeróbia básica 14 km	$\dot{V}O_2$máx 14 km 6 × 1.000 m no *pace* de corrida de 3–5 km (recup.: trote com duração de 50%–90% do tempo do estímulo)
6	Descanso ou treino funcional	Corrida aeróbia básica 14 km	Limiar de lactato 16 km 14 min de estímulo de LL (recup.: trote de 4 min) 10 min de estímulo de LL (recup.: trote de 4 min) 10 min de estímulo de LL
5	Descanso ou treino funcional	Corrida aeróbia básica 14 km	*Pace* de corrida 16 km 2 séries de (1.600 m, 1.200 m, 1.000 m) Todos os estímulos no *pace* de corrida de 8–10 km (recup.: trote com duração de 50% do tempo do estímulo)

Quinta-feira	Sexta-feira	Sábado	Domingo	Volume semanal
Resistência 14 km	Recuperação 5 km	Corrida aeróbia básica + velocidade 11 km Subidas: 6 × 12 s, seguidas por Tiros: 8 × 100 m	Resistência 16 km	72 km
Resistência 14 km	Recuperação 5 km	Velocidade 11 km 2 séries de 5 × 200 m no *pace* de corrida de 800 m a 1.600 m (trote de 200 m para recup. e de 4 min entre as séries)	Resistência 18 km	74 km
Resistência 14 km	Recuperação 6 km	Corrida aeróbia básica + velocidade 13 km Subidas: 6 × 12 s, seguidas por Tiros: 8 × 100 m	Resistência 18 km	78 km
Velocidade 13 km 2 séries de 5 × 200 m no *pace* de corrida de 800 m a 1.600 m (trote de 200 m para recup. e de 4 min entre as séries)	Recuperação 5 km	Corrida aeróbia básica 13 km	Resistência 16 km	72 km
Resistência 16 km	Recuperação 6 km	Corrida aeróbia básica + velocidade 13 km Subidas: 6 × 12 s, seguidas por Tiros: 8 × 100 m	Resistência 19 km	82 km
Resistência 16 km	Recuperação 8 km	Velocidade 13 km 3 séries de 4 × 200 m no *pace* de corrida de 800 m a 1.600 m (trote de 200 m para recup. e de 4 min entre as séries)	Resistência 19 km	86 km
Resistência 18 km	Recuperação 8 km	Corrida aeróbia básica + velocidade 14 km Tiros: 2 séries de 6 × 100 m (trote de 3 min entre as séries)	Resistência 19 km	89 km

72 a 91 km por semana
Plano de 12 semanas

Continua

Continuação

72 a 91 km por semana — Plano de 12 semanas

Semanas até a meta	Segunda-feira	Terça-feira	Quarta-feira
4	Descanso ou treino funcional	Corrida aeróbia básica + velocidade 14 km Tiros: 2 séries de 5 × 150 m (trote de 250 m para recup. e de 4 min entre as séries)	Corrida aeróbia básica 13 km
3	Descanso ou treino funcional	Corrida aeróbia básica 14 km	$\dot{V}O_2$máx 16 km 3 × 1.200 m 3 × 800 m Todos os estímulos no *pace* de corrida de 3–5 km (recup.: trote com duração de 50%–90% do tempo do estímulo)
2	Descanso ou treino funcional	Corrida aeróbia básica + velocidade 14 km Tiros: 2 séries de 5 × 150 m (trote de 250 m para recup. e de 4 min entre as séries)	Corrida aeróbia básica 13 km
1	Descanso ou treino funcional	Corrida aeróbia básica 11 km	Recuperação 8 km
Semana da corrida	*Pace* de corrida + velocidade 11 km Tiros: 4 × 100 m 1.200 m no *pace* de corrida de 8–10 km	Corrida aeróbia básica 10 km	Recuperação 8 km

	Segunda-feira	Terça-feira	Quarta-feira
Pós-corrida semana de recuperação	Descanso ou treino funcional	Recuperação 8 km	Recuperação 10 km

Quinta-feira	Sexta-feira	Sábado	Domingo	Volume semanal
Recuperação 11 km	Recuperação 6 km	Corrida preparatória de 5 km 14 km	Resistência 16 km	74 km
Resistência 18 km	Recuperação 8 km	Corrida aeróbia básica + velocidade 14 km Tiros: 2 séries de 6 × 100 m (trote de 3 min entre as séries)	Resistência 21 km	91 km
Recuperação 11 km	Recuperação 6 km	Corrida preparatória de 5 km 14 km	Resistência 16 km	74 km
$\dot{V}O_2$máx 14 km 4 × 800 m 3 × 600 m Todos os estímulos no *pace* de corrida de 3–5 km (recup.: trote com duração de 50%–90% do tempo do estímulo)	Recuperação 6 km	Corrida aeróbia básica + velocidade 10 km Tiros: 8 × 100 m	Corrida aeróbia básica 14 km	63 km
Descanso	Recuperação 6 km Tiros: 4 × 100 m	**Corrida-alvo de 8–10 km** 18 km	Recuperação 8 km	61 km

Quinta-feira	Sexta-feira	Sábado	Domingo	Volume semanal
Recuperação 10 km	Recuperação 6 km	Corrida aeróbia básica + velocidade 13 km Tiros: 8 × 100 m	Corrida aeróbia básica 16 km	63 km

8–10 km / Plano 3: 96 a 122 km por semana

Semanas até a meta	Segunda-feira	Terça-feira	Quarta-feira
11	Descanso ou treino funcional	Corrida aeróbia básica 16 km	Limiar de lactato 16 km 10 min de estímulo de LL (recup.: trote de 3 min) 10 min de estímulo de LL (recup.: trote de 3 min) 8 min de estímulo de LL
10	Descanso ou treino funcional	Corrida aeróbia básica 16 km	Limiar de lactato 18 km 12 min de estímulo de LL (recup.: trote de 4 min) 10 min de estímulo de LL (recup.: trote de 4 min) 10 min de estímulo de LL
9	Recuperação 6 km	Corrida aeróbia básica 16 km	$\dot{V}O_2$máx 16 km Subidas no esforço de corrida de 3–5 km: 6 × 4 min (recup.: trote na descida)
8 Recuperação	Recuperação 8 km	Corrida aeróbia básica 14 km	Corrida aeróbia básica 11 km
7	Recuperação 8 km	Corrida aeróbia básica 16 km	*Pace* de corrida 18 km 2 × 1.600 m 2 × 1.200 m 2 × 1.000 m 1 × 800 m Todos os estímulos no *pace* de corrida de 8–10 km (recup.: trote com duração de 50% do tempo do estímulo)
6	Corrida de recuperação 10 km	Corrida aeróbia básica 16 km	Limiar de lactato 18 km 14 min de estímulo de LL (recup.: trote de 4 min) 12 min de estímulo de LL (recup.: trote de 4 min) 10 min de estímulo de LL

Quinta-feira	Sexta-feira	Sábado	Domingo	Volume semanal
Resistência 18 km	Corrida de recuperação 11 km	Corrida aeróbia básica + velocidade 14 km Subidas: 6 × 12 s, seguidas por Tiros: 8 × 100 m	Resistência 21 km	96 km
Resistência 18 km	2 corridas de recuperação: 10 km 6 km	Velocidade 13 km 3 séries de 4 × 200 m no *pace* de corrida de 800 m a 1.600 m (trote de 200 m para recup. e de 4 min entre as séries)	Resistência 21 km	102 km
Resistência 18 km	2 corridas de recuperação: 8 km 6 km	Corrida aeróbia básica + velocidade 14 km Subidas: 6 × 12 s, seguidas por Tiros: 8 × 100 m	Resistência 21 km	105 km
Resistência 16 km	2 corridas de recuperação: 10 km 6 km	Velocidade 13 km 3 séries de 4 × 200 m no *pace* de corrida de 800 m a 1.600 m (trote de 200 m para recup. e de 4 min entre as séries)	Resistência 18 km	96 km
Resistência 18 km	2 corridas de recuperação: 8 km 6 km	Corrida aeróbia básica + velocidade 16 km Subidas: 6 × 12 s, seguidas por Tiros: 8 × 100 m	Resistência 21 km	111 km
Resistência 19 km	2 corridas de recuperação: 10 km 6 km	Velocidade 13 km 3 séries de 5 × 200 m no *pace* de corrida de 800 m a 1.600 m (trote de 200 m para recup. e de 4 min entre as séries)	Resistência 23 km	115 km

Continua

Continuação

96 a 122 km por semana — Plano de 12 semanas

Semanas até a meta	Segunda-feira	Terça-feira	Quarta-feira
5	Corrida de recuperação 11 km	Corrida aeróbia básica 16 km	*Pace* de corrida 18 km 2 séries de (1.600 m, 1.200 m, 1.000 m, 800 m) Todos os estímulos no *pace* de corrida de 8–10 km (recup.: trote com duração de 50% do tempo do estímulo)
4	2 corridas de recuperação: 8 km 6 km	Corrida aeróbia básica + velocidade 18 km Tiros: 2 séries de 5 × 150 m (trote de 250 m entre os estímulos e de 4 min entre as séries)	Corrida aeróbia básica 14 km
3	Corrida de recuperação 11 km	Corrida aeróbia básica 18 km	$\dot{V}O_2$máx 18 km 2 séries de (1.200 m, 1.200 m, 800 m) Todos os estímulos no *pace* de corrida de 3–5 km (recup.: trote com duração de 50%–90% do tempo do estímulo)
2	2 corridas de recuperação: 8 km 6 km	Corrida aeróbia básica + velocidade 18 km Tiros: 2 séries de 5 × 150 m (trote de 250 m para recup. e de 4 min entre as séries)	Corrida aeróbia básica 14 km
1	Recuperação 8 km	Corrida aeróbia básica 13 km	Recuperação 11 km
Semana da corrida	*Pace* de corrida + velocidade 13 km Tiros: 4 × 100 m 1.200 m no *pace* de corrida de 8–10 km	Corrida aeróbia básica 11 km	Recuperação 8 km

	Segunda-feira	Terça-feira	Quarta-feira
Pós--corrida semana de recuperação	Descanso ou treino funcional	Recuperação 8 km	Recuperação 10 km

Quinta-feira	Sexta-feira	Sábado	Domingo	Volume semanal
Resistência 19 km	2 corridas de recuperação: 8 km 6 km	Corrida aeróbia básica + velocidade 16 km Tiros: 2 séries de 6 × 100 m (trote de 3 min entre as séries)	Resistência 23 km	117 km
Corrida aeróbia básica 11 km	Recuperação 8 km	Corrida preparatória de 5 km 16 km	Resistência 18 km	99 km
Resistência 19 km	2 corridas de recuperação: 8 km 6 km	Corrida aeróbia básica + velocidade 18 km Tiros: 2 séries de 6 × 100 m (trote de 3 min entre as séries)	Resistência 24 km	122 km
Corrida aeróbia básica 11 km	Recuperação 8 km	Corrida preparatória de 5 km 16 km	Resistência 18 km	99 km
$\dot{V}O_2$máx 16 km 4 × 800 m 4 × 600 m Todos os estímulos no *pace* de corrida de 3–5 km (recup.: trote com duração de 50%–90% do tempo do estímulo)	Recuperação 6 km	Corrida aeróbia básica + velocidade 13 km Tiros: 8 × 100 m	Corrida aeróbia básica 16 km	83 km
Descanso	Recuperação 6 km Tiros: 4 × 100 m	**Corrida-alvo de 8–10 km** 19 km	Recuperação 11 km	68 km

Quinta-feira	Sexta-feira	Sábado	Domingo	Volume semanal
Recuperação 11 km	Corrida aeróbia básica 11 km	Corrida aeróbia básica + velocidade 14 km Tiros: 8 × 100 m	Corrida aeróbia básica 18 km	73 km

96 a 122 km por semana
Plano de 12 semanas

11

Treino para corridas de 15 km e de 16 km

Os treinos neste capítulo prepararão o atleta para correr provas de 15 km e 16 km na sua melhor forma. Corredores de elite mais bem treinados correm essas distâncias com um *pace* próximo ao do limiar de lactato (LL); outros corredores fazem essas provas um pouco abaixo do *pace* de LL. O foco principal dos planos de treino é, obviamente, melhorar o *pace* de LL com treinos de ritmo, estímulos de LL, uma corrida progressiva longa e duas corridas preparatórias. As prioridades secundárias incluem o aumento de corridas longas e da quilometragem geral e a melhora do $\dot{V}O_2$máx.

Planos de treino de 12 semanas são oferecidos para corredores de quilometragem baixa, média e alta. Doze semanas é tempo o suficiente para estimular as adaptações positivas do treino que melhorarão a *performance* de 15 km e de 16 km, mas não é um tempo longo a ponto de o atleta perder o foco na meta. Se o corredor não for capaz de dedicar 12 semanas inteiras para se preparar à corrida-alvo, ele ainda pode se beneficiar entrando em um dos planos faltando, no mínimo, 8 semanas para a corrida. Cada plano inclui, também, duas semanas após a corrida-alvo visando à recuperação e à mudança para a preparação para o próximo desafio.

Entendendo os planos de treino

Embora os planos de treino listem o que o atleta deveria fazer em cada dia, há momentos em que outros compromissos da vida ou a Mãe Natureza atrapalham, e não é possível fazer o treino recomendado para o dia. Quando for preciso fazer um malabarismo com os dias do plano, o atleta não deve tentar compensar o tempo perdido juntando vários dias intensos na sequência. Deve-se apenas tentar encaixar o treino de maior prioridade para a semana. Ao seguir os princípios dos Capítulos 1 e 2, o corredor será capaz de ajustar os planos de treino para atenderem às mudanças necessárias.

Tentamos oferecer informações o suficiente nos planos para que o corredor saiba como fazer cada treino. Se o atleta encontrar dificuldade para compreender um treino em um dos planos, deve retornar para o Capítulo 7, que explica como fazer cada treino (resistência, LL, corridas longas progressivas, $\dot{V}O_2$máx, velocidade, *pace* de corrida, corrida aeróbia básica, recuperação e corridas preparatórias), incluindo a intensidade da corrida, quanto deve fazer de aquecimento e a quantidade de recuperação entre os esforços intensos. O Capítulo 1 também explica a fisiologia de cada tipo de treino.

Seguindo os planos de treino

Cada linha nos planos de treino apresenta uma semana de treino. Observando a linha, o atleta pode notar rapidamente um padrão de trabalho intenso e a recuperação durante a semana. A coluna à esquerda mostra o número de semanas até a corrida-alvo. Descendo pelas colunas fica claro o quanto os vários tipos de treinos progridem conforme o atleta se aproxima da corrida-alvo. À medida que o treinamento e o condicionamento físico progridem ao longo das 12 semanas, o atleta deveria ajustar os *pace*s de acordo.

Para cada dia, incluímos uma categoria de treino (como LL) e o treinamento específico. Por exemplo, no plano de 50 a 72 km por semana, o que está programado para a sexta-feira da primeira semana (11 semanas até a corrida-alvo) é uma corrida de LL. O total da corrida é de 11 km, e, durante o treino, o atleta realiza 2 tiros de 12 minutos entre o *pace* de LL, 6 segundos por quilômetro mais rápido do que o *pace* de LL e um trote de 4 minutos entre os esforços. Se qualquer aspecto dos planos ou dos treinos não estiver claro, pedimos, por favor, que sejam lidas as explicações detalhadas no Capítulo 7.

Se a corrida-alvo incluir ladeiras significativas ou passar por um terreno irregular, o atleta deverá incluir ladeiras no treinamento, a fim de estar preparado para os desafios específicos que encontrará no dia da corrida. Para as corridas de resistência e as corridas aeróbias básicas, deve-se tentar projetar algumas das corridas de treino, de modo a imitar o perfil de ladeira do percurso da corrida. Também é possível ajustar uma parte das sessões de LL correndo os treinos de subidas no LL descritos nos Capítulos 1 e 7. Para se preparar para corridas em ladeiras, o atleta substitui as sessões de LL programadas para 10 e 7 semanas antes da corrida-alvo por subidas no LL. De forma similar, substitui o treino de $\dot{V}O_2$máx programado para 6 semanas antes da corrida-alvo por 6 a 7 tiros de 3 minutos em subida. Esses ajustes prepararão o atleta para correr com força nas ladeiras.

Cada plano de treino inclui corridas preparatórias de 8 a 10 km a serem realizadas a quatro e duas semanas antes da corrida-alvo. Corridas preparatórias são corridas menos importantes que ajudam a preparar o corredor para a corrida-alvo e são explicadas em mais detalhes no Capítulo 7. Se o corredor fizer corridas preparatórias em outros momentos durante a progressão, ele deve ajustar os plano de acordo. Mesmo que essas corridas sejam secundárias em relação à meta no final da temporada, o atleta ainda deve planejar vários dias de corridas aeróbias básicas ou de corridas de recuperação antes, a fim de garantir que não chegará na corrida muito fatigado.

Os planos apresentam a corrida-alvo de 15 km ou de 16 km em um domingo. Se a corrida for em um sábado, apenas se elimina uma das corridas aeróbias básicas durante a semana antes da corrida, e cada uma das corridas restantes muda para um dia antes. Esse ajuste simples corrige o plano para a corrida no sábado.

Janet Cherobon-Bawcom

Recordes pessoais: 10 km em 31:12; 15 km em 49:24; meia maratona em 1:09:55; 25 km em 1:24:36; maratona em 2:29:45

Atleta olímpica pela EUA em 2012 (10.000 m); oito vezes campeã da USATF nas distâncias de 10 km a 25 km

Poucos corredores foram mais bem-sucedidos nos últimos anos na cena norte-americana das corridas de rua do que Janet Cherobon-Bawcom. A corredora olímpica dos 10.000 m de 2012 ganhou oito títulos nacionais nas ruas em um período de dois anos e tem demonstrado uma disposição para uma variedade de eventos que vão desde os 5.000 m na pista até a maratona.

Mesmo com toda essa diversidade, as "queridinhas" da Cherobon-Bawcom, como ela costuma dizer, parecem ser as corridas que duram de 45 a 90 minutos. Isso inclui as provas de 15 km e de 16 km, distâncias nas quais Cherobon-Bawcom ganhou metade dos seus títulos americanos. Ela atribui um pouco disso à genética e um pouco à experiência na área.

"Tenho uma velocidade razoável (ela corre 400 m em 58 segundos), mas não vou para uma prova de 5 km ou mesmo uma de 10 km para derrotar as atletas de pista", Cherobon-Bawcom diz. "Quando a corrida fica um pouco mais longa, acima dos 15 km, minha força iguala minhas chances contra as atletas de pista e, por volta de 25 km, minha velocidade ainda é boa o suficiente para me separar daquelas que se dedicam exclusivamente às maratonas. É só uma pequena condição que eu criei para mim, suponho."

Cherobon-Bawcom preencheu esse nicho com rapidez depois de buscar orientações com o técnico Jack Daniels, em 2011. Até então, a corredora nascida no Quênia era mais conhecida por ter entrado no esporte com 20 anos, só depois de uma chance de pegar carona em um evento de 1988 com o medalhista olímpico dos 1.500 m, Peter Rono. Ele a ajudou a entrar na Universidade Harding, em Arkansas, na qual ela se destacou, mas, depois de se graduar, Cherobon-Bawcom passou a maior parte do seu tempo se dedicando ao curso de enfermagem em Rome, Georgia.

A corrida, porém, nunca saiu por completo do seu sangue, e ela e o marido, Jay, por fim, decidiram se dedicar ao esporte em tempo integral. Sob a tutela de Daniels, Cherobon-Bawcom aumentou gradualmente seu volume e começou um

Continua

Continuação

treino mais metódico. Ela também descobriu que um treinamento mais similar ao de um maratonista – corridas longas de 32 km, treinos de ritmo e estímulos longos de LL e de $\dot{V}O_2$máx – permitia que ela corresse com mais frequência e com mais sucesso por uma grande variedade de distâncias. Os treinos de ritmo e os estímulos de LL, em especial, verdadeiramente tocaram sua alma.

"Talvez seja algo masoquista" – diz ela, com uma gargalhada –, "mas eu gosto mesmo de forçar por 10 a 15 minutos, fazer uma pausa e, então, forçar de novo".

Trabalhar com frequência no *pace* de LL ou um pouco acima permitiu que Cherobon-Bawcom se tornasse uma das melhores corredoras do país. Esses treinos nem sempre vêm com facilidade (em especial para corredores que vivem em climas extremos), mas a recompensa (como Cherobon-Bawcom demonstrou com clareza), muitas vezes, vale o preço.

Estratégias de corrida

Os corredores fazem as corridas de 15 e 16 km em um *pace* bem próximo do *pace* de LL. Começar a corrida muito rápido colocará o atleta acima do LL, e é muito provável que ele pague por esse entusiasmo mais à frente na corrida. Com base nos *pace*s de corridas anteriores em várias distâncias, pode-se estimar o *pace* que o atleta é capaz manter de forma razoável por 15 km ou 16 km e, com isso, ele tentará chegar nesse *pace* durante os primeiros quilômetros. Então, o atleta corre o mais próximo possível desse *pace* durante a corrida. A tabela de *pace* no Apêndice A pode servir de guia para o corredor realizar todas as etapas da prova no *pace*-alvo. Se o atleta treinou com intensidade e fez um bom polimento, um *pace* constante pode dar a sensação de que ele está se segurando um pouco durante os primeiros quilômetros. Se o atleta sentir que está sendo muito precavido e se sentir que ainda está forte durante a segunda metade da corrida, poderá aumentar o esforço em alguns segundos por quilômetro. Essa estratégia de *pace* o colocará em um bom caminho constante para a melhor *performance*, e o atleta se alegrará ao ultrapassar, ao final da corrida, os outros corredores que foram mais descuidados no primeiro quilômetro.

Depois da corrida

Após corridas de 15 km e de 16 km, o atleta precisa de cerca de 10 dias para se recuperar por completo. Cada um dos planos inclui duas semanas após a corrida-alvo para a recuperação e a transição ao treino completo para a próxima corrida. Durante a primeira semana após a corrida-alvo, a corrida é suave, de modo que permita que os músculos se recuperem e relaxem do esforço extremo de corrida. O único esforço é uma série de tiros no sábado, a fim de soltar os membros inferiores e ajudá-los a se sentirem normais de novo. A semana seguinte é chamada de semana de transição, porque muda o foco da recuperação para a manutenção da capacidade física, conquistada com muito esforço para que o atleta possa voltar às corridas de novo.

Continuando a temporada

Depois da corrida-alvo, a questão é o que vem a seguir. Alguns corredores podem olhar adiante para um período de descanso ou para um retorno ao trabalho de base após uma grande corrida; outros estão ansiosos para voltar a correr nas ruas quase que de imediato. Após 12 semanas de treino diligente, o atleta está com um bom condicionamento físico e pode continuar correndo com sucesso uma grande variedade de corridas. Para muitos, essa é uma grande oportunidade para correr de novo na faixa dos 15 km até a meia maratona e para mostrar o condicionamento físico em corridas mais curtas também. Com um bom planejamento, o atleta pode correr repetidamente perto de seu melhor nível. O Apêndice B mostra *performance*s equivalentes de corrida de 5 km até a meia maratona, a fim de ajudar a comparar as *performances* entre distâncias de corrida e ajustar as metas para as próximas corridas. As diretrizes a seguir ajudarão o atleta a obter sucesso em várias corridas:

1. Selecionar as corridas com sabedoria.
2. Preparar-se especificamente para a próxima corrida.
3. Utilizar apenas o período de polimento necessário para cada corrida.
4. Recuperar-se rapidamente de cada corrida.
5. Manter a base aeróbia.
6. Conhecer os limites.

1. Selecionar as corridas com sabedoria

Ao escolher suas corridas, o atleta precisa equilibrar o desejo de correr frequentemente com a paixão por correr bem. Muita corrida e pouco treino é uma situação que pode comprometer a *performance* bem rápido. Ao selecionar as corridas, o atleta deve tentar agrupar duas ou três corridas juntas com várias semanas de treino entre cada grupo. Isso oferecerá várias oportunidades de correr, mas, também, permitirá uma adequação dos treinos entre os grupos. Por exemplo, o atleta poderia correr 5 km, 10 km e 15 km em uma sequência, uma próxima da outra, e, então, devotaria três ou quatro semanas de treino para elevar a base aeróbia com uma quilometragem mais alta e com corridas de resistência mais longas. Ao alternar os grupos de corridas com várias semanas de um treino sólido, o atleta pode correr com frequência e, também, manter o condicionamento físico durante a temporada de corridas.

2. Preparar-se especificamente para a próxima corrida

A preparação específica requerida para a próxima corrida depende da distância e da ênfase do treino recente. Se o atleta acabou de correr uma prova de 15 km ou de 16 km, ele desenvolveu bastante a resistência e o LL. Se a próxima corrida está na faixa dos 10 km até a meia maratona, ele estará pronto para correr de novo de imediato. Entretanto, se estiver planejando correr uma prova de 5 km, precisará enfatizar o $\dot{V}O_2$máx e a velocidade por várias semanas, a fim de elevar o condicionamento físico específico para correr essa distância. Ele também pode simplesmente saltar para um dos planos de treino de 5 km.

3. Utilizar apenas o período de polimento necessário para cada corrida

Como vimos no Capítulo 6, um polimento completo permite que o corpo se recupere inteiramente para que o atleta possa correr melhor. Muitos polimentos completos feitos próximos uns dos outros, contudo, podem levar a uma perda do condicionamento físico durante a temporada de corrida. Para correr ao máximo diversas provas, é preciso abreviar o período de polimento para todas as corridas, exceto para as mais importantes. O Capítulo 6 descreve um minipolimento de quatro dias para corridas menos importantes, e um polimento de uma semana para corridas de importância moderada. Certifique-se de reservar o polimento completo de duas semanas para algumas poucas corridas principais por ano.

4. Recuperar-se rapidamente de cada corrida

Para correr repetidas vezes com sucesso, o atleta se beneficiará ao aprender a se recuperar com rapidez das corridas, para que possa retornar para o treino completo com rapidez. Um dos elementos principais para uma recuperação rápida é reduzir o treino durante os três primeiros dias depois da corrida, quando os músculos e os tendões estão fatigados e menos resistentes. Depois de três dias, se o atleta não tem músculos muito doloridos, ameaçando se transformar em uma lesão, pode começar a aumentar com segurança a quilometragem. Outras sugestões para acelerar a recuperação são oferecidas no Capítulo 2. Com qual rapidez o treino deve ser elevado depende da distância que o atleta correu; corridas mais longas demandam uma recuperação mais longa antes de voltar para o treinamento completo.

5. Manter a base aeróbia

O fator mais importante para correr repetidas vezes em uma alta intensidade ao longo da temporada de corridas é manter a base aeróbia. Quando o atleta faz o polimento, corre e se recupera repetidas vezes, a quilometragem começa a diminuir. Isso não é um problema para uma ou duas corridas, mas, ao longo de várias corridas, o corredor pode descobrir que o volume de treino foi reduzido por um período prolongado, e o condicionamento aeróbio está prejudicado.

Para evitar perder a base aeróbia e para evitar a redução decorrente na *performance* de corrida, o atleta precisa encontrar formas criativas de manter a quilometragem de treinamento entre corridas. A seguir, estão várias estratégias para manter a quilometragem durante a temporada de corridas:

- aumentar a duração dos aquecimentos e do tempo de volta à calma antes e depois dos treinos de $\dot{V}O_2$máx, das sessões de LL, dos treinos de velocidade e das corridas;
- acrescentar alguns quilômetros nas corridas de resistência e nas corridas aeróbias básicas;
- acrescentar uma corrida suave de recuperação nos dias com treino de $\dot{V}O_2$máx ou com sessão de velocidade.

6. Conhecer os limites

A consideração final ao projetar o plano de corrida é manter a fome por corridas. Correr demais pode levar a uma perda de gana e a *performances* medíocres. Só o corredor pode julgar quando acrescentar outra corrida passará do limite.

Planos de treino para corridas de 15 km e 16 km

Três planos de treino são oferecidos para preparar o atleta para correr 15 km ou 16 km na sua melhor forma. Cada plano tem 12 semanas de duração. Simplesmente, escolhe-se aquele que começa o mais próximo possível da quilometragem atual de treino.

Treino para corridas de 15 km e 16 km: 50 a 72 km por semana

Este plano é para corredores que estão treinando de 40 a 56 km por semana. Se o atleta estiver correndo menos de 40 km por semana, deve seguir o plano de treino de base delineado no Capítulo 8, para chegar a 48 km por semana antes de tentar este plano. Ele começa com 50 km por semana e aumenta de forma gradual para 72 km quando estiver faltando três semanas para a corrida-alvo. O treino, então, é reduzido, para que o atleta esteja em boa forma e renovado para o dia da corrida.

Treino para corridas de 15 km e 16 km: 73 a 95 km por semana

Este plano é para corredores que estão treinando de 64 a 80 km por semana. Se o atleta estiver correndo menos de 64 km por semana, deve seguir o plano de treino de base delineado no Capítulo 8, para chegar a 72 km por semana antes de tentar este plano. Ele começa com 73 km por semana e aumenta de forma gradual para 95 km quando estiver faltando três semanas para a corrida-alvo. O treino, então, é reduzido, para que o atleta esteja em boa forma e renovado para o dia da corrida.

Treino para corridas de 15 km e 16 km: 98 a 130 km por semana

Este plano é para corredores que estão treinando de 88 a 104 km por semana. Se o atleta estiver correndo menos de 88 km por semana, deve seguir o plano de treino de base delineado no Capítulo 8, para chegar a 96 km por semana antes de tentar este plano. Ele começa com 98 km por semana e aumenta de forma gradual para 130 km quando estiver faltando três semanas para a corrida-alvo. O treino, então, é reduzido, para que o atleta esteja em boa forma e renovado para o dia da corrida.

15 km e 16 km / Plano 1: 50 a 72 km por semana

Semanas até a meta	Segunda-feira	Terça-feira	Quarta-feira	Quinta-feira
11	Descanso ou treino funcional	Corrida aeróbia básica + velocidade 10 km Tiros: 8 × 100 m	Resistência 13 km	Descanso ou treino funcional
10	Descanso ou treino funcional	Corrida aeróbia básica + velocidade 11 km Subidas: 6 × 12 s, seguidas por Tiros: 6 × 100 m	Resistência 13 km	Descanso ou treino funcional
9	Descanso ou treino funcional	Corrida aeróbia básica + velocidade 13 km Subidas: 6 × 12 s, seguidas por Tiros: 6 × 100 m	Resistência 14 km	Descanso ou treino funcional
8 Recuperação	Descanso ou treino funcional	Corrida aeróbia básica + velocidade 13 km Tiros: 2 séries de 5 × 150 m (trote de 250 m para recup. e de 4 min entre as séries)	Corrida aeróbia básica 11 km	Descanso ou treino funcional
7	Descanso ou treino funcional	Corrida aeróbia básica + velocidade 11 km Tiros: 10 × 100 m	Resistência 14 km	Descanso ou treino funcional
6	Descanso ou treino funcional	$\dot{V}O_2$máx 13 km 5 × 1.000 m no *pace* de corrida de 3–5 km (recup.: trote com duração de 50%–90% do tempo do estímulo)	Resistência 14 km	Descanso ou treino funcional
5	Descanso ou treino funcional	Corrida aeróbia básica + velocidade 13 km Subidas: 6 × 12 s, seguidas por Tiros: 6 × 100 m	Resistência 16 km	Descanso ou treino funcional

Sexta-feira	Sábado	Domingo	Volume semanal
Limiar de lactato 11 km Estímulos de LL: 2 × 12 min (recup.: trote de 4 min)	Descanso ou treino funcional	Resistência 16 km	50 km
Limiar de lactato 13 km 16 min de estímulo de LL (recup.: trote de 4 min) 12 min de estímulo de LL	Descanso ou treino funcional	Resistência 16 km	53 km
Limiar de lactato 13 km Estímulos de LL: 2 × 16 min (recup.: trote de 4 min)	Descanso ou treino funcional	Resistência 18 km	58 km
Corrida aeróbia básica 11 km	Descanso ou treino funcional	Corrida aeróbia básica 14 km	49 km
Limiar de lactato 13 km 16 min de estímulo de LL (recup.: trote de 4 min) 12 min de estímulo de LL (recup.: trote de 4 min) 8 min de estímulo de LL	Recuperação 6 km	Resistência 18 km	62 km
Corrida aeróbia básica + velocidade 13 km Tiros: 2 séries de 6 × 100 m (trote de 3 min entre as séries)	Recuperação 8 km	Corrida progressiva longa 18 km Aumento constante do esforço durante a corrida; últimos 5 km no *pace* de LL	66 km
Limiar de lactato 14 km 36 min de treino de ritmo	Recuperação 6 km	Resistência 19 km	68 km

Continua

50 a 72 km por semana
Plano de 12 semanas

Continuação

Semanas até a meta	Segunda-feira	Terça-feira	Quarta-feira	Quinta-feira
4	Descanso ou treino funcional	Corrida aeróbia básica + velocidade 11 km Tiros: 2 séries de 4 × 150 m (trote de 250 m para recup. e de 4 min entre as séries)	Corrida aeróbia básica 11 km	Descanso
3	Descanso ou treino funcional	Corrida aeróbia básica + velocidade 13 km Tiros: 2 séries de 6 × 100 m (trote 3 min entre as séries)	Resistência 18 km	Descanso ou treino funcional
2	Descanso ou treino funcional	Corrida aeróbia básica + velocidade 13 km Tiros: 2 séries de 4 × 150 m (trote de 250 m para recup. e de 4 min entre as séries)	Corrida aeróbia básica 11 km	Descanso
1	Descanso ou treino funcional	Corrida aeróbia básica + velocidade 10 km Tiros: 2 séries de 6 × 100 m (trote de 3 min entre as séries)	Recuperação 8 km	Descanso ou treino funcional
Semana da corrida	Descanso ou treino funcional	*Pace* de corrida + velocidade 11 km Tiros: 4 × 100 m 3 km no *pace* de corrida de 15 ou 16 km	Recuperação 8 km	Recuperação 6 km

Recuperação e transição

	Segunda-feira	Terça-feira	Quarta-feira	Quinta-feira
Semana de recuperação	Recuperação 6 km	Descanso ou treino funcional	Recuperação 8 km	Recuperação 10 km
Semana de transição	Descanso ou treino funcional	Corrida aeróbia básica 11 km	Corrida aeróbia básica 13 km	Descanso ou treino funcional

50 a 72 km por semana
Plano de 12 semanas

Sexta-feira	Sábado	Domingo	Volume semanal
Recuperação 5 km	Corrida preparatória de 8–10 km 16 km	Resistência 14 km	57 km
V̇O₂máx 14 km 5 × 1.200 m no *pace* de corrida de 3–5 km (recup.: trote com duração de 50%–90% do tempo do estímulo)	Recuperação 6 km	Resistência 21 km	72 km
Recuperação 5 km	Corrida preparatória de 8–10 km 16 km	Resistência 14 km	59 km
V̇O₂máx 13 km 2 × 1.200 m 2 × 1.000 m 1 × 800 m Todos os estímulos no *pace* de corrida de 3–5 km (recup.: trote com duração de 50%–90% do tempo do estímulo)	Recuperação 5 km	Resistência 14 km	50 km
Descanso	Recuperação 5 km Tiros: 4 × 100 m	**Corrida-alvo de 15 ou 16 km** 21 km	51 km

Recuperação e transição

Sexta-feira	Sábado	Domingo	Volume semanal
Descanso ou treino funcional	Corrida aeróbia básica + velocidade 11 km Tiros: 8 × 100 m	Corrida aeróbia básica 14 km	49 km
Corrida aeróbia básica + velocidade 13 km Tiros: 2 séries de 6 × 100 m (trote de 3 min entre as séries)	Recuperação 8 km	Resistência 18 km	63 km

50 a 72 km por semana
Plano de 12 semanas

15 km e 16 km / Plano 2: 73 a 95 km por semana

Semanas até a meta	Segunda-feira	Terça-feira	Quarta-feira
11	Descanso ou treino funcional	Corrida aeróbia básica 14 km	Limiar de lactato 13 km 15 min de estímulo de LL (recup.: trote de 4 min) 12 min de estímulo de LL
10	Descanso ou treino funcional	Corrida aeróbia básica 14 km	Limiar de lactato 14 km 18 min de estímulo de LL (recup.: trote de 4 min) 12 min de estímulo de LL
9	Descanso ou treino funcional	Corrida aeróbia básica 14 km	Limiar de lactato 14 km 20 min de estímulo de LL (recup.: trote de 4 min) 14 min de estímulo de LL
8 Recuperação	Descanso ou treino funcional	Corrida aeróbia básica 13 km	Corrida aeróbia básica 16 km
7	Descanso ou treino funcional	Corrida aeróbia básica 14 km	Limiar de lactato 16 km 18 min de estímulo de LL (recup.: trote de 4 min) 12 min de estímulo de LL (recup.: trote de 4 min) 8 min de estímulo de LL
6	Descanso ou treino funcional	Corrida aeróbia básica 14 km	$\dot{V}O_2$máx 13 km 6 × 1.000 m no *pace* de corrida de 3–5 km (recup.: trote com duração de 50%–90% do tempo do estímulo)
5	Descanso ou treino funcional	Corrida aeróbia básica 14 km	Limiar de lactato 16 km 38 min de treino de ritmo

Quinta-feira	Sexta-feira	Sábado	Domingo	Volume semanal
Resistência 16 km	Descanso ou treino funcional	Corrida aeróbia básica + velocidade 11 km Tiros: 2 séries de 6 × 100 m (trote de 3 min entre as séries)	Resistência 19 km	73 km
Resistência 18 km	Descanso ou treino funcional	Corrida aeróbia básica + velocidade 11 km Subidas: 6 × 12 s, seguidas por Tiros: 8 × 100 m	Resistência 19 km	76 km
Resistência 18 km	Descanso ou treino funcional	Corrida aeróbia básica + velocidade 13 km Subidas: 6 × 12 s, seguidas por Tiros: 8 × 100 m	Resistência 21 km	82 km
Corrida aeróbia básica + velocidade 14 km Tiros: 2 séries de 5 × 150 m (trote de 250 m para recup. e de 4 min entre as séries)	Descanso ou treino funcional	Corrida aeróbia básica 13 km	Resistência 18 km	73 km
Resistência 18 km	Recuperação 5 km	Corrida aeróbia básica + velocidade 13 km Tiros: 2 séries de 8 × 100 m (trote de 3 min entre as séries)	Resistência 21 km	87 km
Resistência 19 km	Recuperação 5 km	Corrida aeróbia básica + velocidade 13 km Tiros: 2 séries de 6 × 100 m (trote de 3 min entre as séries)	Corrida progressiva longa 23 km Aumento constante do esforço durante a corrida, a recuperação e o *pace* de LL	90 km
Resistência 19 km	Recuperação 5 km	Corrida aeróbia básica + velocidade 14 km Subidas: 6 × 12 s, seguidas por Tiros: 8 × 100 m	Resistência 24 km	92 km

73 a 95 km por semana
Plano de 12 semanas

Continua

Continuação

Semanas até a meta	Segunda-feira	Terça-feira	Quarta-feira
4	Descanso ou treino funcional	Corrida aeróbia básica + velocidade 14 km Tiros: 2 séries de 5 × 150 m (trote de 250 m para recup. e de 4 min entre as séries)	Corrida aeróbia básica 13 km
3	Descanso ou treino funcional	Corrida aeróbia básica 14 km	Resistência 18 km
2	Descanso ou treino funcional	Corrida aeróbia básica + velocidade 14 km Tiros: 2 séries de 5 × 150 m (trote de 250 m para recup. e de 4 min entre as séries)	Corrida aeróbia básica 14 km
1	Descanso ou treino funcional	Corrida aeróbia básica 11 km	Recuperação 10 km
Semana da corrida	Descanso ou treino funcional	*Pace* de corrida + velocidade 13 km Tiros: 6 × 100 m 3.200 m no *pace* de corrida de 15–16 km	Corrida aeróbia básica 11 km

Recuperação e transição

	Segunda-feira	Terça-feira	Quarta-feira
Semana de recuperação	Recuperação 6 km	Descanso ou treino funcional	Recuperação 10 km
Semana de transição	Descanso ou treino funcional	Corrida aeróbia básica 14 km	Corrida aeróbia básica 11 km

Treino para corridas de 15 km e de 16 km /// 279

Quinta-feira	Sexta-feira	Sábado	Domingo	Volume semanal
Recuperação 11 km	Recuperação 6 km	Corrida preparatória de 8–10 km 16 km	Resistência 19 km	79 km
$\dot{V}O_2$máx 16 km 2 × 1.200 m 4 × 800 m Todos os estímulos no *pace* de corrida de 3–5 km (recup.: trote com duração de 50%–90% do tempo do estímulo)	Recuperação 8 km	Corrida aeróbia básica + velocidade 16 km Tiros: 2 séries de 6 × 100 m (trote de 3 min entre as séries)	Resistência 24 km	96 km
Recuperação 11 km	Recuperação 6 km	Corrida preparatória de 8–10 km 16 km	Resistência 19 km	82 km
$\dot{V}O_2$máx 14 km 2 × 1.200 m 2 × 1.000 m 2 × 800 m Todos os estímulos no *pace* de corrida de 3–5 km (recup.: trote com duração de 50%–90% do tempo do estímulo)	Recuperação 6 km	Corrida aeróbia básica + velocidade 10 km Tiros: 2 séries de 6 × 100 m (trote de 3 min entre as séries)	Resistência 16 km	67 km
Recuperação 10 km	Descanso	Recuperação 6 km Tiros: 4 × 100 m	**Corrida-alvo de 15 km ou de 16 km** 23 km	63 km

Recuperação e transição

Quinta-feira	Sexta-feira	Sábado	Domingo	Volume semanal
Recuperação 10 km	Recuperação 6 km	Corrida aeróbia básica + velocidade 13 km Tiros: 8 × 100 m	Corrida aeróbia básica 16 km	61 km
Corrida aeróbia básica 16 km	Recuperação 8 km	Corrida aeróbia básica + velocidade 13 km Tiros: 2 séries de 6 × 100 m (trote de 3 min entre as séries)	Resistência 19 km	82 km

73 a 95 km por semana
Plano de 12 semanas

15 km e 16 km / Plano 3: 98 a 130 km por semana

Semanas até a meta	Segunda-feira	Terça-feira	Quarta-feira
11	Descanso ou treino funcional	Corrida aeróbia básica 16 km	Limiar de lactato 16 km 16 min de estímulo de LL (recup.: trote de 4 min) 12 min de estímulo de LL
10	Descanso ou treino funcional	Corrida aeróbia básica 16 km	Limiar de lactato 18 km 18 min de estímulo de LL (recup.: trote de 4 min) 14 min de estímulo de LL
9	Recuperação 6 km	Corrida aeróbia básica 16 km	Limiar de lactato 18 km Estímulos de LL: 2 × 18 min (recup.: trote de 4 min)
8 Recuperação	Recuperação 6 km	Corrida aeróbia básica 14 km	Corrida aeróbia básica 16 km
7	Recuperação 8 km	Corrida aeróbia básica 16 km	Limiar de lactato 18 km 18 min de estímulo de LL (recup.: trote de 4 min) 12 min de estímulo de LL (recup.: trote de 4 min) 10 min de estímulo de LL
6	Corrida de recuperação 8 km	Corrida aeróbia básica 16 km	$\dot{V}O_2$máx 18 km 3 × 1.200 m, 3 × 1.000 m Todos os estímulos no *pace* de corrida de 3–5 km (recup.: trote com duração de 50%–90% do tempo do estímulo)
5	Corrida de recuperação 10 km	Corrida aeróbia básica 16 km	Limiar de lactato 18 km 38 min de treino de ritmo com mudança de *pace*: 4 min rápidos, 4 min constantes, seguidos por 5 × 2 min rápidos, 4 min constantes

Quinta-feira	Sexta-feira	Sábado	Domingo	Volume semanal
Resistência 19 km	Corrida de recuperação 10 km	Corrida aeróbia básica + velocidade 14 km Tiros: 2 séries de 6 × 100 m (trote de 3 min entre as séries)	Resistência 23 km	98 km
Resistência 21 km	Recuperação 10 km	Corrida aeróbia básica + velocidade 14 km Subidas: 6 × 12 s, seguidas por Tiros: 8 × 100 m	Resistência 24 km	103 km
Resistência 21 km	Recuperação 10 km	Corrida aeróbia básica + velocidade 14 km Subidas: 6 × 12 s, seguidas por Tiros: 8 × 100 m	Resistência 24 km	109 km
Resistência 19 km	Recuperação 10 km	Corrida aeróbia básica + velocidade 14 km Tiros: 2 séries de 6 × 150 m (trote de 250 m para recup. e de 4 min entre as séries)	Resistência 21 km	100 km
Resistência 21 km	2 corridas de recuperação: 6 km 6 km	Corrida aeróbia básica + velocidade 14 km Tiros: 2 séries de 8 × 100 m (trote de 3 min entre as séries)	Resistência 26 km	115 km
Resistência 21 km	2 corridas de recuperação: 8 km 6 km	Corrida aeróbia básica + velocidade 16 km Tiros: 2 séries de 6 × 100 m (trote de 3 min entre as séries)	Corrida progressiva longa 26 km Aumento constante do esforço; últimos 5 km no *pace* de LL	119 km
Resistência 23 km	2 corridas de recuperação: 8 km 6 km	Corrida aeróbia básica + velocidade 16 km Subidas: 6 × 12 s, seguidas por Tiros: 8 × 100 m	Resistência 26 km	123 km

Continua

Continuação

Semanas até a meta	Segunda-feira	Terça-feira	Quarta-feira
4	2 corridas de recuperação: 8 km 6 km	Corrida aeróbia básica + velocidade 18 km Tiros: 2 séries de 5 × 150 m (trote de 250 m para recup. e de 4 min entre as séries)	Corrida aeróbia básica 14 km
3	Recuperação 11 km	Corrida aeróbia básica 18 km	Resistência 19 km
2	2 corridas de recuperação: 8 km 6 km	Corrida aeróbia básica + velocidade 18 km Tiros: 2 séries de 5 × 150 m (trote de 250 m para recup. e de 4 min entre as séries)	Corrida aeróbia básica 14 km
1	Recuperação 8 km	Corrida aeróbia básica 13 km	Recuperação 11 km
Semana da corrida	Recuperação 8 km	*Pace* de corrida + velocidade 14 km Tiros: 8 × 100 m 3 km no *pace* de corrida de 15 km ou 16 km	Corrida aeróbia básica 11 km

Recuperação e transição

	Segunda-feira	Terça-feira	Quarta-feira
Semana de recuperação	Recuperação 8 km	Descanso ou treino funcional	Recuperação 10 km
Semana de transição	Recuperação 10 km	Corrida aeróbia básica 14 km	Corrida aeróbia básica 13 km

Quinta-feira	Sexta-feira	Sábado	Domingo	Volume semanal
Corrida aeróbia básica 11 km	Recuperação 8 km	Corrida preparatória de 8–10 km 18 km	Resistência 21 km	104 km
$\dot{V}O_2$máx 18 km 1 × 1.600 m, 2 × 1.200 m, 2 × 1.000 m, 1 × 800 m Todos os estímulos no *pace* de corrida de 3–5 km (recup.: trote com duração de 50%–90% do tempo do estímulo)	2 corridas de recuperação: 10 km 8 km	Corrida aeróbia básica + velocidade 18 km Tiros: 2 séries de 6 × 100 m (trote de 3 min entre as séries)	Resistência 27 km	129 km
Corrida aeróbia básica 11 km	Recuperação 8 km	Corrida preparatória de 8–10 km 18 km	Resistência 21 km	104 km
$\dot{V}O_2$máx 16 km 2 × 1.200 m, 2 × 1.000 m, 2 × 800 m Todos os estímulos no *pace* de corrida de 3–5 km (recup.: trote com duração de 50%–90% do tempo do estímulo)	Recuperação 6 km	Corrida aeróbia básica + velocidade 14 km Tiros: 2 séries de 6 × 100 m (trote de 3 min entre as séries)	Resistência 19 km	87 km
Recuperação 10 km	Descanso	Recuperação 6 km Tiros: 4 × 100 m	**Corrida-alvo de 15 km ou 16 km** 24 km	73 km

Recuperação e transição

Quinta-feira	Sexta-feira	Sábado	Domingo	Volume semanal
Recuperação 11 km	Recuperação 10 km	Corrida aeróbia básica + velocidade 13 km Tiros: 8 × 100 m	Corrida aeróbia básica 18 km	70 km
Corrida aeróbia básica 18 km	Recuperação 10 km	Corrida aeróbia básica + velocidade 14 km Tiros: 2 séries de 6 × 100 m (trote de 3 min entre as séries)	Resistência 21 km	100 km

98 a 130 km por semana
Plano de 12 semanas

12

Treino para a meia maratona

Os treinos neste capítulo prepararão o atleta para correr uma meia maratona na sua melhor forma. A maioria dos corredores corre essa distância clássica de 21,1 km com um *pace* um pouco abaixo do seu *pace* de limiar de lactato (LL). O foco principal dos planos de treino é melhorar o *pace* de LL com treinos de ritmo, estímulos de LL, três corridas progressivas longas e duas corridas preparatórias. As prioridades secundárias incluem o aumento de corridas longas e da quilometragem geral e a melhora do $\dot{V}O_2$máx.

Além dos planos de treino de 12 semanas para corredores de quilometragem baixa, média e alta, incluímos um plano para corredores que correm uma quilometragem muito alta. Incluímos esse plano para aqueles corredores comprometidos que estão preparados para chegar a 161 km por semana. Planos de treino de 12 semanas propiciam tempo o suficiente para estimular as adaptações positivas ao treino, que melhorarão a *performance* na meia maratona, mas não são longos a ponto de o atleta perder o foco na meta. Se o corredor não puder dedicar 12 semanas inteiras para se preparar à meia maratona, a corrida-alvo, ele ainda pode se beneficiar entrando em um dos planos faltando, no mínimo, 8 semanas para a corrida. Cada plano inclui, também, duas semanas de recuperação após a meia maratona, visando acelerar a recuperação e iniciar a preparação para o próximo desafio.

Entendendo os planos de treino

Embora os planos de treino listem o que o atleta deveria fazer em cada dia, há momentos em que outros compromissos da vida ou a Mãe

Natureza atrapalham, e não é possível fazer o treino recomendado para o dia. Quando for preciso fazer um malabarismo com os dias do plano, o atleta não deve tentar compensar o tempo perdido juntando vários dias intensos na sequência. Deve-se apenas tentar encaixar o treino de maior prioridade para a semana. Ao seguir os princípios dos Capítulos 1 e 2, o corredor será capaz de ajustar os planos de treino para atenderem às mudanças necessárias.

Tentamos oferecer informações o suficiente nos planos para que o corredor saiba como fazer cada treino. Se o atleta encontrar dificuldade para compreender um treino em um dos planos, deve retornar para o Capítulo 7, que explica como fazer cada treino (resistência, LL, corridas longas progressivas, $\dot{V}O_2$máx, velocidade, *pace* de corrida, corrida aeróbia básica, recuperação e corridas preparatórias), incluindo a intensidade da corrida, quanto deve fazer de aquecimento e a quantidade de recuperação entre os esforços intensos. O Capítulo 1 também explica a fisiologia de cada tipo de treino.

Seguindo os planos de treino

Cada linha nos planos de treino apresenta uma semana de treino. Observando a linha, o atleta pode notar rapidamente um padrão de trabalho intenso e a recuperação durante a semana. A coluna à esquerda mostra o número de semanas até a corrida-alvo. Descendo pelas colunas, fica claro o quanto os vários tipos de treinos progridem conforme o atleta se aproxima da corrida-alvo. À medida que o treinamento e o condicionamento físico progridem ao longo das 12 semanas, o atleta deveria ajustar os *pace*s de acordo.

Para cada dia, incluímos uma categoria de treino (como LL) e o treinamento específico. Por exemplo, no plano de 73 a 102 km por semana, o que está programado para a quarta-feira da primeira semana (11 semanas até a corrida-alvo) é uma corrida de LL. O total da corrida é de 13 km, e, durante o treino, o atleta corre 15 minutos entre o *pace* de LL, 6 segundos por quilômetro mais rápido do que o *pace* de LL, faz uma trote de 4 minutos e, então, corre outros 12 minutos na mesma intensidade. Se qualquer aspecto dos planos ou dos treinos não estiver claro, pedimos, por favor, que sejam lidas as explicações detalhadas no Capítulo 7.

Se a corrida-alvo incluir ladeiras significativas ou passar por um terreno irregular, o atleta deverá incluir ladeiras no treinamento, a fim de estar preparado para os desafios específicos que encontrará na meia maratona. Para as corridas de resistência e as corridas aeróbias básicas, deve-se tentar projetar algumas das corridas de treino, de modo a imitar o perfil de ladeira do percurso da corrida. Também é possível ajustar uma parte das sessões de LL correndo os treinos de subidas no LL descritos nos Capítulos 1 e 7. Para se preparar para corridas em ladeiras, o atleta substitui as sessões de LL programadas para 10 e 7 semanas antes da corrida-alvo por subidas no LL. De forma similar, substitui o treino de $\dot{V}O_2$máx programado para 6 semanas antes da corrida-alvo por 6 a 8 tiros de 3 minutos em subida. Esses ajustes prepararão o atleta para correr com força nas ladeiras.

Cada plano de treino inclui corridas preparatórias de 8 a 10 km a serem realizadas a quatro e duas semanas antes da corrida-alvo. Corridas preparatórias são corridas menos importantes que ajudam a preparar o corredor para a corrida-alvo e são explicadas em mais detalhes no Capítulo 7. Se o corredor fizer corridas preparatórias em outros momentos durante a progressão, ele deve ajustar os planos de acordo. Mesmo que essas corridas sejam secundárias em relação à meta no final da temporada, o atleta ainda deve planejar vários dias de corridas aeróbias básicas ou de corridas de recuperação antes, a fim de garantir que não chegará na corrida muito fatigado.

Os planos apresentam a corrida-alvo, a meia maratona, em um domingo. Se a corrida for em um sábado, apenas se elimina uma das corridas aeróbias básicas durante a semana antes da corrida-alvo, e cada uma das corridas restantes muda para um dia antes. Esse ajuste simples corrige o plano para a corrida no sábado.

Estratégias de corrida

Os corredores fazem a meia maratona em um *pace* de 3 a 9 segundos por quilômetro mais lento do que o *pace* de LL. Correr com um *pace* relativamente constante durante a prova é quase sempre a estratégia ideal para atingir a melhor *performance*. Se o atleta começar a corrida muito rápido, é muito provável que ele pague por esse entusiasmo mais à frente na corrida. Com base nos *pace*s de meias-maratonas anteriores (ou se o atleta ainda não correu uma meia maratona, nos de outra distância de corrida), pode-se estimar o *pace* que o atleta é capaz manter de forma razoável por 21,1 km e, com isso, ele tentará chegar nesse *pace* durante os primeiros quilômetros. Então, o atleta corre o mais próximo possível desse *pace* durante a corrida. A tabela de *pace* no Apêndice A pode servir de guia para o corredor realizar todas as etapas da prova no *pace*-alvo. Se o atleta treinou com intensidade e fez um bom polimento, um *pace* constante pode dar a sensação de que ele está se segurando um pouco durante os primeiros quilômetros. Se o atleta sentir que está sendo muito precavido e se sentir que ainda está forte durante a segunda metade da corrida, poderá aumentar o esforço em alguns segundos por quilômetro. Essa estratégia de *pace* o colocará em um bom caminho constante para a melhor *performance*, e o atleta se alegrará ao ultrapassar, ao final da corrida, os outros corredores que foram mais descuidados no primeiro quilômetro.

Depois da corrida

Após a meia maratona, o atleta precisa de cerca de 10 dias para se recuperar por completo. Cada um dos planos inclui duas semanas após a corrida-alvo para a recuperação e a transição ao treino completo para a próxima corrida. Durante a primeira semana após a corrida-alvo, a corrida é suave, de modo que permita que os músculos se recuperem e relaxem do esforço extremo de corrida. O único esforço é uma série de tiros no sábado, a fim de soltar os membros inferiores e ajudá-los a se sentirem normais de novo. A semana seguinte é chamada de semana de transição, porque muda o foco da recuperação para a manutenção da capacidade física conquistada com muito esforço para que o atleta possa voltar às corridas de novo.

Continuando a temporada

Depois da corrida-alvo, a questão é o que vem a seguir. Alguns corredores podem olhar adiante para um período de descanso ou para um retorno ao trabalho de base após uma grande corrida, outros estão ansiosos para voltar a correr nas ruas quase que de imediato. Após 12 semanas de treino diligente, o atleta está com um bom condicionamento físico e pode continuar correndo com sucesso uma grande variedade de corridas. Para muitos, essa é uma grande oportunidade para correr de novo a meia maratona e para mostrar o condicionamento físico em corridas mais curtas também. Com um bom planejamento, o atleta pode correr repetidamente perto de seu melhor nível. O Apêndice B mostra *performances* equivalentes de corrida de 5 km até a meia maratona, a fim de ajudar a comparar as *performances* entre distâncias de corrida e ajustar as metas para as próximas corridas. As diretrizes a seguir ajudarão o atleta a obter sucesso em várias corridas:

1. Selecionar as corridas com sabedoria.
2. Preparar-se especificamente para a próxima corrida.
3. Utilizar apenas o período de polimento necessário para cada corrida.
4. Recuperar-se rapidamente de cada corrida.
5. Manter a base aeróbia.
6. Conhecer os limites.

1. Selecionar as corridas com sabedoria

Ao escolher suas corridas, o atleta precisa equilibrar o desejo de correr frequentemente com a paixão por correr bem. Muita corrida e pouco treino é uma situação que pode comprometer a *performance* bem rápido. Ao selecionar as corridas, o atleta deve tentar agrupar duas ou três corridas juntas com várias semanas de treino entre cada grupo. Isso oferecerá várias oportunidades de correr, mas, também, permitirá uma adequação dos treinos entre os grupos. Por exemplo, o atleta poderia correr 5 km, 10 km e 15 km em uma sequência, uma próxima da outra, e, então, devotaria três ou quatro semanas de treino para elevar a base aeróbia com uma quilometragem mais alta e com corridas de resistência mais longas. Ao alternar os grupos de corridas com várias semanas de um treino sólido, o atleta pode correr com frequência e, também, manter o condicionamento físico durante a temporada de corridas.

2. Preparar-se especificamente para a próxima corrida

A preparação específica requerida para a próxima corrida depende da distância e da ênfase do treino recente. Se o atleta acabou de correr uma meia maratona, ele desenvolveu bastante a resistência e o LL. Se a próxima corrida está na faixa dos 15 km até a meia maratona, ele estará pronto para correr de novo de imediato. Entretanto, se estiver planejando uma prova mais curta como de 5 km ou 10 km, precisará enfatizar o $\dot{V}O_2$máx e a velocidade por várias semanas, a fim de elevar o condicionamento físico específico para correr essa distância. Para se preparar para uma corrida mais curta, ele pode simplesmente saltar para o plano de treino apropriado para a distância da próxima corrida.

3. Utilizar apenas o período de polimento necessário para cada corrida

Como vimos no Capítulo 6, um polimento completo permite que o corpo se recupere inteiramente para que o atleta possa correr melhor. Muitos polimentos completos feitos próximos uns dos outros, contudo, podem levar a uma perda do condicionamento físico durante a temporada de corrida. Para correr ao máximo diversas provas, é preciso abreviar o período de polimento para todas as corridas, exceto para as mais importantes. O Capítulo 6 descreve um minipolimento de quatro dias para corridas menos importantes, e um polimento de uma semana para corridas de importância moderada. Certifique-se de reservar o polimento completo de duas semanas para algumas poucas corridas principais por ano.

4. Recuperar-se rapidamente de cada corrida

Para correr repetidas vezes com sucesso, o atleta se beneficiará se aprender a se recuperar com rapidez das corridas, para que possa retornar para o treino completo com rapidez. Um dos elementos principais para uma recuperação rápida é reduzir o treino durante os três primeiros dias depois da corrida, quando os músculos e os tendões estão fatigados e menos resistentes. Depois de três dias, se o atleta não tem músculos muito doloridos, ameaçando se transformar em uma lesão, pode começar a aumentar com segurança a quilometragem. Outras sugestões para acelerar a recuperação são oferecidas no Capítulo 2. Com qual rapidez o treino deve ser elevado depende da distância que o atleta correu; corridas mais longas demandam uma recuperação mais longa antes de voltar para o treinamento completo.

5. Manter a base aeróbia

O fator mais importante para correr repetidas vezes em uma alta intensidade ao longo da temporada de corridas é manter a base aeróbia. Quando o atleta faz o polimento, corre e se recupera repetidas vezes, a quilometragem começa a diminuir. Isso não é um problema para uma ou duas corridas, mas, ao longo de várias corridas, o corredor pode descobrir que o volume de treino foi reduzido por um período prolongado, e o condicionamento aeróbio está diminuindo.

Para evitar perder a base aeróbia e para evitar a redução decorrente na *performance* de corrida, o atleta precisa encontrar formas criativas de manter a quilometragem de treinamento entre corridas. A seguir, estão várias estratégias para manter a quilometragem durante a temporada de corridas:

- aumentar a duração dos aquecimentos e do tempo de volta à calma antes e depois dos treinos de $\dot{V}O_2$máx, das sessões de LL, dos treinos de velocidade e das corridas;
- acrescentar alguns quilômetros nas corridas de resistência e nas corridas aeróbias básicas;
- acrescentar uma corrida suave de recuperação nos dias com treino de $\dot{V}O_2$máx ou com sessão de velocidade.

6. Conhecer os limites

A consideração final ao projetar o plano de corrida é manter a fome por corridas. Correr demais pode levar a uma perda de gana e a *performances* medíocres. Só o corredor pode julgar quando acrescentar outra corrida passará do limite.

Dathan Ritzenhein

Recordes pessoais: 5.000 m em 12:56; 10.000 m em 27:22, 15 km em 43:29; meia maratona em 60:00; maratona em 2:07:47

Três vezes integrante do time olímpico dos EUA (10.000 m e maratona); três vezes campeão americano de *cross-country*

Se alguma vez um atleta soube aproveitar as oportunidades, esse atleta foi Dathan Ritzenhein, no outono de 2009. Seis semanas depois de estabelecer o recorde americano nos 5.000 m nas pistas, Ritzenhein voltou para as ruas e correu o segundo tempo mais rápido de um americano (1:00:00) na meia maratona do campeonato mundial da IAAF. Isso lhe garantiu uma medalha de bronze e justificou por completo a mudança dele para Portland, para ser treinado por Alberto Salazar.

A mudança para o Oregon surpreendeu muitas pessoas, porque a carreira de Ritzenhein já incluía dois títulos nacionais de *cross-country* no ensino médio, um na faculdade, um recorde universitário nos 10.000 m e várias aparições com o uniforme dos Estados Unidos em campeonatos mundiais e em eventos olímpicos. Mas, depois de vários meses na costa banhada pelo Oceano Pacífico, Ritzenhein tomou a decisão correta.

"Quando quebrei o recorde americano dos 5.000 m, minha confiança saltou para o máximo", ele conta. "Com Salazar, estava fazendo treinos muito mais rápidos do que havia feito antes. A combinação de novos treinos com a confiança que eu ganhei por correr tão bem em uma distância mais curta me colocou em outro nível." O sucesso da cooperação deles tem durado, apesar de algumas lesões de corrida que perseguem Ritzenhein desde seus dias de estudante na Universidade do Colorado. Hoje, muitas corridas de recuperação são feitas em uma esteira AlterG, para limitar o impacto na parte inferior do corpo de Ritzenhein, e Salazar enfatiza o trabalho de força e a *performance* correta. Não é a forma mais convencional de se chegar a 145 a 161 km por semana, mas tem contribuído para períodos mais longos de corrida e menos tempo gasto em recuperação.

Continua

Continuação

Isso é uma coisa boa, porque, quando esteve saudável, Ritzenhein se destacou em provas desde de 5.000 m até a maratona e nenhum outro corredor dos Estados Unidos provou ter um domínio tão grande na meia maratona. Ritzenhein tem 3 dos 10 tempos mais rápidos de um americano, o que o coloca em uma categoria separada. Parte do sucesso na corrida em distância, ele acredita, é sua familiaridade com correr com muita frequência no *pace* de LL. "Para mim é um *pace* confortável para um treino de ritmo", diz Ritzenhein. Esse conforto permite que ele confie nos seus sentidos e ignore o relógio. "Essa é uma das razões pelas quais eu me destaco nas meias maratonas", ele acrescenta. "Nunca presto atenção ao tempo; apenas corro."

Isso funcionou a favor de Ritzenhein durante sua *performance* de 60:00. A chuva leve e a ausência de apressados mantiveram o *pace* controlado durante as primeiras partes da corrida. Ignorando seu relógio, Ritzenhein seguiu os líderes conforme o *pace* aumentava progressivamente, colocando-o em uma posição perfeita para correr rápido quando mais importava.

Apesar de Ritzenhein normalmente correr meias maratonas durante sua preparação para uma maratona ou como um treino de força para uma temporada nas pistas que está por vir, quando ele focou especificamente nesses eventos, como antes do Campeonato Mundial de Meia Maratona, ele encontrou o treino que mais lhe agradava. "É fácil treinar para a meia maratona, porque muitos dos treinos são de ritmo e estímulos básicos", ele diz. "Você não precisa das corridas longas das maratonas ou do trabalho específico de velocidade de quando se treina para a pista."

Ritzenhein e Salazar gostam de focalizar estímulos moderados de $\dot{V}O_2$máx e treinos de ritmo longos quando se preparam para uma meia maratona. Isso é destacado por dois treinos de ritmo de 13 a 16 km feitos no *pace*-alvo de meia maratona ao final de cinco semanas de treino. Mesmo que isso possa parecer um treino extraordinariamente longo, é preciso ter em mente que 13 km no *pace*-alvo do Ritzenhein leva menos de 46 minutos para ser completado.

Se há um ingrediente secreto além do trabalho duro e do talento que levou Ritzenhein para os níveis mais elevados do esporte, é a sua determinação. Muitos competidores juram que ele tem um limite de tolerância à dor além dos deles, mas Ritzenhein acredita que a habilidade de sair da zona de conforto é produto de um bom treinamento. "Como todo corredor, tenho meus momentos de fraqueza nas provas, mas tento me preparar mentalmente para isso", ele explica. "Visualizo e aceito que será difícil e doloroso, mas me preparei para isso. Tento me manter positivo e ter foco em todas vezes que fiz aquilo antes."

Planos de treino para a meia maratona

Quatro planos de treino são oferecidos para preparar o atleta para correr a meia maratona na sua melhor forma. Cada plano tem 12 semanas de duração. Simplesmente, escolhe-se aquele que começa o mais próximo possível da quilometragem atual de treino.

Treino para meia maratona: 50 a 76 km por semana

Este plano é para corredores que estão treinando de 40 a 56 km por semana. Se o atleta estiver correndo menos de 40 km por semana, deve seguir o plano de treino de base delineado no Capítulo 8, para chegar a 48 km por semana antes de tentar este plano. Ele começa com 50 km por semana e aumenta de forma gradual para 76 km quando estiver faltando três semanas para a corrida-alvo. O treino, então, é reduzido, para que o atleta esteja em boa forma e renovado para o dia da corrida.

Treino para meia maratona: 73 a 102 km por semana

Este plano é para corredores que estão treinando de 64 a 80 km por semana. Se o atleta estiver correndo menos de 64 km por semana, deve seguir o plano de treino de base delineado no Capítulo 8, para chegar a 72 km por semana antes de tentar este plano. Ele começa com 73 km por semana e aumenta de forma gradual para 102 km quando estiver faltando três semanas para a corrida-alvo. O treino, então, é reduzido, para que o atleta esteja em boa forma e renovado para o dia da corrida.

Treino para meia maratona: 98 a 135 km por semana

Este plano é para corredores que estão treinando de 88 a 104 km por semana. Se o atleta estiver correndo menos de 88 km por semana, deve seguir o plano de treino de base delineado no Capítulo 8, para chegar a 96 km por semana antes de tentar este plano. Ele começa com 98 km por semana e aumenta de forma gradual para 135 km quando estiver faltando três semanas para a corrida-alvo. O treino, então, é reduzido, para que o atleta esteja em boa forma e renovado para o dia da corrida.

Treino para meia maratona: 130 a 161 km por semana

Este plano é para corredores que estão treinando de 120 a 136 km por semana. Se o atleta estiver correndo menos de 120 km por semana, deve subir a quilometragem até esse nível antes de tentar este plano, que começa com 130 km por semana e aumenta de forma gradual para 161 km quando estiver faltando três semanas para a corrida-alvo. O treino, então, é reduzido durante as três últimas semanas, para que o atleta esteja em boa forma e renovado para o dia da corrida.

Meia maratona / Plano 1: 50 a 76 km por semana

50 a 76 km por semana — Plano de 12 semanas

Semanas até a meta	Segunda-feira	Terça-feira	Quarta-feira	Quinta-feira
11	Descanso ou treino funcional	Corrida aeróbia básica + velocidade 10 km Tiros: 8 × 100 m	Resistência 13 km	Descanso ou treino funcional
10	Descanso ou treino funcional	Corrida aeróbia básica + velocidade 11 km Subidas: 6 × 12 s, seguidas por Tiros: 6 × 100 m	Resistência 13 km	Descanso ou treino funcional
9	Descanso ou treino funcional	Corrida aeróbia básica + velocidade 13 km Subidas: 6 × 12 s, seguidas por Tiros: 6 × 100 m	Resistência 14 km	Descanso ou treino funcional
8 Recuperação	Descanso ou treino funcional	Corrida aeróbia básica + velocidade 13 km Tiros: 2 séries de 5 × 150 m (trote de 250 m para recup. e de 4 min entre as séries)	Corrida aeróbia básica 11 km	Descanso ou treino funcional
7	Descanso ou treino funcional	Limiar de lactato 13 km 20 min de estímulo de LL (recup.: trote de 4 min) 16 min de estímulo de LL	Resistência 14 km	Descanso ou treino funcional
6	Descanso ou treino funcional	Corrida aeróbia básica + velocidade 13 km Subidas: 6 × 12 s, seguidas por Tiros: 6 × 100 m	Resistência 14 km	Descanso ou treino funcional
5	Descanso ou treino funcional	Limiar de lactato 14 km 38 min de treino de ritmo	Resistência 16 km	Descanso ou treino funcional

Sexta-feira	Sábado	Domingo	Volume semanal
Limiar de lactato 11 km 14 min de estímulo de LL (recup.: trote de 4 min) 12 min de estímulo de LL	Descanso ou treino funcional	Resistência 16 km	50 km
Limiar de lactato 13 km 18 min de estímulo de LL (recup.: trote de 4 min) 12 min de estímulo de LL	Descanso ou treino funcional	Resistência 18 km	55 km
Limiar de lactato 13 km 18 min de estímulo de LL (recup.: trote de 4 min) 15 min de estímulo de LL	Descanso ou treino funcional	Corrida progressiva longa 19 km Aumento constante do esforço durante a corrida; últimos 3 km no *pace* de LL	59 km
Corrida aeróbia básica 13 km	Descanso ou treino funcional	Corrida aeróbia básica 14 km	51 km
Corrida aeróbia básica + velocidade 11 km Tiros: 10 × 100 m	Recuperação 6 km	Corrida progressiva longa 19 km Aumento constante do esforço durante a corrida; últimos 5 km no *pace* de LL	64 km
$\dot{V}O_2$máx 14 km 6 × 1.000 m no *pace* de corrida de 3–5 km (recup.: trote com duração de 50%–90% do tempo do estímulo)	Recuperação 8 km	Resistência 19 km	68 km
Corrida aeróbia básica + velocidade 13 km Tiros: 10 × 100 m	Recuperação 8 km	Corrida progressiva longa 21 km Aumento constante do esforço durante a corrida; últimos 5 km no *pace* de LL	72 km

Continua

Continuação

Semanas até a meta	Segunda-feira	Terça-feira	Quarta-feira	Quinta-feira
4	Descanso ou treino funcional	Corrida aeróbia básica + velocidade 13 km Tiros: 2 séries de 4 × 150 m (trote de 250 m para recup. e de 4 min entre as séries)	Corrida aeróbia básica 11 km	Descanso
3	Descanso ou treino funcional	Corrida aeróbia básica 13 km	Resistência 18 km	Descanso ou treino funcional
2	Descanso ou treino funcional	Corrida aeróbia básica + velocidade 13 km Tiros: 2 séries de 4 × 150 m (trote de 250 m para recup. e de 4 min entre as séries)	Corrida aeróbia básica 11 km	Descanso
1	Descanso ou treino funcional	Corrida aeróbia básica + velocidade 10 km Tiros: 2 séries de 6 × 100 m (trote 3 min entre as séries)	Recuperação 6 km	Descanso ou treino funcional
Semana da corrida	Descanso ou treino funcional	*Pace* de corrida + velocidade 11 km Tiros: 4 × 100 m 3 km no *pace* de corrida de meia maratona	Recuperação 8 km	Recuperação 6 km

Recuperação e transição

	Segunda-feira	Terça-feira	Quarta-feira	Quinta-feira
Semana de recuperação	Recuperação 6 km	Descanso ou treino funcional	Recuperação 8 km	Recuperação 10 km
Semana de transição	Descanso ou treino funcional	Corrida aeróbia básica 11 km	Corrida aeróbia básica 13 km	Descanso ou treino funcional

Sexta-feira	Sábado	Domingo	Volume semanal
Recuperação 5 km Tiros: 4 × 100 m	Corrida preparatória de 8–10 km 16 km	Resistência 16 km	61 km
V̇O₂máx 16 km 2 séries de 2 × 1.200 m, 1 × 800 m Todos os estímulos no *pace* de corrida de 3–5 km (recup.: trote com duração de 50%–90% do tempo do estímulo)	Recuperação 6 km	Resistência 23 km	76 km
Recuperação 5 km Tiros: 4 × 100 m	Corrida preparatória de 8–10 km 16 km	Resistência 16 km	61 km
V̇O₂máx 14 km 2 × 1.200 m 2 × 1.000 m 1 × 800 m Todos os estímulos no *pace* de corrida de 3–5 km (recup.: trote com duração de 50%–90% do tempo do estímulo)	Recuperação 5 km	Resistência 16 km	51 km
Descanso	Recuperação 5 km Tiros: 4 × 100 m	**Corrida-alvo: meia maratona** 26 km	56 km

50 a 76 km por semana
Plano de 12 semanas

Recuperação e transição

Sexta-feira	Sábado	Domingo	Volume semanal
Descanso ou treino funcional	Corrida aeróbia básica + velocidade 11 km Tiros: 8 × 100 m	Corrida aeróbia básica 13 km	48 km
Corrida aeróbia básica + velocidade 13 km Tiros: 2 séries de 6 × 100 m (trote de 3 min entre as séries)	Recuperação 8 km	Corrida aeróbia básica 16 km	61 km

Meia maratona / Plano 2: 73 a 102 km por semana

Semanas até a meta	Segunda--feira	Terça-feira	Quarta-feira
11	Descanso ou treino funcional	Corrida aeróbia básica 14 km	Limiar de lactato 13 km 15 min de estímulo de LL (recup.: trote de 4 min) 12 min de estímulo de LL
10	Descanso ou treino funcional	Corrida aeróbia básica 14 km	Limiar de lactato 14 km 18 min de estímulo de LL (recup.: trote de 4 min) 14 min de estímulo de LL
9	Descanso ou treino funcional	Corrida aeróbia básica 14 km	Limiar de lactato 16 km 20 min de estímulo de LL (recup.: trote de 4 min) 16 min de estímulo de LL
8 Recuperação	Descanso ou treino funcional	Corrida aeróbia básica 13 km	Corrida aeróbia básica 16 km
7	Descanso ou treino funcional	Corrida aeróbia básica 14 km	Limiar de lactato 16 km 22 min de estímulo de LL (recup.: trote de 4 min) 18 min de estímulo de LL
6	Descanso ou treino funcional	Corrida aeróbia básica 14 km	$\dot{V}O_2$máx 16 km 3 × 1.200 m, 3 × 1.000 m Todos os estímulos no *pace* de corrida de 3–5 km (recup.: trote com duração de 50%–90% do tempo do estímulo)
5	Descanso ou treino funcional	Corrida aeróbia básica 14 km	Limiar de lactato 16 km 40 min treino de ritmo

Quinta-feira	Sexta-feira	Sábado	Domingo	Volume semanal
Resistência 16 km	Descanso ou treino funcional	Corrida aeróbia básica + velocidade 11 km Tiros: 2 séries de 6 × 100 m (trote de 3 min entre as séries)	Resistência 19 km	73 km
Resistência 18 km	Descanso ou treino funcional	Corrida aeróbia básica + velocidade 11 km Subidas: 6 × 12 s, seguidas por Tiros: 8 × 100 m	Resistência 21 km	78 km
Resistência 18 km	Descanso ou treino funcional	Corrida aeróbia básica + velocidade 13 km Subidas: 6 × 12 s, seguidas por Tiros: 8 × 100 m	Corrida progressiva longa 23 km Aumento constante do esforço durante a corrida; últimos 3 km no *pace* de LL	84 km
Corrida aeróbia básica + velocidade 14 km Tiros: 2 séries de 5 × 150 m (trote de 250 m para recup. e de 4 min entre as séries)	Descanso ou treino funcional	Corrida aeróbia básica 14 km	Resistência 18 km	75 km
Resistência 18 km	Recuperação 5 km	Corrida aeróbia básica + velocidade 13 km Tiros: 2 séries de 6 × 100 m (trote de 3 min entre as séries)	Corrida progressiva longa 23 km Aumento constante do esforço durante a corrida; últimos 5 km no *pace* de LL	89 km
Resistência 19 km	Recuperação 6 km	Corrida aeróbia básica + velocidade 13 km Subidas: 6 × 12 s, seguidas por Tiros: 8 × 100 m	Resistência 24 km	92 km
Resistência 19 km	Recuperação 8 km	Corrida aeróbia básica + velocidade 14 km Tiros: 10 × 100 m	Corrida progressiva longa 26 km Aumento constante do esforço durante a corrida; últimos 5 km no *pace* de LL	97 km

73 a 102 km por semana — Plano de 12 semanas

Continua

Continuação

Semanas até a meta	Segunda--feira	Terça-feira	Quarta-feira
4	Descanso ou treino funcional	Corrida aeróbia básica + velocidade 16 km Tiros: 2 séries de 5 × 150 m (trote de 250 m para recup. e de 4 min entre as séries)	Corrida aeróbia básica 14 km
3	Descanso ou treino funcional	Corrida aeróbia básica 14 km	Resistência 18 km
2	Descanso ou treino funcional	Corrida aeróbia básica + velocidade 16 km Tiros: 2 séries de 5 × 150 m (trote de 250 m para recup. e de 4 min entre as séries)	Corrida aeróbia básica 14 km
1	Descanso ou treino funcional	Corrida aeróbia básica 11 km	Recuperação 8 km
Semana da corrida	Descanso ou treino funcional	*Pace* de corrida + velocidade 13 km Tiros: 6 × 100 m 3.200 m no *pace* de corrida de meia maratona	Corrida aeróbia básica 11 km

Recuperação e transição

	Segunda-feira	Terça-feira	Quarta-feira
Semana de recuperação	Recuperação 6 km	Descanso ou treino funcional	Recuperação 10 km
Semana de transição	Descanso ou treino funcional	Corrida aeróbia básica 14 km	Corrida aeróbia básica 11 km

Quinta-feira	Sexta-feira	Sábado	Domingo	Volume semanal
Recuperação 11 km	Recuperação 6 km Tiros: 4 × 100 m	Corrida preparatória de 8–10 km 16 km	Resistência 19 km	84 km
V̇O₂máx 18 km 6 × 1.200 m no *pace* de corrida de 3–5 km (recup.: trote com duração de 50%–90% do tempo do estímulo)	Recuperação 10 km	Corrida aeróbia básica 16 km	Resistência 26 km	102 km
Recuperação 11 km	Recuperação 6 km Tiros: 4 × 100 m	Corrida preparatória de 8–10 km 16 km	Resistência 19 km	84 km
V̇O₂máx 16 km 2 × 1.200 m, 4 × 800 m Todos os estímulos no *pace* de corrida de 3–5 km (recup.: trote com duração de 50%–90% do tempo do estímulo)	Recuperação 6 km	Corrida aeróbia básica + velocidade 10 km Tiros: 2 séries de 6 × 100 m (trote de 3 min entre as séries)	Resistência 18 km	69 km
Recuperação 10 km	Descanso	Recuperação 6 km Tiros: 4 × 100 m	**Corrida-alvo: meia maratona** 27 km	67 km

73 a 102 km por semana
Plano de 12 semanas

Recuperação e transição

Quinta-feira	Sexta-feira	Sábado	Domingo	Volume semanal
Recuperação 10 km	Recuperação 6 km	Corrida aeróbia básica + velocidade 13 km Tiros: 8 × 100 m	Corrida aeróbia básica 14 km	59 km
Corrida aeróbia básica 16 km	Recuperação 8 km	Corrida aeróbia básica + velocidade 13 km Tiros: 2 séries de 6 × 100 m (trote de 3 min entre as séries)	Resistência 18 km	80 km

Meia maratona / Plano 3: 98 a 135 km por semana

Semanas até a meta	Segunda-feira	Terça-feira	Quarta-feira	Quinta-feira
11	Descanso ou treino funcional	Corrida aeróbia básica 16 km	Limiar de lactato 16 km 16 min de estímulo de LL (recup.: trote de 4 min) 13 min de estímulo de LL	Resistência 19 km
10	Descanso ou treino funcional	Corrida aeróbia básica 16 km	Limiar de lactato 18 km 18 min de estímulo de LL (recup.: trote de 4 min) 16 min de estímulo de LL	Resistência 21 km
9	Recuperação 6 km	Corrida aeróbia básica 16 km	Limiar de lactato 18 km 20 min de estímulo de LL (recup.: trote de 4 min) 18 min de estímulo de LL	Resistência 21 km
8 Recuperação	Recuperação 6 km	Corrida aeróbia básica 14 km	Corrida aeróbia básica 16 km	Resistência 19 km
7	Recuperação 8 km	Corrida aeróbia básica 16 km	Limiar de lactato 18 km 24 min de estímulo de LL (recup.: trote de 4 min) 18 min de estímulo de LL	Resistência 21 km
6	Corrida de recuperação 10 km	Corrida aeróbia básica 16 km	$\dot{V}O_2$máx 19 km 6 × 1.200 m no pace de corrida de 3–5 km (trote com duração de 50%–90% do tempo do estímulo)	Resistência 21 km
5	Corrida de recuperação 10 km	Corrida aeróbia básica 18 km	Limiar de lactato 19 km 44 min de treino de ritmo com mudança de pace: 4 min rápidos, 4 min constantes, seguidos por 6 × (2 min rápidos, 4 min constantes)	Resistência 23 km
4	2 corridas de recuperação: 10 km 8 km	Corrida aeróbia básica + velocidade 18 km Tiros: 2 séries de 5 × 150 m (trote de 250 m para recup. e de 4 min entre as séries)	Corrida aeróbia básica 14 km	Corrida aeróbia básica 11 km

Sexta-feira	Sábado	Domingo	Volume semanal
Corrida de recuperação 10 km	Corrida aeróbia básica + velocidade 14 km Tiros: 2 séries de 6 × 100 m (trote de 3 min entre as séries)	Resistência 23 km	98 km
Recuperação 10 km	Corrida aeróbia básica + velocidade 16 km Subidas: 6 × 12 s, seguidas por Tiros: 8 × 100 m	Resistência 24 km	105 km
Recuperação 10 km	Corrida aeróbia básica + velocidade 14 km Subidas: 6 × 12 s, seguidas por Tiros: 8 × 100 m	Corrida progressiva longa 26 km Aumento constante do esforço; últimos 3 km no *pace* de LL	111 km
Recuperação 10 km	Corrida aeróbia básica + velocidade 14 km Tiros: 2 séries de 6 × 150 m (trote de 250 m para recup. e de 4 min entre as séries)	Resistência 21 km	100 km
2 corridas de recuperação: 6 km / 6 km	Corrida aeróbia básica + velocidade 16 km Tiros: 2 séries de 6 × 100 m (trote de 3 min entre as séries)	Corrida progressiva longa 26 km Aumento constante do esforço; últimos 5 km no *pace* de LL	118 km
2 corridas de recuperação: 8 km / 6 km	Corrida aeróbia básica + velocidade 16 km Subidas: 8 × 12 s, seguidas por Tiros: 8 × 100 m	Resistência 27 km	123 km
2 corridas de recuperação: 10 km / 6 km	Corrida aeróbia básica + velocidade 16 km Tiros: 10 × 100 m	Corrida progressiva longa 27 km Aumento constante do esforço; últimos 5 km no *pace* de LL	129 km
Recuperação 8 km Tiros: 4 × 100 m	Corrida preparatória de 8–10 km 19 km	Resistência 21 km	109 km

98 a 135 km por semana — Plano de 12 semanas

Treino para a meia maratona /// 303

Continua

Continuação

Semanas até a meta	Segunda-feira	Terça-feira	Quarta-feira	Quinta-feira
3	2 corridas de recuperação: 8 km 6 km	Corrida aeróbia básica 18 km	Resistência 19 km	$\dot{V}O_2$máx 19 km 2 × 1.600 m 2 × 1.200 m 2 × 1.000 m Todos os estímulos no *pace* de corrida de 3–5 km (trote com duração de 50%–90% do tempo do estímulo)
2	2 corridas de recuperação: 10 km 8 km	Corrida aeróbia básica + velocidade 18 km Tiros: 2 séries de 5 × 150 m (trote de 250 m para recup. e de 4 min entre as séries)	Corrida aeróbia básica 14 km	Corrida aeróbia básica 11 km
1	Recuperação 8 km	Corrida aeróbia básica 13 km	Recuperação 11 km	$\dot{V}O_2$máx 16 km 3 × 1.200 m 3 × 800 m Todos os estímulos no *pace* de corrida de 3–5 km (trote com duração de 50%–90% do tempo do estímulo)
Semana da corrida	Recuperação 8 km	*Pace* de corrida + velocidade 14 km Tiros: 6 × 100 m 3 km no *pace* de corrida de meia maratona	Corrida aeróbia básica 11 km	Recuperação 10 km

Recuperação e transição

	Segunda-feira	Terça-feira	Quarta-feira	Quinta-feira
Semana de recuperação	Recuperação 8 km	Descanso ou treino funcional	Recuperação 10 km	Recuperação 11 km
Semana de transição	Recuperação 10 km	Corrida aeróbia básica 14 km	Corrida aeróbia básica 13 km	Corrida aeróbia básica 16 km

Sexta-feira	Sábado	Domingo	Volume semanal
2 corridas de recuperação: 10 km 8 km	Corrida aeróbia básica 18 km	Resistência 29 km	135 km
Recuperação 8 km Tiros: 4 × 100 m	Corrida preparatória de 8–10 km 19 km	Resistência 21 km	109 km
Recuperação 8 km	Corrida aeróbia básica + velocidade 14 km Tiros: 2 séries de 6 × 100 m (trote de 3 min entre as séries)	Resistência 19 km	89 km
Descanso	Recuperação 6 km Tiros: 4 × 100 m	**Corrida-alvo: meia maratona** 27 km	76 km

98 a 135 km por semana — Plano de 12 semanas

Recuperação e transição

Sexta-feira	Sábado	Domingo	Volume semanal
Recuperação 10 km	Corrida aeróbia básica + velocidade 13 km Tiros: 8 × 100 m	Corrida aeróbia básica 16 km	68 km
Recuperação 10 km	Corrida aeróbia básica + velocidade 14 km Tiros: 2 séries de 6 × 100 m (trote de 3 min entre as séries)	Resistência 19 km	98 km

Meia maratona / Plano 4: 130 a 161 km por semana

Semanas até a meta	Segunda--feira	Terça-feira	Quarta-feira
11	2 corridas de recuperação: 10 km 6 km	Corrida aeróbia básica 16 km	Limiar de lactato 18 km 18 min de estímulo de LL (recup.: trote de 4 min) 12 min de estímulo de LL
10	2 corridas de recuperação: 10 km 8 km	Corrida aeróbia básica 16 km	Limiar de lactato 19 km 20 min de estímulo de LL (recup.: trote de 4 min) 16 min de estímulo de LL
9	2 corridas de recuperação: 10 km 8 km	Corrida aeróbia básica 18 km	Limiar de lactato 19 km 22 min de estímulo de LL (recup.: trote de 4 min) 18 min de estímulo de LL
8 Recuperação	2 corridas de recuperação: 10 km 8 km	Corrida aeróbia básica 18 km	Corrida aeróbia básica 16 km
7	2 corridas de recuperação: 10 km 8 km	Corrida aeróbia básica 18 km	Limiar de lactato 19 km 38 min de treino de ritmo com mudança de *pace*: 4 min rápidos, 4 min constantes, seguidos por 5 × (2 min rápidos, 4 min constantes)
6	2 corridas de recuperação: 10 km 8 km	Corrida aeróbia básica 18 km	$\dot{V}O_2$máx 19 km 2 × 1.600 m, 2 × 1.200 m, 2 × 1.000 m Todos os estímulos no *pace* de corrida de 3–5 km (trote com duração de 50%–90% do tempo do estímulo)
5	2 corridas de recuperação: 10 km 8 km	Corrida aeróbia básica 18 km Recuperação 8 km	Limiar de lactato 19 km 44 min de treino de ritmo com mudança de *pace*: 4 min rápidos, 4 min constantes, seguidos por 6 × (2 min rápidos, 4 min constantes)

Quinta-feira	Sexta-feira	Sábado	Domingo	Volume semanal
Resistência 21 km Recuperação 8 km	Recuperação 11 km	Corrida aeróbia básica + velocidade 16 km Tiros: 2 séries de 8 × 100 m (trote de 3 min entre as séries)	Resistência 24 km	130 km
Resistência 21 km Recuperação 8 km	Recuperação 11 km	Corrida aeróbia básica + velocidade 18 km Subidas: 8 × 12 s, seguidas por Tiros: 8 × 100 m	Resistência 26 km	137 km
Resistência 23 km Recuperação 8 km	2 corridas de recuperação: 6 km 6 km	Corrida aeróbia básica + velocidade 18 km Subidas: 8 × 12 s, seguidas por Tiros: 8 × 100 m	Corrida progressiva longa 27 km Aumento constante do esforço; últimos 3 km no *pace* de LL	143 km
Resistência 21 km	2 corridas de recuperação: 11 km 8 km	Corrida aeróbia básica + velocidade 16 km Tiros: 2 séries de 6 × 150 m (trote de 250 m para recup. e de 4 min entre as séries)	Resistência 23 km	130 km
Resistência 23 km Recuperação 8 km	2 corridas de recuperação: 10 km 8 km	Corrida aeróbia básica + velocidade 18 km Tiros: 2 séries de 6 × 100 m (trote de 3 min entre as séries)	Corrida progressiva longa 29 km Aumento constante do esforço; últimos 5 km no *pace* de LL	151 km
Resistência 24 km Recuperação 8 km	2 corridas de recuperação: 11 km 8 km	Corrida aeróbia básica + velocidade 19 km Subidas: 8 × 12 s, seguidas por Tiros: 8 × 100 m	Resistência 29 km	154 km
Resistência 24 km Recuperação 8 km	2 corridas de recuperação: 10 km 8 km	Corrida aeróbia básica + velocidade 19 km Tiros: 10 × 100 m	Corrida progressiva longa 29 km Aumento constante do esforço; últimos 5 km no *pace* de LL	161 km

130 a 161 km por semana
Plano de 12 semanas

Continua

Continuação

Semanas até a meta	Segunda-feira	Terça-feira	Quarta-feira
4	2 corridas de recuperação: 10 km 8 km	Corrida aeróbia básica + velocidade 19 km Tiros: 2 séries de 5 × 150 m (trote de 250 m para recup. e de 4 min entre as séries)	Corrida aeróbia básica 14 km Recuperação 8 km
3	2 corridas de recuperação: 11 km 8 km	Corrida aeróbia básica 18 km Recuperação 8 km	Resistência 21 km
2	2 corridas de recuperação: 10 km 8 km	Corrida aeróbia básica + velocidade 19 km Tiros: 2 séries de 5 × 150 m (trote de 250 m para recup. e de 4 min entre as séries)	Corrida aeróbia básica 14 km Recuperação 8 km
1	2 corridas de recuperação: 10 km 6 km	Corrida aeróbia básica 14 km	2 corridas de recuperação: 10 km 8 km
Semana da corrida	2 corridas de recuperação: 10 km 6 km	Pace de corrida + velocidade 14 km Tiros: 8 × 100 m 3 km no pace de corrida de meia maratona	2 corridas de recuperação: 10 km 6 km

Recuperação e transição

	Segunda-feira	Terça-feira	Quarta-feira
Semana de recuperação	Recuperação 8 km	Descanso ou treino funcional	Recuperação 11 km
Semana de transição	2 corridas de recuperação: 10 km 6 km	Corrida aeróbia básica 16 km	Recuperação 11 km

Quinta-feira	Sexta-feira	Sábado	Domingo	Volume semanal
Corrida aeróbia básica 11 km Recuperação 8 km	Recuperação 10 km Tiros: 4 × 100 m	Corrida preparatória de 8–10 km 19 km Recuperação 8 km	Resistência 23 km	138 km
$\dot{V}O_2$máx 19 km 2 × 1.600 m, 4 × 1.200 m Todos os estímulos no *pace* de corrida de 3–5 km (trote com duração de 50%–90% do tempo do estímulo) Recuperação 8 km	2 corridas de recuperação: 11 km 8 km	Corrida aeróbia básica 18 km	Resistência 31 km	161 km
Corrida aeróbia básica 11 km Recuperação 8 km	Recuperação 10 km Tiros: 4 × 100 m	Corrida preparatória de 8–10 km 19 km Recuperação 8 km	Resistência 23 km	138 km
$\dot{V}O_2$máx 16 km 3 × 1.200 m, 3 × 1.000 m Todos os estímulos no *pace* de corrida de 3–5 km (trote com duração de 50%–90% do tempo do estímulo) Recuperação 11 km	Recuperação 11 km Recuperação 10 km	Corrida aeróbia básica + velocidade 16 km Tiros: 2 séries de 6 × 100 m (trote de 3 min entre as séries) Recuperação 6 km Tiros: 4 × 100 m	Resistência 19 km **Corrida-alvo: meia maratona** 29 km	110 km 102 km

130 a 161 km por semana
Plano de 12 semanas

Recuperação e transição

Quinta-feira	Sexta-feira	Sábado	Domingo	Volume semanal
2 corridas de recuperação: 8 km 6 km	2 corridas de recuperação: 10 km 6 km	Corrida aeróbia básica + velocidade 14 km Tiros: 8 × 100 m	Corrida aeróbia básica 18 km	82 km
Corrida aeróbia básica 18 km	2 corridas de recuperação: 10 km 6 km	Corrida aeróbia básica + velocidade 14 km Tiros: 2 séries de 6 × 100 m (trote de 3 min entre as séries)	Resistência 21 km	112 km

13

Treino para múltiplas distâncias de corrida

Os treinos neste capítulo prepararão o atleta para correr provas com distâncias entre 5 km e meia maratona na sua melhor forma. Os planos de treino funcionam com base no pressuposto de que o atleta está se preparando para uma corrida-alvo e, depois, continuará a correr múltiplas distâncias. Como discutido em capítulos anteriores, as demandas fisiológicas para correr essas distâncias variam entre os 5 km, que enfatizam o $\dot{V}O_2$máx, até a meia maratona, que enfatiza a resistência e o limiar de lactato (LL). Esses planos diferem daqueles nos Capítulos 9 a 12, por prepararem o atleta para correr bem várias distâncias, em vez de apenas otimizar o treino para uma distância específica. Com isso em mente, inclui-se cada elemento da preparação (treinos de $\dot{V}O_2$máx, sessões de LL, corridas longas, trabalho de velocidade, entre outros) com uma dosagem moderadamente alta sem destaque a nenhum em particular.

Três planos de treino de 10 semanas são oferecidos para corredores de quilometragem baixa, média e alta. Dez semanas é tempo o suficiente para estimular as adaptações positivas no condicionamento físico específico para corrida, ao mesmo tempo que se deve manter em mente que o atleta tem outras corridas à frente na temporada. Cada plano inclui, também, uma semana de recuperação após a corrida-alvo, a fim de acelerar a recuperação e mudar para a preparação para o próximo desafio.

Entendendo os planos de treino

Embora os planos de treino listem o que o atleta deveria fazer em cada dia, há momentos em que outros compromissos da vida ou a Mãe Natureza atrapalham, e não é possível fazer o treino recomendado para o dia. Quando for preciso fazer um malabarismo com os dias do plano, o atleta não deve tentar compensar o tempo perdido juntando vários dias intensos em sequência. Deve-se apenas tentar encaixar o treino de maior prioridade para a semana. Ao seguir os princípios dos Capítulos 1 e 2, o corredor será capaz de ajustar os planos de treino para atenderem às mudanças necessárias.

Tentamos oferecer informações o suficiente nos planos para que o corredor saiba como fazer cada treino. Se o atleta encontrar dificuldade para compreender um treino em um dos planos, deve retornar para o Capítulo 7, que explica como fazer cada treino (resistência, LL, $\dot{V}O_2$máx, velocidade, corridas longas progressivas, *pace* de corrida, corrida aeróbia básica, recuperação e corridas preparatórias), incluindo a intensidade da corrida, quanto deve fazer de aquecimento e a quantidade de recuperação entre os esforços intensos. O Capítulo 1 também explica a fisiologia de cada tipo de treino.

Seguindo os planos de treino

Cada linha nos planos de treino apresenta uma semana de treino. Observando a linha, o atleta pode notar rapidamente um padrão de trabalho intenso e recuperação durante a semana. A coluna à esquerda mostra o número de semanas até a corrida-alvo. Descendo pelas colunas, fica claro o quanto os vários tipos de treinos progridem conforme o atleta se aproxima da corrida-alvo. À medida que o treinamento e o condicionamento físico progridem ao longo das 12 semanas, o atleta deveria ajustar os *pace*s de acordo.

Para cada dia, incluímos uma categoria de treino (como $\dot{V}O_2$máx) e o treinamento específico. Por exemplo, no plano de 48 a 66 km por semana, o que está programado para a sexta-feira da primeira semana (11 semanas até a corrida-alvo) é uma corrida de LL. O total da corrida é de 11 km, e, durante a corrida, o atleta realiza 3 tiros de 9 minutos entre o *pace* de LL, 6 segundos por quilômetro mais rápido do que o *pace* de LL e um trote de 3 minutos entre os esforços. Se qualquer aspecto dos planos ou dos treinos não estiver claro, pedimos, por favor, que sejam lidas as explicações detalhadas no Capítulo 7.

Se a corrida-alvo incluir ladeiras significativas ou passar por um terreno irregular, o atleta deveria incluir ladeiras no treinamento, a fim de estar preparado para os desafios específicos que encontrará no dia da corrida. Para as corridas de resistência e as corridas aeróbias básicas, deve-se tentar projetar algumas das corridas de treino, de modo a imitar o perfil de ladeira do percurso da corrida. Também é possível ajustar uma parte das sessões de LL correndo os treinos de subidas no LL descritos nos Capítulos 1 e 7. Para se preparar para corridas em ladeiras, o atleta substitui as sessões de LL programadas para 8 e 5 semanas antes da corrida-alvo por subidas no LL. De forma similar, substitui o treino de $\dot{V}O_2$máx programado para quatro semanas antes da corrida-alvo por 6 a 8 tiros de 3 minutos em subida. Esses ajustes prepararão o atleta para correr com força nas ladeiras.

Cada plano de treino inclui uma corrida preparatória de 5 a 10 km duas semanas antes da corrida-alvo. Corridas preparatórias são corridas menos importantes que ajudam a preparar o corredor para a corrida-alvo e são explicadas em mais detalhes no Capítulo 7. Apenas uma corrida preparatória foi incluída nesses planos, em vez de duas, como nos planos dos Capítulos 9 a 12. Este capítulo presume que o atleta não está se preparando para o auge em uma corrida-alvo e que continuará a temporada de corridas depois da corrida-alvo. Se o corredor fizer corridas preparatórias em outros momentos durante a progressão, ele deve ajustar os planos de acordo. Mesmo que essas corridas sejam secundárias em relação à meta no final da temporada, o atleta ainda deve planejar vários dias de corridas aeróbias básicas ou de corridas de recuperação antes, a fim de garantir que não chegará na corrida muito fatigado.

O plano apresenta a corrida-alvo em um sábado. Se a corrida for em um domingo, apenas se acrescenta uma corrida aeróbia básica na quarta-feira da semana da corrida, e as corridas restantes mudam para um dia à frente. Esse ajuste simples corrige o plano para a corrida no domingo.

Estratégias de corrida

Apesar de as demandas fisiológicas variarem nas distâncias de 5 km até a meia maratona, a estratégia ideal para o ritmo da corrida quase sempre é um *pace* constante. Começar a corrida muito rápido colocará o corpo do atleta sob muito estresse muito cedo e é muito provável que ele pague por esse entusiasmo mais à frente na corrida. Com base nos *pace*s de corridas anteriores e nos tempos em sessões importantes de treino, pode-se estimar o *pace* que o atleta é capaz manter de forma razoável durante a corrida-alvo e, com isso, ele tentará chegar nesse *pace* durante os primeiros quilômetros. Então, o atleta corre o mais próximo possível desse *pace* durante a corrida. A tabela de *pace* no Apêndice A pode servir de guia para o corredor realizar todas as etapas da prova no *pace*-alvo. Se o atleta treinou com intensidade e fez um bom polimento, um *pace* constante pode dar a sensação de que ele está se segurando um pouco cedo na corrida. Essa estratégia de *pace* o colocará em um bom caminho constante para a melhor *performance*, e o atleta se alegrará ao ultrapassar, ao final da corrida, os outros corredores que foram descuidados no primeiro quilômetro.

Depois da corrida

Cada um dos planos inclui uma semana após a corrida-alvo para a recuperação e a transição para o treino completo para a próxima corrida. Durante a semana de recuperação, a corrida é suave, de modo que permita que os músculos se recuperem e relaxem do esforço extremo de corrida. O único esforço é uma série de tiros no sábado, a fim de soltar os membros inferiores e ajudá-los a se sentirem normais de novo. Se o atleta correu uma prova de 15 km ou mais, pode precisar de vários outros dias ou até uma semana inteira para se recuperar por completo. Há planos de recuperação de duas semanas nos Capítulos 10 e 11.

Continuando a temporada

Depois da corrida-alvo, a questão é o que vem a seguir. Os planos de treino neste capítulo ajudarão o atleta a voltar para as provas de rua quase imediatamente. Após 10 semanas de treino diligente, o atleta está com um bom condicionamento físico e pode continuar correndo com sucesso uma grande variedade de distâncias. Para muitos, essa é uma grande oportunidade para mostrar o condicionamento físico em corridas de 5 km até a meia maratona. Com um bom planejamento, o atleta pode correr repetidamente perto de seu melhor nível. O Apêndice B mostra *performance*s equivalentes de corrida de 5 km até a meia maratona, a fim de ajudar a comparar as *performance*s entre distâncias de corrida e ajustar as metas para as próximas corridas. As diretrizes a seguir ajudarão o atleta a obter sucesso em várias corridas:

1. Selecionar as corridas com sabedoria.
2. Preparar-se especificamente para a próxima corrida.

3. Utilizar apenas o período de polimento necessário para cada corrida.
4. Recuperar-se rapidamente de cada corrida.
5. Manter a base aeróbia.
6. Conhecer os limites.

1. Selecionar as corridas com sabedoria

Ao escolher suas corridas, o atleta precisa equilibrar o desejo de correr frequentemente com a paixão por correr bem. Muita corrida e pouco treino é uma situação que pode comprometer a *performance* bem rápido. Ao selecionar as corridas, o atleta deve tentar agrupar duas ou três corridas juntas com várias semanas de treino entre cada grupo. Isso oferecerá várias oportunidades de correr, mas, também, permitirá uma adequação dos treinos entre os grupos. Por exemplo, o atleta poderia correr 5 km, 10 km e 15 km uma sequência, uma próxima da outra, e, então, devotaria três ou quatro semanas de treino para elevar a base aeróbia com uma quilometragem mais alta e com corridas de resistência mais longas. Ao alternar os grupos de corridas com várias semanas de um treino sólido, o atleta pode correr com frequência e, também, manter o condicionamento físico durante a temporada de corridas.

2. Preparar-se especificamente para a próxima corrida

A preparação específica requerida para a próxima corrida depende da distância e da ênfase do treino recente. Este capítulo oferece uma preparação equilibrada para provas de 5 km até meia maratona. Para se ajustar de maneira específica às corridas de 5 km ou 10 km, o atleta pode, simplesmente, incluir vários treinos de $\dot{V}O_2$máx (ou, no caso de 15 km, de 16 km ou de meia maratona, acrescentar algumas sessões de LL e corridas de resistência). Ele também pode simplesmente saltar para o plano de treino apropriado para a distância desejada.

3. Utilizar apenas o período de polimento necessário para cada corrida

Como vimos no Capítulo 6, um polimento completo permite que o corpo se recupere inteiramente para que o atleta possa correr melhor. Muitos polimentos completos feitos próximos uns dos outros, contudo, podem levar a uma perda do condicionamento físico durante a temporada de corrida. Para correr ao máximo diversas provas, é preciso abreviar o período de polimento para todas as corridas, exceto para as mais importantes. O Capítulo 6 descreve um minipolimento de quatro dias para corridas menos importantes, e um polimento de uma semana para corridas de importância moderada. Certifique-se de reservar o polimento completo de duas semanas para algumas poucas corridas principais por ano.

4. Recuperar-se rapidamente de cada corrida

Para correr repetidas vezes com sucesso, o atleta se beneficiará se aprender a se recuperar com rapidez das corridas, para que possa retornar para o treino completo com rapidez. Um dos elementos principais para uma recuperação rápida é reduzir o treino durante os três primeiros dias depois da corrida, quando os músculos e os tendões estão fatigados e menos resistentes. Depois de três dias, se o atleta não tem músculos muito doloridos ameaçando se transformar em uma lesão, pode começar a aumentar com segurança a quilometragem. Outras sugestões para acelerar a recuperação são oferecidas no Capítulo 2. Com qual rapidez o treino deve ser elevado depende da distância que o atleta correu; corridas mais longas demandam uma recuperação mais longa antes de voltar para o treinamento completo.

5. Manter a base aeróbia

O fator mais importante para correr repetidas vezes em uma alta intensidade ao longo da temporada de corridas é manter a base aeróbia. Quando o atleta faz o polimento, corre e se recupera repetidas vezes, a quilometragem começa a diminuir. Isso não é um problema para uma ou duas corridas, mas, ao longo de várias corridas, o corredor pode descobrir que o volume de treino foi reduzido por um período prolongado, e o condicionamento aeróbio está diminuindo.

Para evitar perder a base aeróbia e para evitar a redução decorrente na *performance* de corrida, o atleta precisa encontrar formas criativas de manter a quilometragem de treinamento entre corridas. A seguir, estão várias estratégias para manter a quilometragem durante a temporada de corridas:

- aumentar a duração dos aquecimentos e do tempo de volta à calma antes e depois dos treinos de $\dot{V}O_2$máx, das sessões de LL, dos treinos de velocidade e das corridas;
- acrescentar alguns quilômetros nas corridas de resistência e nas corridas aeróbias básicas;
- acrescentar uma corrida suave de recuperação nos dias com treino de $\dot{V}O_2$máx ou com sessão de velocidade.

6. Conhecer os limites

A consideração final ao projetar o plano de corrida é manter a fome por corridas. Correr demais pode levar a uma perda de gana e a *performances* medíocres. Só o corredor pode julgar quando acrescentar outra corrida passará do limite.

Micah Kogo

Recordes pessoais: 5.000 em m 13:00; 10.000 em m 26:35; meia maratona em 59:07; maratona em 2:06:56

Medalha olímpica de bronze em 2008 nos 10.000 m; estabeleceu o recorde mundial nos 10 km em prova de rua em 2009

Em um dia de ventos fortes em Eldoret, Quênia, um corredor vigoroso vestido de preto dava voltas em torno da pista da Chepkoilel University College. Com precisão, ele passava pelas marcações de chegada a cada 70 segundos, seu rosto relaxado e seus movimentos, uma representação da eficiência. Era a temporada de seca no Vale do Rift e cada rajada de vento fazia girar no ar a poeira da pista. Se isso incomodava o corredor, ele não dava nenhuma indicação.

Quando Micah Kogo terminou cinco voltas, ele parou por um minuto apenas antes de disparar para o próximo estímulo. O ex-recordista mundial de provas de rua de 10 km e medalhista olímpico de bronze em 2008 estava correndo 5 × 2 km nesse dia, em um *pace* próximo ao de LL. "Ele só está fazendo um treino leve", o treinador contou a Philip, que estava no Quênia fazendo pesquisas acadêmicas. "Isso é só para manter as pernas dele se mexendo."

Apenas um atleta de elite especialmente habilidoso como Kogo poderia fazer um treino naquele *pace* em uma altitude de 2.100 m em Eldoret e considerar aquilo leve. Mas, de novo, em comparação à sua infância difícil na fazenda de subsistência da família nos arredores da cidade de Burnt Forest, um treino na pista parece um privilégio abençoado.

Como muitos dos seus colegas quenianos de elite, Kogo cresceu vivendo da terra e do que ela podia prover. Correr até a escola era uma necessidade, e, quando era estudante, Kogo descobriu que tinha o dom de correr rápido. "No Quênia, correr é algo da nossa natureza", disse ele em 2013. "Começamos a correr bem

Continua

Continuação

novos." Esse dom prosperou durante o colegial, mas só depois de ir bem na corrida de rua Discovery, em Eldoret, é que os agentes internacionais notaram o talento dele.

Para muitos, Kogo pareceu ter surgido do nada em 2005. Ele começou a vencer as maiores corridas de rua da Europa e dos Estados Unidos quase todos os fins de semana. O tempo dele na pista melhorou, também, culminando na seleção dele para a Olimpíada de 2008, no time dos 10.000 m. Com tantos talentos na sua terra natal, Kogo sabe que ser selecionado para um time queniano já é uma grande conquista.

"É difícil, porque todos os atletas veteranos e novatos normalmente vêm [para a corrida de seleção]", ele explicou. "Então, é bem difícil dizer se estarei no time. Você não tem 100% de certeza. Talvez 70%, 60%, porque os participantes são muito fortes."

Se ganhar a medalha olímpica de bronze não solidificou o lugar dele entre os corredores ilustres da história do Quênia, então, estabelecer o recorde mundial nos 10 km em 2009 o fez. Foi um feito especial, porque superou a marca do lendário etíope Haile Gebrselassie, um dos principais rivais dos corredores quenianos. Nunca sendo alguém que se limita, Kogo também começou a correr provas de 15 km e meias maratonas nas ruas com mais frequência, tudo isso ao mesmo tempo que manteve suas *performances* excelentes em eventos mais curtos.

Para ter uma chance de correr na sua melhor forma ao longo do ano, em todo tipo de prova, desde os 5 km até a meia maratona, Kogo conta com uma base aeróbia sólida que inclui alta quilometragem e treinos consistentes de LL e de $\dot{V}O_2$máx. Para estar afiado para as corridas, ele muda a ênfase um pouco. "Preciso de mais trabalho de velocidade", ele disse para um repórter, depois de perder por pouco o recorde mundial de 10 km. "Preciso colocar quilometragem no corpo e um pouco de resistência para provas mais longas."

Kogo aumentou ainda mais o trabalho de resistência em 2013, fazendo sua estreia na maratona de Boston. Não contente apenas com a experiência de correr, Kogo aumentou o *pace* nos quilômetros finais, até ser finalmente ultrapassado pelo etíope Lelisa Desisa. Sua segunda tentativa nessa distância se provou outro sucesso; ele registrou seu recorde pessoal de 2:06:56 em Chicago. Fiel às suas origens, ele também venceu várias corridas de rua curtas nesse meio tempo, incluindo a Beach to Beacon 10K, no Maine.

Kogo tem um segredo para correr o mais rápido possível no final de uma corrida: seu nome. "Gosto quando a multidão começa a gritar: 'Ko-GO! Ko-GO!'",[23] ele diz com um sorriso. "É aí que eu realmente começo a avançar."

---

[23] N. do T.: trocadilho com seu nome, Kogo, que pode ser livremente traduzido como "Ko-VAI! Ko-VAI!".

Planos de treino para múltiplas distâncias de corrida

Três planos de treino são oferecidos para preparar o atleta para correr de 5 km a meia maratona na sua melhor forma. Cada plano tem 10 semanas de duração. Simplesmente, escolhe-se aquele que começa o mais próximo possível da quilometragem atual de treino.

Treino para corridas de múltiplas distâncias desde os 5 km até a meia maratona: 48 a 66 km por semana

Este plano é para corredores que estão treinando de 40 a 56 km por semana. Se o atleta estiver correndo menos de 40 km por semana, deve seguir o plano de treino de base delineado no Capítulo 8, para chegar a 48 km por semana antes de tentar este plano. Ele começa com 48 km por semana e aumenta de forma gradual para 66 km quando estiver faltando três semanas para a corrida-alvo. O treino, então, é reduzido, para que o atleta esteja em boa forma e renovado para o dia da corrida.

Treino para corridas de múltiplas distâncias desde os 5 km até a meia maratona: 72 a 92 km por semana

Este plano é para corredores que estão treinando de 64 a 80 km por semana. Se o atleta estiver correndo menos de 64 km por semana, deve seguir o plano de treino de base delineado no Capítulo 8, para chegar a 72 km por semana antes de tentar este plano. Ele começa com 72 km por semana e aumenta de forma gradual para 92 km quando estiver faltando três semanas para a corrida-alvo. O treino, então, é reduzido, para que o atleta esteja em boa forma e renovado para o dia da corrida.

Treino para corridas de múltiplas distâncias desde os 5 km até a meia maratona: 96 a 120 km por semana

Este plano é para corredores que estão treinando por 88 a 104 km por semana. Se o atleta estiver correndo menos de 88 km por semana, deve seguir o plano de treino de base delineado no Capítulo 8, para chegar a 96 km por semana antes de tentar este plano. Ele começa com 96 km por semana e aumenta de forma gradual para 120 km quando estiver faltando três semanas para a corrida-alvo. O treino, então, é reduzido, para que o atleta esteja em boa forma e renovado para o dia da corrida.

Múltiplas distâncias / Plano 1: 48 a 66 km por semana

Semanas até a meta	Segunda-feira	Terça-feira	Quarta-feira
9	Descanso ou treino funcional	Corrida aeróbia básica + velocidade 10 km Subidas: 6 × 12 s, seguidas por Tiros: 6 × 100 m	Resistência 13 km
8	Descanso ou treino funcional	Velocidade 10 km 2 séries de 4 × 200 m no *pace* de corrida de 800 m a 1.600 m (trote de 200 m para recup. e de 4 min entre as séries)	Resistência 13 km
7	Descanso ou treino funcional	Corrida aeróbia básica + velocidade 10 km Subidas: 6 × 12 s, seguidas por Tiros: 6 × 100 m	Resistência 14 km
6 Recuperação	Descanso ou treino funcional	Velocidade 11 km 2 séries de 4 × 200 m no *pace* de corrida de 800 m a 1.600 m (trote de 200 m para recup. e de 4 min entre as séries)	Corrida aeróbia básica 11 km
5	Descanso ou treino funcional	$\dot{V}O_2$máx 13 km 5 × 1.000 m no *pace* de corrida de 3–5 km (recup.: trote com duração de 50%–90% do tempo do estímulo)	Resistência 14 km
4	Descanso ou treino funcional	$\dot{V}O_2$máx 13 km 3 × 1.200 m 3 × 800 m Todos os estímulos no *pace* de corrida de 3–5 km (recup.: trote com duração de 50%–90% do tempo do estímulo)	Resistência 14 km

Quinta-feira	Sexta-feira	Sábado	Domingo	Volume semanal
Descanso ou treino funcional	Limiar de lactato 11 km Estímulos de LL: 3 × 9 min (recup.: trote de 3 min)	Descanso ou treino funcional	Resistência 14 km	48 km
Descanso ou treino funcional	Limiar de lactato 13 km 12 min de estímulo de LL (recup.: trote de 4 min) 10 min de estímulo de LL (recup.: trote de 4 min) 8 min de estímulo de LL	Descanso ou treino funcional	Resistência 16 km	52 km
Descanso ou treino funcional	$\dot{V}O_2$máx 13 km Subidas no esforço de corrida de 3–5 km: 6 × 3 min (recup.: trote na descida)	Descanso ou treino funcional	Resistência 18 km	55 km
Descanso ou treino funcional	Corrida aeróbia básica 11 km	Descanso ou treino funcional	Corrida aeróbia básica 14 km	48 km
Descanso ou treino funcional	Limiar de lactato 13 km 14 min de estímulo de LL (recup.: trote de 4 min) 11 min de estímulo de LL (recup.: trote de 4 min) 8 min de estímulo de LL	Descanso ou treino funcional	Resistência 18 km	58 km
Descanso ou treino funcional	Corrida aeróbia básica + velocidade 11 km Tiros: 2 séries de 6 × 100 m (trote de 3 min entre as séries)	Recuperação 5 km	Corrida progressiva longa 19 km Aumento constante do esforço durante a corrida; últimos 5 km no *pace* de LL	63 km

48 a 66 km por semana
Plano de 10 semanas

Continua

Continuação

Semanas até a meta	Segunda-feira	Terça-feira	Quarta-feira
3	Descanso ou treino funcional	Resistência 14 km	Corrida aeróbia básica + velocidade 11 km Tiros: 8 × 100 m
2	Descanso ou treino funcional	Corrida aeróbia básica + velocidade 13 km Tiros: 2 séries de 4 × 150 m (trote de 250 m para recup. e de 4 min entre as séries)	Corrida aeróbia básica 11 km
1	Descanso ou treino funcional	Corrida aeróbia básica + velocidade 11 km Tiros: 8 × 100 m	Recuperação 6 km
Semana da corrida	*Pace* de corrida + velocidade 10 km Tiros: 4 × 100 m 15% da distância da corrida no *pace* de corrida	Recuperação 6 km	Recuperação 6 km
	Segunda-feira	**Terça-feira**	**Quarta-feira**
Semana de recuperação	Descanso ou treino funcional	Recuperação 8 km	Recuperação 10 km

Quinta-feira	Sexta-feira	Sábado	Domingo	Volume semanal
Limiar de lactato 14 km 30 min de treino de ritmo	Descanso ou treino funcional	Recuperação 6 km	Resistência 21 km	66 km
Descanso	Recuperação 6 km	Corrida preparatória de 5–10 km 13 km	Resistência 14 km	58 km
$\dot{V}O_2$máx 13 km 3 × 1.000 m 3 × 600 m Todos os estímulos no *pace* de corrida de 3–5 km (trote com duração de 50%–90% do tempo do estímulo)	Descanso ou treino funcional	Recuperação 6 km	Corrida aeróbia básica 14 km	50 km
Descanso	Recuperação 5 km Tiros: 4 × 100 m	**Corrida-alvo** O volume varia de acordo com a distância da corrida	Recuperação 8 km	O volume varia de acordo com a distância da corrida

48 a 66 km por semana
Plano de 10 semanas

Quinta-feira	Sexta-feira	Sábado	Domingo	Volume semanal
Recuperação 11 km	Descanso ou treino funcional	Corrida aeróbia básica + velocidade 11 km Tiros: 8 × 100 m	Corrida aeróbia básica 14 km	54 km

Múltiplas distâncias / Plano 2: 72 a 92 km por semana

Semanas até a meta	Segunda-feira	Terça-feira	Quarta-feira
9	Descanso ou treino funcional	Corrida aeróbia básica 11 km	Limiar de lactato 13 km Estímulos de LL: 3 × 10 min (recup.: trote de 3 min)
8	Descanso ou treino funcional	Corrida aeróbia básica 13 km	Limiar de lactato 14 km 14 min de estímulo de LL (recup.: trote de 4 min) 11 min de estímulo de LL (recup.: trote de 4 min) 8 min de estímulo de LL
7	Descanso ou treino funcional	Corrida aeróbia básica 13 km	$\dot{V}O_2$máx 14 km Subidas no esforço de corrida de 3–5 km: 7 × 3 min (recup.: trote na descida)
6 Recuperação	Descanso ou treino funcional	Corrida aeróbia básica 11 km	Corrida aeróbia básica 14 km
5	Descanso ou treino funcional	$\dot{V}O_2$máx 14 km 6 × 1.000 m no *pace* de corrida de 3–5 km (recup.: trote com duração de 50%–90% do tempo do estímulo)	Corrida aeróbia básica 13 km
4	Descanso ou treino funcional	Corrida aeróbia básica 14 km	$\dot{V}O_2$máx 16 km 3 × 1.200 m, 2 × 800 m, 2 × 600 m Todos os estímulos no *pace* de corrida de 3–5 km (recup.: trote com duração de 50%–90% do tempo do estímulo)

72 a 92 km por semana
Plano de 12 semanas

Quinta-feira	Sexta-feira	Sábado	Domingo	Volume semanal
Resistência 14 km	Recuperação 5 km	Corrida aeróbia básica + velocidade 11 km Subidas: 6 × 12 s, seguidas por Tiros: 8 × 100 m	Resistência 18 km	72 km
Resistência 14 km	Recuperação 5 km	Velocidade 11 km 2 séries de 5 × 200 m no *pace* de corrida de 800 m a 1.600 m (trote de 200 m para recup. e de 4 min entre as séries)	Resistência 18 km	75 km
Resistência 14 km	Recuperação 6 km	Corrida aeróbia básica + velocidade 13 km Subidas: 6 × 12 s, seguidas por Tiros: 8 × 100 m	Resistência 19 km	79 km
Velocidade 11 km 2 séries de 5 × 200 m no *pace* de corrida de 800 m a 1.600 m (trote de 200 m para recup. e de 4 min entre as séries)	Recuperação 6 km	Corrida aeróbia básica 13 km	Resistência 16 km	72 km
Resistência 16 km	Recuperação 6 km	Limiar de lactato 14 km 15 min de estímulo de LL (recup.: trote de 4 min) 12 min de estímulo de LL (recup.: trote de 4 min) 9 min de estímulo de LL	Resistência 19 km	82 km
Resistência 16 km	Recuperação 6 km	Corrida aeróbia básica + velocidade 13 km Subidas: 6 × 12 s, seguidas por Tiros: 8 × 100 m	Corrida progressiva longa 21 km Aumento constante do esforço durante a corrida; últimos 5 km no *pace* de LL	86 km

Continua

Continuação

Semanas até a meta	Segunda-feira	Terça-feira	Quarta-feira
3	Descanso ou treino funcional	Corrida aeróbia básica 14 km	Velocidade 13 km 2 séries de 5 × 200 m no *pace* de corrida de 800 m a 1.600 m (trote de 200 m para recup. e de 4 minutos entre as séries)
2	Descanso ou treino funcional	Corrida aeróbia básica + velocidade 16 km Tiros: 2 séries de 5 × 150 m (trote de 250 m para recup. e de 4 min entre as séries)	Corrida aeróbia básica 13 km
1	Descanso ou treino funcional	Corrida aeróbia básica 11 km	Recuperação 8 km
Semana da corrida	*Pace* de corrida + velocidade 11 km Tiros: 4 × 100 m 15% da distância da corrida no *pace* de corrida	Corrida aeróbia básica 10 km	Recuperação 8 km
	Segunda-feira	Terça-feira	Quarta-feira
Semana de recuperação	Descanso ou treino funcional	Recuperação 10 km	Recuperação 10 km

72 a 92 km por semana
Plano de 12 semanas

Quinta-feira	Sexta-feira	Sábado	Domingo	Volume semanal
Resistência 18 km	Recuperação 8 km	Limiar de lactato 16 km 33 min de treino de ritmo	Resistência 23 km	92 km
Recuperação 10 km	Recuperação 6 km	Corrida preparatória de 5–10 km 14 km	Resistência 18 km	77 km
$\dot{V}O_2$máx 14 km 2 × 1.200 m, 2 × 800 m, 2 × 600 m Todos os estímulos no *pace* de corrida de 3–5 km (recup.: trote com duração de 50%–90% do tempo do estímulo)	Recuperação 8 km	Corrida aeróbia básica + velocidade 10 km Tiros: 8 × 100 m	Corrida aeróbia básica 16 km	68 km
Descanso	Recuperação 6 km Tiros: 4 × 100 m	**Corrida-alvo** O volume varia de acordo com a corrida	Recuperação 10 km	O volume varia de acordo com a distância da corrida

72 a 92 km por semana
Plano de 12 semanas

Quinta-feira	Sexta-feira	Sábado	Domingo	Volume semanal
Recuperação 11 km	Recuperação 8 km	Corrida aeróbia básica + velocidade 13 km Tiros: 8 × 100 m	Corrida aeróbia básica 16 km	68 km

Múltiplas distâncias / Plano 3: 96 a 120 km por semana

Semanas até a meta	Segunda-feira	Terça-feira	Quarta-feira
9	Descanso ou treino funcional	Corrida aeróbia básica 16 km	Limiar de lactato 16 km 12 min de estímulo de LL (recup.: trote de 4 min) 10 min de estímulo de LL (recup.: trote de 4 min) 10 min de estímulo de LL
8	Descanso ou treino funcional	Corrida aeróbia básica 16 km	Limiar de lactato 18 km 15 min de estímulo de LL (recup.: trote de 4 min) 12 min de estímulo de LL (recup.: trote de 4 min) 9 min de estímulo de LL
7	Recuperação 6 km	Corrida aeróbia básica 16 km	$\dot{V}O_2$máx 16 km 8 × 3 min no esforço de corrida de 3–5 km (recup.: trote na descida)
6 Recuperação	Recuperação 8 km	Corrida aeróbia básica 14 km	Corrida aeróbia básica 11 km
5	Recuperação 8 km	$\dot{V}O_2$máx 18 km 3 × 1.200 m 3 × 1.000 m Todos estímulos no *pace* de corrida de 3–5 km (recup.: trote com duração de 50%–90% do tempo do estímulo)	Corrida aeróbia básica 13 km
4	Corrida de recuperação 8 km	Corrida aeróbia básica 16 km	$\dot{V}O_2$máx 18 km 3 × 1.200 m 3 × 1.000 m Todos estímulos no *pace* de corrida de 3–5 km (recup.: trote com duração de 50%–90% do tempo do estímulo)

Quinta-feira	Sexta-feira	Sábado	Domingo	Volume semanal
Resistência 18 km	Corrida de recuperação 11 km	Corrida aeróbia básica + velocidade 14 km Subidas: 6 × 12 s, seguidas por Tiros: 8 × 100 m	Resistência 21 km	97 km
Resistência 18 km	2 corridas de recuperação: 8 km 6 km	Velocidade 13 km 3 séries de 4 × 200 m no *pace* de corrida de 800 m a 1.600 m (trote de 200 m para recup. e de 4 min entre as séries)	Resistência 23 km	102 km
Resistência 18 km	2 corridas de recuperação: 6 km 6 km	Corrida aeróbia básica + velocidade 14 km Subidas: 6 × 12 s, seguidas por Tiros: 8 × 100 m	Corrida progressiva longa 23 km Aumento constante do esforço; últimos 3 km no *pace* de LL	105 km
Resistência 16 km	2 corridas de recuperação: 8 km 6 km	Velocidade 13 km 3 séries de 4 × 200 m no *pace* de corrida de 800 m a 1.600 m (trote de 200 m para recup. e de 4 min entre as séries)	Resistência 19 km	97 km
Resistência 18 km	2 corridas de recuperação: 6 km 6 km	Limiar de lactato 18 km 16 min de estímulo de LL (recup.: trote de 4 min) 12 min de estímulo de LL (recup.: trote de 4 min) 10 min de estímulo de LL	Resistência 24 km	111 km
Resistência 19 km	2 corridas de recuperação: 8 km 6 km	Corrida aeróbia básica + velocidade 16 km Tiros: 2 séries de 6 × 100 m (trote de 3 min entre as séries)	Corrida progressiva longa 24 km Aumento constante do esforço; últimos 5 km no *pace* de LL	115 km

Continua

Continuação

96 a 120 km por semana — Plano de 10 semanas

Semanas até a meta	Segunda-feira	Terça-feira	Quarta-feira
3	2 corridas de recuperação: 8 km 6 km	Corrida aeróbia básica 16 km	Velocidade 13 km 2 séries de 5 × 200 m no *pace* de corrida de 800 m a 1.600 m (trote de 200 m para recup. e de 4 min entre as séries)
2	2 corridas de recuperação: 10 km 6 km	Corrida aeróbia básica + velocidade 18 km Tiros: 2 séries de 5 × 150 m (trote de 250 m para recup. e de 4 min entre as séries)	Corrida aeróbia básica 14 km
1	Recuperação 10 km	Corrida aeróbia básica 13 km	Recuperação 11 km
Semana da corrida	*Pace* de corrida + velocidade 13 km Tiros: 4 × 100 m 15% da distância da corrida no *pace* de corrida	Corrida aeróbia básica 11 km	Recuperação 10 km

	Segunda-feira	Terça-feira	Quarta-feira
Semana de recuperação	Descanso ou treino funcional	Recuperação 8 km	Recuperação 10 km

Quinta-feira	Sexta-feira	Sábado	Domingo	Volume semanal
Resistência 19 km	2 corridas de recuperação: 8 km 6 km	Limiar de lactato 18 km 36 min de treino de ritmo	Resistência 26 km	120 km
Corrida aeróbia básica 11 km	Recuperação 8 km	Corrida preparatória de 5–10 km 16 km	Resistência 19 km	102 km
$\dot{V}O_2$máx 16 km 2 × 1.200 m 2 × 800 m 2 × 600 m Todos os estímulos no *pace* de corrida de 3–5 km (recup.: trote com duração de 50%–90% do tempo do estímulo)	Recuperação 8 km	Corrida aeróbia básica + velocidade 13 km Tiros: 8 × 100 m	Corrida aeróbia básica 16 km	87 km
Descanso	Recuperação 6 km Tiros: 4 × 100 m	**Corrida-alvo** O volume varia de acordo com a corrida	Recuperação 11 km	O volume varia de acordo com a distância da corrida

Quinta-feira	Sexta-feira	Sábado	Domingo	Volume semanal
2 corridas de recuperação: 10 km 6 km	Corrida aeróbia básica 13 km	Corrida aeróbia básica + velocidade 14 km Tiros: 8 × 100 m	Corrida aeróbia básica 18 km	80 km

96 a 120 km por semana
Plano de 10 semanas

Apêndice A: Tabela de *pace*

Esta tabela mostra os tempos em que um atleta correria em várias distâncias ao manter um *pace* constante. Ela pode ser usada para encontrar o *pace* ideal para treinos de V̇O₂máx, sessões de limiar do lactato (LL), corridas e treinos de *pace* de corrida.

400 m	600 m	800 m	1.000 m	1.200 m	1.600 m	3.000 m	5 km	8 km	10 km	15 km	16 km	Meia maratona
56	84	1:52	2:20	2:48	3:44							
58	87	1:56	2:25	2:54	3:52							
60	90	2:00	2:30	3:00	4:00	7:30						
62	93	2:04	2:35	3:06	4:08	7:45	12:55					
64	96	2:08	2:40	3:12	4:16	8:00	13:20	21:20	26:40			
66	99	2:12	2:45	3:18	4:24	8:15	13:45	22:00	27:30			
68	1:42	2:16	2:50	3:24	4:32	8:30	14:10	22:40	28:20	42:30	45:36	59:46
70	1:45	2:20	2:55	3:30	4:40	8:45	14:35	23:20	29:10	43:45	46:56	1:01:32
72	1:48	2:24	3:00	3:36	4:48	9:00	15:00	24:00	30:00	45:00	48:17	1:03:18
74	1:51	2:28	3:05	3:42	4:56	9:15	15:25	24:40	30:50	46:15	49:37	1:05:03
76	1:54	2:32	3:10	3:48	5:04	9:30	15:50	25:20	31:40	47:30	50:58	1:06:49
78	1:57	2:36	3:15	3:54	5:12	9:45	16:15	26:00	32:30	48:45	52:18	1:08:34
80	2:00	2:40	3:20	4:00	5:20	10:00	16:40	26:40	33:20	50:00	53:39	1:10:19
82	2:03	2:44	3:25	4:06	5:28	10:15	17:05	27:20	34:10	51:15	54:59	1:12:05
84	2:06	2:48	3:30	4:12	5:36	10:30	17:30	28:00	35:00	52:30	56:20	1:13:50
86	2:09	2:52	3:35	4:18	5:44	10:45	17:55	28:40	35:50	53:45	57:40	1:15:36
88	2:12	2:56	3:40	4:24	5:52	11:00	18:20	29:20	36:40	55:00	59:01	1:17:21
90	2:15	3:00	3:45	4:30	6:00	11:15	18:45	30:00	37:30	56:15	1:00:21	1:19:07
92	2:18	3:04	3:50	4:36	6:08	11:30	19:10	30:40	38:20	57:30	1:01:41	1:20:52
94	2:21	3:08	3:55	4:42	6:16	11:45	19:35	31:20	39:10	58:45	1:03:02	1:22:38
96	2:24	3:12	4:00	4:48	6:24	12:00	20:00	32:00	40:00	1:00:00	1:04:22	1:24:23
98	2:27	3:16	4:05	4:54	6:32	12:15	20:25	32:40	40:50	1:01:15	1:05:43	1:26:09
1:40	2:30	3:20	4:10	5:00	6:40	12:30	20:50	33:20	41:40	1:02:30	1:07:03	1:27:54
1:42	2:33	3:24	4:15	5:06	6:48	12:45	21:15	34:00	42:30	1:03:45	1:08:24	1:29:40

Continua

Continuação

400 m	600 m	800 m	1.000 m	1.200 m	1.600 m	3.000 m	5 km	8 km	10 km	15 km	16 km	Meia maratona
1:44	2:36	3:28	4:20	5:12	6:56	13:00	21:40	34:40	43:20	1:05:00	1:09:44	1:31:25
1:46	2:39	3:32	4:25	5:18	7:04	13:15	22:05	35:20	44:10	1:06:15	1:11:05	1:33:11
1:48	2:42	3:36	4:30	5:24	7:12	13:30	22:30	36:00	45:00	1:07:30	1:12:25	1:34:56
1:50	2:45	3:40	4:35	5:30	7:20	13:45	22:55	36:40	45:50	1:08:45	1:13:46	1:36:42
1:52	2:48	3:44	4:40	5:36	7:28	14:00	23:20	37:20	46:40	1:10:00	1:15:06	1:38:27
1:54	2:51	3:48	4:45	5:42	7:36	14:15	23:45	38:00	47:30	1:11:15	1:16:27	1:40:13
1:56	2:54	3:52	4:50	5:48	7:44	14:30	24:10	38:40	48:20	1:12:30	1:17:47	1:41:58
1:58	2:57	3:56	4:55	5:54	7:52	14:45	24:35	39:20	49:10	1:13:45	1:19:08	1:43:44
2:00	3:00	4:00	5:00	6:00	8:00	15:00	25:00	40:00	50:00	1:15:00	1:20:28	1:45:29
2:02	3:03	4:04	5:05	6:06	8:08	15:15	25:25	40:40	50:50	1:16:15	1:21:48	1:47:15
2:04	3:06	4:08	5:10	6:12	8:16	15:30	25:50	41:20	51:40	1:17:30	1:23:09	1:49:00
2:06	3:09	4:12	5:15	6:18	8:24	15:45	26:15	42:00	52:30	1:18:45	1:24:29	1:50:46
2:08	3:12	4:16	5:20	6:24	8:32	16:00	26:40	42:40	53:20	1:20:00	1:25:50	1:52:31
2:10	3:15	4:20	5:25	6:30	8:40	16:15	27:05	43:20	54:10	1:21:15	1:27:10	1:54:17
2:15	3:23	4:30	5:37	6:45	9:00	16:52	28:07	45:00	56:15	1:24:22	1:30:32	1:58:40
2:20	3:30	4:40	5:50	7:00	9:20	17:30	29:10	46:40	58:20	1:27:30	1:33:53	2:03:04
2:25	3:38	4:50	6:02	7:15	9:40	18:07	30:13	48:20	1:00:25	1:30:37	1:37:14	2:07:28
2:30	3:45	5:00	6:15	7:30	10:00	18:45	31:15	50:00	1:02:30	1:33:45	1:40:35	2:11:52
2:35	3:53	5:10	6:28	7:45	10:20	19:22	32:17	51:40	1:04:35	1:36:52	1:43:56	2:16:15
2:40	4:00	5:20	6:40	8:00	10:40	20:00	33:20	53:20	1:06:40	1:40:00	1:47:17	2:20:39
2:45	4:07	5:30	6:52	8:15	11:00	20:37	34:22	55:00	1:08:45	1:43:07	1:50:39	2:25:03
2:50	4:15	5:40	7:05	8:30	11:20	21:15	35:25	56:40	1:10:50	1:46:15	1:54:00	2:29:26
2:55	4:22	5:50	7:17	8:45	11:40	21:52	36:28	58:20	1:12:55	1:49:22	1:57:21	2:33:50
3:00	4:30	6:00	7:30	9:00	12:00	22:30	37:30	1:00:00	1:15:00	1:52:30	2:00:42	2:38:14

Apêndice B: Equivalência de *performance* em corridas

Esta tabela mostra *performances* equivalentes em corridas de 5 km até a meia maratona. A intenção dela é ajudar a comparar as *performances* em distâncias diferentes de corrida, também ajuda a prever como o atleta se sairia em outros eventos, caso tivesse de se preparar especificamente para eles. Por exemplo, alguém que corre 5 km em 18:00 também deveria ser capaz de correr 15 km em 57:28 ou a meia maratona em 1:23:07 com o treinamento apropriado. O histórico de treinamento e a fisiologia específica de cada atleta influenciará no quanto estes tempos equivalentes são precisos para cada indivíduo.

5 km	8 km	10 km	15 km	16 km	Meia maratona
14:00	23:06	29:07	44:42	48:38	1:04:39
14:30	23:55	30:10	46:18	50:22	1:06:57
15:00	24:44	31:12	47:54	52:06	1:09:16
15:30	25:34	32:14	49:29	53:50	1:11:34
16:00	26:23	33:17	51:05	55:35	1:13:53
16:30	27:13	34:19	52:41	57:19	1:16:11
17:00	28:02	35:22	54:17	59:03	1:18:30
17:30	28:52	36:24	55:52	1:00:47	1:20:48
18:00	29:41	37:26	57:28	1:02:31	1:23:07
18:30	30:31	38:29	59:04	1:04:16	1:25:26
19:00	31:20	39:31	1:00:40	1:06:00	1:27:44
19:30	32:10	40:34	1:02:16	1:07:44	1:30:03
20:00	32:59	41:36	1:03:51	1:09:28	1:32:21
20:30	33:49	42:38	1:05:27	1:11:13	1:34:40
21:00	34:38	43:41	1:07:03	1:12:57	1:36:58
21:30	35:28	44:43	1:08:39	1:14:41	1:39:17

Continua

Continuação

5 km	8 km	10 km	15 km	16 km	Meia maratona
22:00	36:17	45:46	1:10:14	1:16:25	1:41:35
22:30	37:07	46:48	1:11:50	1:18:09	1:43:54
23:00	37:56	47:50	1:13:26	1:19:54	1:46:12
23:30	38:46	48:53	1:15:02	1:21:38	1:48:31
24:00	39:35	49:55	1:16:38	1:23:22	1:50:49
24:30	40:25	50:58	1:18:13	1:25:06	1:53:08
25:00	41:14	52:00	1:19:49	1:26:50	1:55:26
26:00	42:53	54:05	1:23:01	1:30:19	2:00:03
27:00	44:32	56:10	1:26:12	1:33:47	2:04:41
28:00	46:11	58:14	1:29:24	1:37:16	2:09:18
29:00	47:50	1:00:19	1:32:35	1:40:44	2:13:55
30:00	49:29	1:02:24	1:35:47	1:44:12	2:18:32

Apêndice C: *Paces* de treino

Esta tabela mostra os *paces* de treino para os quatro tipos primários de treinos de corrida prescritos nos planos de treino. As primeiras quatro colunas mostram os tempos equivalentes de corridas do Apêndice B. As outras colunas mostram as faixas de *pace* de treino para corridas longas, treinos de limiar do lactato, treinos de $\dot{V}O_2$máx e sessões de velocidade. Dependendo da experiência de treino e da fisiologia específica do atleta, ele pode precisar modificar esses tempos para equivaler com a habilidade no momento em que se está treinando.

Tempo atual para 5 km	Tempo atual para 10 km	Tempo atual para 15 km	Tempo atual para meia maratona	Corrida longa – Inicial (por km)	Corrida longa – Final (por km)	Treinos de limiar de lactato (por km)	Treinos de VO₂máx (por 400 m)	Treinos de velocidade (300 m)	Treinos de velocidade (200 m)
14:00	29:07	44:42	1:04:39	3:52	3:30	2:54-3:00	65-67	44-47	29-31
14:30	30:10	46:18	1:06:57	4:01	3:37	3:00-3:06	67-70	45-48	30-32
15:00	31:12	47:54	1:09:16	4:09	3:45	3:07-3:13	69-72	47-50	31-33
15:30	32:14	49:29	1:11:34	4:17	3:52	3:13-3:19	72-74	48-52	32-35
16:00	33:17	51:05	1:13:53	4:26	4:00	3:19-3:25	74-77	50-54	33-36
16:30	34:19	52:41	1:16:11	4:34	4:07	3:25-3:31	76-79	51-55	34-37
17:00	35:22	54:17	1:18:30	4:42	4:15	3:32-3:38	78-82	53-57	35-38
17:30	36:24	55:52	1:20:48	4:50	4:22	3:38-3:44	81-84	54-59	36-39
18:00	37:26	57:28	1:23:07	4:59	4:30	3:44-3:50	83-86	56-60	37-40
18:30	38:29	59:04	1:25:26	5:07	4:37	3:50-3:56	85-89	58-62	38-41
19:00	39:31	1:00:40	1:27:44	5:15	4:45	3:57-4:03	88-91	59-64	39-42
19:30	40:34	1:02:16	1:30:03	5:24	4:52	4:03-4:09	90-94	61-65	40-43
20:00	41:36	1:03:51	1:32:21	5:32	5:00	4:09-4:15	92-96	62-67	41-45
20:30	42:38	1:05:27	1:34:40	5:40	5:07	4:16-4:22	95-98	64-69	43-46
21:00	43:41	1:07:03	1:36:58	5:49	5:15	4:22-4:28	97-1:41	65-70	44-47
21:30	44:43	1:08:39	1:39:17	5:57	5:22	4:29-4:35	99-1:43	67-72	45-48
22:00	45:46	1:10:14	1:41:35	6:05	5:30	4:35-4:41	1:41-1:46	68-74	46-49
22:30	46:48	1:11:50	1:43:54	6:13	5:37	4:41-4:47	1:44-1:48	70-75	47-50
23:00	47:50	1:13:26	1:46:12	6:22	5:44	4:48-4:54	1:46-1:50	72-77	48-51
23:30	48:53	1:15:02	1:48:31	6:30	5:52	4:54-5:00	1:48-1:53	73-79	49-52
24:00	49:55	1:16:38	1:50:49	6:38	5:59	5:00-5:06	1:51-1:55	75-80	50-54
24:30	50:58	1:18:13	1:53:08	6:47	6:07	5:07-5:13	1:53-1:58	76-82	51-55
25:00	52:00	1:19:49	1:55:26	6:55	6:14	5:13-5:19	1:55-2:00	78-84	52-56
26:00	54:05	1:23:01	2:00:03	7:12	6:29	5:26-5:32	2:00-2:05	81-87	54-58
27:00	56:10	1:26:12	2:04:41	7:28	6:44	5:39-5:45	2:05-2:10	84-90	56-60
28:00	58:14	1:29:24	2:09:18	7:45	6:59	5:52-5:58	2:09-2:14	87-94	58-62
29:00	1:00:19	1:32:35	2:13:55	8:01	7:14	6:04-6:10	2:14-2:19	90-97	60-65
30:00	1:02:24	1:35:47	2:18:32	8:18	7:29	6:17-6:23	2:18-2:24	93-1:40	62-67

Referências e leituras recomendadas

Achten, J., and A.E. Jeukendrup. 2003. Heart rate monitoring, applications and limitations. *Sports Medicine* 33: 517-538.

American College of Sports Medicine. 2009. Progression models in resistance training for healthy adults. *Medicine and Science in Sports and Exercise* 41: 687-708.

Arampatzis, A., G. De Monte, K. Karamanidis, G. Morey-Klapsing, S. Stafilidis, and G. Brüggemann. 2006. Influence of the muscle–tendon units mechanical and morphological properties on running economy. *Journal of Experimental Biology* 209: 3345-3357.

Barnes K.R., W.G. Hopkins, M.R. McGuigan, and A.E. Kilding. 2013a. Effects of different uphill interval-training programs on running economy and performance. *International Journal of Sports Physiology and Performance* 8: 639-647.

Barnes K.R., W.G. Hopkins, M.R. McGuigan, M.E. Northuis, and A.E. Kilding. 2013b. Effects of resistance training on running economy and cross-country performance. *Medicine and Science in Sports and Exercise* 45: 2322-2331.

Barnett, A. 2006. Using recovery modalities between training sessions in elite athletes: Does it help? *Sports Medicine* 36: 781-796.

Bentley, D.J., B. Roels, C. Thomas, R. Ives, J. Mercier, G. Millet, and D. Cameron-Smith. 2009. The relationship between monocarboxylate transporters 1 and 4 expression in skeletal muscle and endurance performance in athletes. *European Journal of Applied Physiology* 106: 465-471.

Billat, V.L. 1996. Use of blood lactate measurements for prediction of exercise performance and for control of training recommendations for long-distance running. *Sports Medicine* 22: 157-75.

Bishop P.A., E. Jones, and A.K. Woods. 2008. Recovery from training: A brief review. *Journal of Strength & Conditioning Research* 22: 1015-1024.

Bompa, T.O. and M. Carrera. 2005. *Periodization training for sports.* 2nd ed. Champaign, IL: Human Kinetics.

Bonacci, J., A. Chapman, P. Blanch, and B. Vicenzino. 2009. Neuromuscular adaptations to training, injury and passive interventions. Implications for running economy. *Sports Medicine* 39: 903-921.

Born D., B. Sperlich, and H. Holmberg. 2013. Bringing light into the dark: Effects of compression clothing on performance and recovery. *International Journal of Sports Physiology and Performance* 8: 4-18.

Bosquet, L., J. Montpetit, D. Arvisais, and I. Mujika. 2007. Effects of tapering on performance: A meta-analysis. *Medicine and Science in Sports and Exercise* 39: 1358-1365.

Bridge, C., and M. Jones. 2006. The effect of caffeine ingestion on 8km run performance in a field setting. *Journal of Sports Sciences* 24: 433-439.

Brisswalter, J., and K. Nosaka. 2013. Neuromuscular factors associated with decline in long distance running performance in master athletes. *Sports Medicine* 43: 51-63.

Brughelli, M., and J. Cronin. 2008. Influence of running velocity on vertical, leg and joint stiffness. *Sports Medicine* 38: 647-657.

Bubanj, S., T. Okicic, M. Zivkovic, R. Stankovic, I. Bojic, and R. Bubanj. 2011. Differences in manifested explosive strength tested by means of the vertical jump with and without previous static stretching. *Physical Education and Sport* 9: 151-159.

Buchheit, M., and P.B. Laursen. 2013. High-intensity interval training, Solutions to the programming puzzle. *Sports Medicine* 43: 313-338.

Burgess, T.L., and M.I. Lambert. 2010a. The effects of training, muscle damage and fatigue on running economy. *International SportMed Journal* 11: 363-379.

Burgess, T.L., and M.I. Lambert, 2010b. The efficacy of cryotherapy on recovery following exercise-induced muscle damage. *International SportMed Journal* 11: 258-277.

Burke, L. 2008. Caffeine and sports performance. *Applied Physiology, Nutrition and Metabolism* 33: 1319-1334.

Burke, L., and V. Deakin. 2010. *Clinical sports nutrition*. 4th ed. Sydney, Australia: McGraw Hill.

Campbell, B., C. Wilborn, P. La Bounty, L. Taylor, M. Nelson, M. Greenwood, T. Ziegenfuss, H. Lopez, J. Hoffman, J. Stout, S. Schmitz, R. Collins, D. Kalman, J. Antonio, and R. Kreider. 2013. International Society of Sports Nutrition position stand: Energy drinks. *Journal of the International Society of Sports Nutrition* 10: 1-16.

Coates, B. 2013. *Running on air: The revolutionary way to run better by breathing smarter.* Emmaus, PA: Rodale.

Cordain, L., and J. Friel. 2012. *The paleo diet for athletes: The ancient nutritional formula for peak athletic performance.* 2nd ed. Emmaus, PA: Rodale.

Craig, W.J., A.R. Mangels. 2009. Position of the American Dietetic Association: Vegetarian diets. *Journal of the American Dietetic Association* 109: 1266-1282.

Cruz, R.S., R.A. de Aguiar, T. Turnes, R.P. Dos Santos, M.F. de Oliveira, and F. Caputo. 2012. Intracellular shuttle: The lactate aerobic metabolism. *Scientific World Journal*, 420984.

Dalrymple, K.J., S.E. Davis, G.B. Dwyer, and G.L. Moir. 2010. Effect of static and dynamic stretching on vertical jump performance in collegiate women volleyball players. *Journal of Strength and Conditioning Research* 24: 149-155.

Daniels, J. 2014. *Daniels' running formula.* 3rd ed. Champaign, IL: Human Kinetics.

Easthope, C.S., C. Hausswirth, J. Louis, R. Lepers, F. Vercruyssen, and J. Brisswalter. 2010. Effects of a trail running competition on muscular performance and efficiency in welltrained young and master athletes. *European Journal of Applied Physiology* 110: 1107-1116.

Eberle, S.G. 2014. *Endurance sports nutrition.* 3rd ed. Champaign, IL: Human Kinetics.

Egaña, M., and B. Donne. 2004. Physiological changes following a 12-week gym-based stairclimbing, elliptical trainer and treadmill running program in females. *Journal of Sports Medicine and Physical Fitness* 44: 141-146.

Eyestone, E.D., G. Fellingham, J. George, and A.G. Fisher. 1993. Effect of water running and cycling on maximum oxygen consumption and 2-mile run performance. *American Journal of Sports Medicine* 21: 41-44.

Fouré, A., A. Nordez, M. Guette, and C. Cornu. 2009. Effects of plyometric training on passive stiffness of gastrocnemii and the musculo-articular complex of the ankle joint. *Scandinavian Journal of Medicine and Science in Sports* 19: 811-818.

Fowles, J.R., D.G. Sale, and J.D. MacDougall. 2000. Reduced strength after passive stretch of the human plantarflexors. *Journal of Applied Physiology* 89: 1179-1188.

Frassetto, L.A., M. Schloetter, M. Mietus-Synder, R.C. Morris, Jr., and A. Sebastian. 2009. Metabolic and physiologic improvements from consuming a paleolithic, hunter-gatherer type diet. *European Journal of Clinical Nutrition* 63: 947-955.

Goldstein, E.R., T. Ziegenfuss, D. Kalman, R. Kreider, B. Campbell, C. Wilborn, L. Taylor, D. Willoughby, J. Stout, B. Graves, R. Wildman, J. Ivy, M. Spano, A. Smith, and J. Antonio. 2010. International Society of Sports Nutrition position stand: Caffeine and performance. *Journal of the International Society of Sports Nutrition* 7: 5-20.

Harvard School of Public Health. 2013. Shining the spotlight on trans fats. www.hsph.harvard. edu/nutritionsource/transfats.

Hackney, A.C. 2012. Clinical management of immunosuppression in sportsmen-women: Recommendations for sports medicine physicians and physiotherapists. *Acta Kinesiologiae Universitatis Tartuensis* 18: 20-28.

Halson, S.L., and A.E. Jeukendrup, 2004. Does overtraining exist? An analysis of overreaching and overtraining research. *Sports Medicine* 34: 967-981.

Harvey, P. 2011. Masters' yearly marathon best-time trend: Based on a six-year average. *Marathon and Beyond* 15: 82-101.

Hawley, J.A., K.D. Tipton, and M.L. Millard-Stafford. 2006. Promoting training adaptations through nutritional interventions. *Journal of Sports Sciences* 24: 709-721.

Hayes, P.R., and A. Walker. Pre-exercise stretching does not impact upon running economy. 2007. *Journal of Strength and Conditioning Research* 21: 1227-1232.

Herda, T., J.T. Cramer, E.D. Ryan, M.P. McHugh, and J.R. Stout. 2008. Acute effects of static versus dynamic stretching on isometric peak torque, electromyography, and mechanomyography of the biceps femoris muscle. *Journal of Strength and Conditioning Research* 22: 809-817.

Hing W.A., S.G. White, A. Bouaaphone, and P. Lee. 2008. Contrast therapy: A systematic review. *Physical Therapy in Sport* 9: 148-161.

Ingle, Sean. 19 April 2013. Inside Camp Farah: The making of marathon man Mo. *The Guardian.* www.theguardian.com/sport/2013/apr/19/camp-mo-farah-london-marathon.

Institute of Medicine. Food and Nutrition Board. 2001. *Dietary reference intakes for vitamin A, vitamin K, arsenic, boron, chromium, copper, iodine, iron, manganese, molybdenum, nickel, silicon, vanadium and zinc.* Washington, DC: National Academy Press.

Jones, A.J. 2011. Age grading running races. March 13.id3459.securedata.net/eliteracingsystems/2007_roadraces_results/agegrade.html

Jung, A. 2003. The impact of resistance training on distance running performance. *Sports Medicine* 33: 539-552.

Kellmann, M. 2010. Preventing overtraining in athletes in high-intensity sports and stress/recovery monitoring. *Scandinavian Journal of Medicine and Science in Sports* 20 (Suppl. 2):95-102.

Killgore, G.L., A.R. Wilcox, B.L. Caster, and T.M. Wood. 2006. A lower-extremities kinematic comparison of deep-water running styles and treadmill running. *Journal of Strength and Conditioning Research* 20: 919-927.

Knechtle, B., C.A. Rust, and T.R. Knechtle. 2012. Does muscle mass affect running times in male long-distance master runners? *Asian Journal of Sports Medicine* 3: 247-256.

Kokkonen, J., A.G. Nelson, and A. Cornwell. 1998. Acute muscle stretching inhibits maximal strength performance. *Research Quarterly* 69: 411-415.

Lambert, M.I., Z.H. Mbambo, and A. St Clair Gibson. 1998. Heart rate during training and competition for long distance running. *Journal of Sports Sciences* 16: S85-S90.

Law Y.W., and R.D. Herbert. 2007. Warm-up reduces delayed-onset muscle soreness but cool-down does not: A randomised controlled trial. *Australian Journal of Physiotherapy* 53: 91-95.

Leetun, D.T., M.L. Ireland, J.D. Wilson, B.T. Ballantyne, and I.M. Davis. 2004. Core stability measures as risk factors for lower extremity injury in athletes. *Medicine and Science in Sports and Exercise* 36: 926-934.

MacAuley, D., and T. Best. 2007. *Evidence-based sports medicine.* 2nd ed. Malden, MA: Blackwell.

Maharam, L.G., P.A. Bauman, D. Kalman, H. Skolnik, and S.M. Perle. 1999. Masters athletes: Factors affecting performance. *Sports Medicine* 4: 273-285.

McDougall, C. 2009. *Born to run: A hidden tribe, superathletes, and the greatest race the world has never seen.* New York: Vintage.

McNeely, E., and D. Sandler. 2007. Tapering for endurance athletes. *Strength & Conditioning Journal* 29 (5): 18-24.

Midgley, A.W., L.R. McNaughton, and A.M. Jones. 2007. Training to enhance the physiological determinants of long-distance running performance. *Sports Medicine* 37: 857-880.

Mujika, I. 2010. Intense training: The key to optimal performance before and during the taper. *Scandinavian Journal of Medicine & Science in Sports* 20 (Suppl. 2): 24–31.

Mujika, I., S. Padilla, D. Pyne, and T. Busso. 2004. Physiological changes associated with the pre-event taper in athletes. *Sports Medicine* 34: 891-927.

Mujika I, A. Goya, S. Padilla, A. Grijalba, E. Gorostiaga, and J. Ibanez. 2000. Physiological responses to a 6-day taper in middle distance runners influence of training volume and intensity. *Medicine and Science in Sports and Exercise* 32: 511–517.

National Institutes of Health Office of Dietary Supplements. 2007. Dietary supplement fact sheet: Iron. Bethesda, MD: Author.

Nelson, R.T., and W.D. Bandy. 2004. Eccentric training and static stretching improve hamstring flexibility of high school males. *Journal of Athletic Training* 39: 254-258.

Nettleton, J.A. 1991. Omega-3 fatty acids: Comparison of plant and seafood sources in human nutrition. *Journal of the American Dietetic Association* 91: 331-337.

Nieman, D.C. 2007. Marathon training and immune function. *Sports Medicine* 37: 412-415.

Noakes, T.D. 2011. Time to move beyond a brainless exercise physiology: The evidence for complex regulation of human exercise performance. *Applied Physiology, Nutrition and Metabolism* 36: 23-35.

Noakes, T.D. 2007. The central governor model of exercise regulation applied to the marathon. *Sports Medicine* 37: 374-77.

Noakes, T. 2003. *Lore of running*. 4th ed. Champaign, IL: Human Kinetics.

Noakes, T.D. 2000. Physiological models to understand exercise fatigue and the adaptations that predict or enhance athletic performance. *Scandinavian Journal of Medicine and Science in Sports* 10 (3): 123-145.

Olsen, O., M. Sjøhaug, M. van Beekvelt, and P.J. Mork. 2012. The effect of warm-up and cooldown exercise on delayed onset muscle soreness in the quadriceps muscle: A randomized controlled trial. *Journal of Human Kinetics* 35: 59-68.

Paavolainen, L., K. Hakkinen, I. Hamalainen, A. Nummela, and H. Rusko. 1999. Explosivestrength training improves 5-km running time by improving running economy and muscle power. *Journal of Applied Physiology* 86: 1527-1533.

Pfitzinger, P., and S. Douglas. 2009. *Advanced marathoning*. 2nd ed. Champaign, IL: Human Kinetics.

Poppendieck W., O. Faude, M. Wegmann, and T. Meyer. 2013. Cooling and performance recovery of trained athletes: A meta-analytical review. *International Journal of Sports Physiology and Performance* 8: 227-242.

Pyne, D.B., I. Mujika, and T. Reilly. 2009. Peaking for optimal performance: Research limitations and future directions. *Journal of Sports Sciences* 27: 195-202.

Reaburn, P., and B. Dascombe. 2008. Endurance performance in masters athletes. *European Reviews of Aging and Physical Activity* 5: 31-42.

Rehrer N., F. Brouns, E. Beckers, F. ten Hoor, and W.H. Saris. 1990. Gastric emptying with repeated drinking during running and bicycling. *International Journal of Sports Medicine* 11: 238-243.

Reilly, T., C.N. Dowzer, and N.T. Cable. 2003. The physiology of deep-water running. *Journal of Sports Sciences* 21: 959-972.

Rodriguez, N.R., N.M. DiMarco, and S. Langley. 2009. Nutrition and athletic performance. *Medicine and Science in Sports and Exercise* 41: 709-731.

Rogers, M.A., J.M. Hagberg, W.H. Martin, A.A. Ehsani, and J.O. Holloszy. 1990. Decline in V·O2max with aging in master athletes and sedentary men. *Journal of Applied Physiology* 68: 2195-2199.

Running USA. 2013, State of the Sport, Part III: Race Trends. www.runningusa.org/stateof-sport-2013-part-III.

Ryan, B.D., T.W. Beck, T.J. Herda, H.R. Hull, M.J. Hartman, J.R. Stout, and J.T. Cramer. 2008. Do practical durations of stretching alter muscle strength? A dose-response study. *Medicine and Science in Sports and Exercise* 40: 1529-1537.

Sakwa, M.N., L.M. Burke, E.R. Eichner, R.J. Maughan, S.J. Montain, and N.S. Stachenfeld. 2007. ACSM Position Stand: Exercise and fluid replacement. *Medicine and Science in Sportsand Exercise* 39: 377-390.

Saunders, P., D. Pyne, R. Telford, and J. Hawley. 2004. Factors affecting running economy in trained distance runners. *Sports Medicine* 34: 465-485.

Scifers, J.R. 2004. The truth about PNF techniques: Proprioceptive neuromuscular rehabilitation is more than just stretching and functional movement. *Physical Therapy and Rehab Medicine* 15 (26): 40.

Seiler, S. 2010. What is best practice for training intensity and duration distribution in endurance athletes? *International Journal of Sports Physiology and Performance* 5: 276-291.

Seiler, S., and K.J. Hetlelid. 2005. The impact of rest duration on work intensity and RPE during interval training. *Medicine and Science in Sports and Exercise* 37: 1601-1607.

Sharman, M.J., A.G. Cresswell, and S. Riek. 2006. Proprioceptive neuromuscular facilitation stretching: Mechanisms and clinical implications. *Sports Medicine* 36 (11): 929-939.

Shirreffs S.M., and R.J. Maughan. 2006. The effect of alcohol on athletic performance. *Current Sports Medicine Reports* 5: 192-196.

Shoelson, S. E., L. Herrero, A. Naaz. 2007. Obesity, inflammation, and insulin resistance. *Journal of Gastroenterology* 132: 2169-2180.

Smith, M.N., E.T. Trexler, A.J. Sommer, B.E. Starkoff, and S.T. Devor. 2014. Unrestricted paleolithic diet is associated with unfavorable changes to blood lipids in healthy subjects. *International Journal of Exercise Science* 7: 128-139.

Sokmen, B., L. Armstrong, W. Kraemer, D. Casa, J. Dias, D. Judelson, and C. Maresh. 2008. Caffeine use in sports: Considerations for the athlete. *Journal of Strength and Conditioning Research* 22: 978-986.

Suominen, H. 2011. Ageing and maximal physical performance. *European Reviews of Aging and Physical Activity* 8: 37-42.

Thacker, S.B., J. Gilchrist, D.F. Stroup, and C.D. Kimsey, Jr. 2004. The impact of stretching on sports injury risk: A systematic review of the literature. *Medicine and Science in Sports and Exercise* 36: 371-378.

Trehearn, T.L., and R.J. Buresh. 2009. Sit-and-reach flexibility and running economy of men and women collegiate distance runners. *Journal of Strength and Conditioning Research* 23: 158-162.

Tucker, R., and J. Dugas. 2007. A look at sweating, drinking and the role of electrolytes in sports drinks. *Science of Sport*. November 27. www.sportsscientists.com/2007/11/sportsdrinks-sweat-and-electrolytes.html

Uckert, S., and W. Joch. 2007. Effects of warm-up and precooling on endurance performance in the heat. *British Journal of Sports Medicine* 41: 380-384.

United States Anti-Doping Agency. 2010. *Optimal dietary intake…the basics. For sport. For life.* Colorado Springs: Author.

Venter, R.E. 2012. Role of sleep in performance and recovery of athletes. *South African Journal for Research in Sport, Physical Education and Recreation* 34: 167-184.

Versey, N.G., S.L. Halson, and B.T. Dawson. 2012. Effect of contrast water therapy duration on recovery of running performance. *International Journal of Sports Physiology and Performance* 7: 130-140.

Walsh, N.P., M. Gleeson, R.J. Shephard, M. Gleeson, J.A. Woods, N.C. Bishop, M. Fleshner, C. Green, B.K. Pedersen, L. Hoffman-Goetz, C.J. Rogers, H. Northoff, A. Abbasi, and P. Simon. 2011. Position statement: Part one: Immune function and exercise. *Exercise Immunology Review* 17: 6-63.

Weerapong, P., P.A. Hume, and G.S. Kolt. 2005. The mechanisms of massage and effects on performance, muscle recovery, and injury prevention. *Sports Medicine* 35: 235-256.

Wilson, J. and S.M. Copeland. 2003. Help for your horse. *Practical Horseman* 31 (6): 134.

Wong, S.H., O.W. Chan, Y.J. Chen, H.L. Hu, C.W. Lam, and P.K. Chung. 2009. Effect of preexercise glycemic-index meal on running when CHO-electrolyte solution is consumed during exercise. *International Journal of Sport Nutrition and Exercise Metabolism* 19: 222-242.

Wong, S.H., P.M. Siu, A. Lok, Y.J. Chen, J. Morris, and C.W. Lam. 2008. Effect of the glycemic index of pre-exercise carbohydrate meals on running performance. *European Journal of Sport Science* 8: 23-33.

Yohannes, S. 2013. Meseret Defar and Tirunesh Dibaba face each other in Zurich on Thursday. *Tadias*. www.tadias.com/08/2013

Young, B.W., N. Medic, P.L. Weir, and J.L. Starkes. 2008. Explaining performance in elite middle-aged runners: Contribution from age and from ongoing and past training factors. *Journal of Sport and Exercise Psychology* 30: 737-754.

Índice remissivo

Observação: os números de página seguidos por um *f*, um *g*, um *q* ou um *t* em itálico indicam informações que estão em figuras, em gráficos, em quadros ou em tabelas, respectivamente.

#
5 km, treino para
    48 a 64 km por semana 227–231
    71 a 88 km por semana 227, 232–235
    94 a 111 km por semana 227, 236–239
    base aeróbia 226
    continuando a temporada 222, 224
    especificidades do treino 225
    estratégias de corrida 221–222
    planos de treino 227–239
    polimento 225
    recuperação 226
    recuperação pós-corrida 222
    selecionando as corridas 225
    sobre 219–221
8 km, treino para. *Ver* 10 km, treino para
10 km, treino para
    48 a 67 km por semana 248, 250–253
    72 a 91 km por semana 248–249, 254–257
    96 a 122 km por semana 249, 258–261
    base aeróbia 247–248
    continuando a temporada após a corrida 245–248
    especificidades do treino 246
    estratégias de corrida 245
    planos de treino 248–261
    polimento 247
    recuperação 247
    recuperação pós-corrida 245
    selecionando as corridas 246
    sobre 241–243

15 km, treino para
    50 a 72 km por semana 271–275
    73 a 95 km por semana 271, 276–279
    98 a 130 km por semana 271, 280–283
    base aeróbia 270
    continuando a temporada 268–270
    especificidades do treino 269
    estratégias de corrida 267
    planos de treino 271–283
    polimento 269
    recuperação 269–270
    recuperação pós-corrida 267–268
    selecionando as corridas 268–269
    sobre 263–265
16 km, treino para. *Ver* 15 km, treino para

A
adaptação 20, 23–25, 33, 55–56, 74, 138
adrenalina 66–67
álcool 73, 160
alimentação antes da corrida 155–156
alimentação no dia da corrida 155–160
alimentação pós-corrida 158–160
alimentos processados 144
alongamentos 67, 71–72. *Ver também* alongamentos dinâmicos; alongamentos estáticos
alongamentos de FNP (facilitação neuromuscular proprioceptiva) 94–95
alongamentos dinâmicos 71, 82–87, 84*t*
alongamentos estáticos 87–93, 88*t*

anemia, deficiência de ferro 144
aquecimento, rotinas de 71–72
Ashtanga yoga 93
automassagem 70

B
banhos de gelo 69
bastão (Stick) 70
bebidas energéticas 151
bebidas esportivas 151–152, 153*t*, 156
Bikram yoga 93
bolas de massagem 70
Born to Run (*Nascido para correr*) 117

C
cafeína 73, 156
cálcio 30
capacidade aeróbia máxima. *Ver* $\dot{V}O_2$máx, treino
carboidratos
    abastecimento de glicogênio 137
    aumento do armazenamento de glicogênio 138
    bebidas, géis e barras 153, 153*t*, 157–158
    dieta paleolítica 137–138
    esgotamento 61
    índice glicêmico 139–141, 140–141*t*
    metabolismo 27, 30, 66–67
    necessidade 136, 136*t*
    reposição de glicogênio 68, 158
    sobre 135–136
cérebro, papel do 77
cerveja 160
Cherobon-Bawcom, Janet 266–267
ciclismo 125
clima 201–202
Coates, Budd 93
cochilo 74
core, exercícios para o 106–112, 107*t*
corrida na água 122–124, 123*f*

corridas aeróbias básicas
    e recuperação 169
    frequência cardíaca recomendada para 29*t*
    ladeiras e 50
    para corredores *master* 171
    sobre 20, 191
    treino de força e 96, 112–113
corridas de recuperação 59–62, 191
corridas longas. *Ver* resistência, treino (corridas longas)
corridas longas progressivas 26, 190
corridas preparatórias 197–198

D
Daniels, Jack 35, 48
Daniel's Running Formula (*Fórmula de corrida de Daniels*) 48
Defar, Meseret 223–224
densidade capilar 24
Derrick, Chris 208–209
descanso. *Ver* recuperação
descida, corrida em 50–51, 59
dieta, considerações. *Ver também* carboidrato; hidratação
    bebidas esportivas 151–152, 153*t*
    carboidrato 135–141, 136*t*
    categoria *master* 170–172
    dia da corrida 155–160
    dieta paleolítica 137–138
    durante polimentos 184–185
    e recuperação 78
    esgotamento de glicogênio 139
    ferro 144–147
    gordura 142–144
    gordura trans 143–144
    hidratação 149–152
    índice glicêmico 139–140, 141–142*t*
    proteína 141–142, 142*t*
    suplementos nutricionais 152–155, 153*t*
dieta paleolítica 137–138
disparo na reta final 42

dobrando 201
doenças 202–203, 203t
dor muscular tardia (DMT) 51, 59, 67

E
Eberle, Suzanne Girard 172
economia de corrida 31, 37–40, 50. *Ver também* $\dot{V}O_2$máx, treino
eletrólitos 149, 152, 158
envelhecimento
    gordura corporal 170–172
    massa muscular 170
    recuperação 168–169, 168t, 169t
    $\dot{V}O_2$máx 165–167
    volume de treino 170–172
epinefrina 66
especificidades 22
esqui *cross-country* 126
esteiras AlterG 130
esteiras antigravidade 130–131
estilo de vida 57
estresse por calor 79–80
exercícios de corrida 71–72
exercícios técnicos de corrida 117–121, 118t

F
fartlek 46
ferritina sérica, níveis 145–146
ferro 75, 144–147
ferro heme 146–147
ferro não heme 146–147
fibras musculares de contração lenta 24–25, 38, 48
fibras musculares de contração rápida 24–25, 38, 48
Flanagan, Shalane 243–244
flexibilidade
    alongamentos dinâmicos 71–72, 82–87, 84t
    alongamentos estáticos 87–93, 88q
    e economia de corrida 38–39
    e velocidade 49
    treino 82–95, 84t, 88q
fluidos, ingestão. *Ver* hidratação

frequência cardíaca
    ao acordar 78
    e limiar de lactato estimado 31–32
frequência cardíaca de repouso 28–29
frequência cardíaca de reserva 27–29
frequência cardíaca máxima 28–29, 37

G
Gebrselassie, Haile 162
gel energético 153, 153t, 157–158
glicogênio
    abastecimento 137
    armazenamento 24, 138, 158
    carga glicêmica 139–140, 140t
    considerações pré-corrida 155–156
    esgotamento 75, 139
    índice glicêmico 139–140, 140–141t, 152, 156
    recarga 68, 158–159
    uso 23
gordura
    na dieta 142–144
    na dieta paleolítica 137–138
    uso no treino de resistência 23
gordura insaturada 142
gordura monoinsaturada 142–143
gordura poli-insaturada 142–143
gordura saturada 143
gordura trans 143–144

H
habilidade de corrida 39
Hatha yoga 93
hidratação
    antes da corrida 155–156
    bebidas esportivas 151–152, 153t
    categoria *master* 172
    durante a corrida 157–158
    e recuperação 78
    necessidades 150
    papel da 149–150
    pós-corrida 68, 159–160

hiponatremia 152
Holm, Craig 176
hormônios 168
Huddle, Molly 20–21

I
imersão em água fria 68–69
intensidade do treinamento
    frequência cardíaca e 27–30, 29*t*
    limiar de lactato 27
ioga 93

K
Kogo, Micah 317–318

L
lactato 30–31, 67
ladeiras, treino em
    como parte de uma corrida longa 25–26, 196
    melhorando a economia de corrida 40
    sobre 196–197
    treino de velocidade e 50–51, 195–196
    treino de $\dot{V}O_2$máx 197
    treinos de subida no LL 36, 36*t*, 196
Lagat, Bernard 174–175
lesões
    ajustando o treino para 202–203, 203*t*
    prevenindo 81
limiar de lactato, treino
    determinando o limiar de lactato 31–32, 32*t*
    intensidades de frequência cardíaca recomendada 29*t*
    melhorando o limiar de lactato 32–36, 33*t*, 35*t*, 36*t*
    pace de limiar de lactato 26, 30–31
    sobre 27, 191–193
    treinos de estímulo de LL 35*t*, 192
    treinos de ritmo clássicos 34, 192
    treinos de ritmo com mudança de *pace* 34–35, 35*t*, 192–193
    treinos de subida no LL 36, 36*t*, 196

M
macrociclo 56–57
Magill, Pete 165, 174–175
Martin, Kathy 166–167
massoterapia 70
master, corredores da categoria
    ajustando planos de treino 204
    efeitos do envelhecimento 165–172, 168*t*, 169*t*
    gordura corporal 170–172
    massa muscular 170
    performance classificada por idade 172–174, 173*gt*
    recuperação, problemas de 168–169, 168*t*, 169*t*
    sobre 161–162
    tipos de 162–165
    $\dot{V}O_2$máx 165, 167
    volume de treino 170–172
McDougall, Christopher 117
meia maratona, treino para
    50 a 76 km por semana 293–297
    73 a 102 km por semana 293, 298–301
    98 a 135 km por semana 293, 302–305
    130 a 161 km por semana 293, 306–309
    abastecimento durante 157–158
    base aeróbia 290
    continuando a temporada após a corrida 288–290
    especificidades de treino 289
    estratégias de corrida 287–288
    planos de treino 293–309
    polimento 289
    recuperação 290
    recuperação pós-corrida 288
    selecionando as corridas 289
    sobre 285–287
mesociclos 57
microciclos 57
mitocôndria 24, 30
modelo governador central (MGC) 75–77
monitoramento do nível energético 78

monitores de frequência cardíaca 27–30
mulheres
    necessidades de ferro 144–147
    $\dot{V}O_2$máx e 41
múltiplas distâncias de corrida, treino para
    48 a 66 km por semana 319–323
    72 a 92 km por semana 319, 324–327
    96 a 120 km por semana 319, 328–331
    base aeróbia 316
    continuando a temporada 314–317
    especificidades do treino 315
    estratégias de corrida 313–314
    planos de treino 319–331
    polimento 315–316
    recuperação 316
    recuperação pós-corrida 314
    selecionando as corridas 315
    sobre 311–313
músculos. *Ver também* recuperação
    adaptação e 19–20, 33, 41
    aquecimentos 71–72
    e economia de corrida 37–40
    massa muscular e envelhecimento 170
    monitoramento da dor 78–79
    nível de fadiga 39
    produção de lactato 27
    recuperação 73
    tipos de fibras musculares 24–25, 38
    treino de resistência e 23–25
    uso de glicogênio 23–24
    uso de gordura 23

N
natação 124–125
Noakes, Tim 76–77
noradrenalina 66
norepinefrina 66
nutrição. *Ver* dieta, considerações

O
óleos hidrogenados 143–144
ômega-3, ácidos graxos essenciais 143
oscilação vertical 38

overreaching 74–75
overtraining e falta de recuperação 74–75, 76–77
oxigênio, consumo 31

P
pace de corrida, treino de 40
passada 48
passada, amplitude 49
passada, frequência 48–49
passada, oscilação vertical 38
performances classificadas por idade 172–174, 173*ft*
periodização 56–57
peso, monitoramento 76
piruvato 30
planos de treino
    para 5 km 227–239
    para 10 km 248–261
    para 15 km 271–283
    para meia maratona 293–309
    para múltiplas distâncias 319–331
    treino base 209–217
pliométricos, exercícios 112–116, 113*t*
polimento
    benefícios do 177–178
    como reduzir o treinamento 178–179, 179*t*
    projetando o ótimo 182–184, 183*t*, 184*t*
    considerações 184–185
    corredores da categoria *master* 169
    duração do 181–182, 182*t*
    exemplo de duas semanas 183*t*
    exemplo de mini 184*t*
    exemplo de uma semana 183*t*
    exemplos de 185–186
princípio do difícil/fácil 57–62, 59*q*
proporções corporais 38
proteínas 141–142, 142*t*, 159

Q
quilometragem, aumento da 22–23
quilometragem, registro 199

R

recordes mundiais de 5 km 172, 173g
recuperação
    blocos de recuperação 65–66
    e envelhecimento 168–169, 168t, 169t
    e esgotamento de glicogênio 139
    intensidades de frequência cardíaca recomendada 29t
    longo prazo 64–66
    monitoramento 76–80
    overtraining e falta de recuperação 74–75
    pós-corrida 68
    semanas de recuperação 64–65
    sono e 72–74
    técnicas para acelerar 68–72
    treino funcional aeróbio para melhorar 62–63
    volta à calma para melhorar 66–67
relógios com GPS 193–194
remada 126–128, 127f
repouso. *Ver* recuperação
resistência, treino (corridas longas)
    base 23
    e *pace* de limiar de lactato 27
    efeitos da adaptação 23–25
    faixa de intensidade ótima 25
    intensidade de frequência cardíaca recomendada 29t
    limites gerais de quilometragem 22
    melhorando 22–23
    pace e escolha de terreno 25–26, 26t
    progressivo 26
    sobre 22, 190
retorno energético 38
Ritzenhein, Dathan 130, 291–292
Rodgers, Bill 51, 163–164
rolos de massagem 70
roupas de compressão 79
Running on Air: The Revolutionary Way to Run Better by Breathing Smarter 93

S

Samuelson, Joan Benoit 163
Simpson, Jenny 147–149
sistema anaeróbio 42
sistema imunológico, função 61, 72, 139
sódio 68
Solinsky, Chris 63–64
sono e recuperação 72–74, 76
sono REM 73
suor 149
supercompensação 22, 56, 56f
suplementos de vitaminas 153t, 154
suplementos minerais 153t, 154
suplementos nutricionais 152–155, 153t
suplementos proteicos 153t, 154

T

temperatura
    e frequência cardíaca 30
    treinando no calor 79–80, 149–150, 172
terapia de choque térmico 68–70
terreno de corrida, simulação do 40
tipos de fibras musculares, adaptações 24–25
tiros 52, 195
treino. *Ver também* recuperação; *distâncias específicas*
    adaptação 55–56
    ajustando os planos 200–204, 203q
    densidade 58
    dobrando 201
    elementos de 19–20
    periodização 56–57
    princípio difícil/fácil 57–62, 59q
    volume e envelhecimento 170–172
treino baseado na frequência cardíaca 27–30, 29t, 192t
treino com pesos 96–106, 97t, 99t
treino de base. *Ver* treino de base aeróbio
treino de base aeróbio
    aumento de quilometragem 207
    planos de treino de base 209–217
    sobre 205–206

treino de força
    corredores da categoria *master* 170
    pliométricos 112–116, 113*t*
    sobre 95–96
    treino com pesos 96–106, 97*t*, 99*t*
    treino para o *core* 106–112, 107*t*
treino de velocidade
    amplitude de passada 49
    corrida em descida 50–51
    e economia de corrida 40
    exercícios de treino 52–54, 54*t*
    frequência de passada 48–49
    sobre 47–48, 196
    técnica 49
    treino em ladeiras 50, 196–197
treino elíptico 126
treino funcional. *Ver* treino funcional aeróbio
treino funcional aeróbio
    ciclismo 125–126
    corrida na água 122–124, 123*f*
    durante a formação básica 207
    esqui *cross-country* 126
    intensidades de frequência cardíaca recomendada 29*t*
    natação 124–125
    para corredores lesionados 131–133, 132–133*t*
    para corredores saudáveis 129*t*
    programas para 121–133, 129*q*, 132*t*
    remo 126–128, 127*f*
    sobre 62
    treino elíptico 126
treinos de estímulo, limiar de lactato 35, 35*t*
treinos de ritmo 34, 35*t*
treino resistido 40
treino suplementar
    alongamentos de FNP 94–95
    alongamentos dinâmicos 82–87, 84*t*
    alongamentos estáticos 87–93, 88*t*
    ciclismo 125–126
    corrida na água 122–124, 123*f*
    esqui *cross-country* 126

    exercícios técnicos de corrida 117–121, 118*t*
    flexibilidade 82–95, 84*t*
    ioga 93
    natação 124–125
    pliométricos 112–116, 113*t*
    remada 126–128, 127*f*
    sobre 81–82
    treino de força 95–116
    treino com pesos 96–106, 97*t*, 99*t*
    treino elíptico 126
    treino funcional aeróbio 121–133, 129*t*, 132–133*t*
    treino para o *core* 106–112, 107*t*
True, Ben 180–181

U
umidade, e frequência cardíaca 30
urina, verificação da cor 150, 172

V
$\dot{V}O_2$máx, treino
    duração da recuperação 44–45, 45*t*
    duração dos estímulos 43–44
    duração dos polimentos 181–182
    e envelhecimento 165–167
    fartlek 46
    frequência de treino 44
    intensidades de frequência cardíaca recomendada 29*t*
    ladeiras e 197
    melhorando o $\dot{V}O_2$máx 42–46, 45*t*
    projetando o treino 45–46
    sobre 36–42, 42*t*, 194–195
    treino de limiar de lactato 31
    volume semanal de treino 44
volta à calma 66–67
volume sistólico 41

W
Willis, Nick 131
World Masters Association 174

Sobre os autores

Pete Pfitzinger, melhor finalista americano nas maratonas das Olimpíadas de 1984 e 1988, é um treinador respeitado, fisiologista esportivo e administrador de atletas de alta *performance*. Tornou-se um dos melhores maratonistas da história dos Estados Unidos, ultrapassando Alberto Salazar e vencendo as preliminares americanas para a maratona na Olimpíada de 1984. Nesse mesmo ano, recebeu o Prêmio Robert E. DeCelle Jr., dado ao melhor corredor norte-americano de longa distância e foi indicado como corredor do ano pelo Road Runners Club of America (RRCA). Também venceu duas vezes a Maratona de São Francisco e ficou em terceiro na Maratona da Cidade de Nova York de 1987. É membro do *Hall* da Fama de corredores em distância do RRCA.

Apesar de ser mais conhecido por sua carreira como maratonista, Pfitzinger foi bem-sucedido em distâncias mais curtas com recordes pessoais de 22:46 para 8 km, de 28:41 para 10 km, de 43:37 para 15 km e de 1:03:14 para meia maratona. Ele ganhou campeonatos nacionais de 15 km e de 30 km, além de ser o recordista americano dos 32 km. Como treinador, Pfitzinger tem mais de 30 anos de experiência, ajudando corredores a atingirem suas metas pessoais, seja completar a primeira prova de 5 km, seja competir em alto nível em provas mundiais. Ele é responsável pelo treinamento, pelo desenvolvimento atlético e pelo planejamento de *performance* como coordenador geral da organização High Performance Sport New Zealand (Esportes de Alta Performance da Nova Zelândia), que dá apoio a mais de 400 atletas internacionais emergentes e de nível olímpico.

Pfitzinger foi escritor sênior da publicação *Running Times* de 1996 a 2008, que trazia sua famosa coluna mensal, *The Pfitzinger Lab Report* (Relatório do Laboratório do Pfitzinger). Formado pela Universidade Cornell e pela Universidade de Massachusetts, com um mestrado em Ciência Esportiva, escreveu os livros *Road Racing for Serious Runners* e o aclamado *Advanced Marathoning*, em coautoria com Scott Douglas.

Pfitzinger e sua esposa, Christine, que integrou o time olímpico de corrida de pista da Nova Zelândia na Olimpíada de 1988, e suas duas filhas, Annika e Katrina, vivem em Auckland, Nova Zelândia.

Philip Latter é um dos escritores sênior do *Running Times* e colaborador regular da revista *Runner's World* e do *site runnersworld.com*. Ele escreveu muito sobre a ciência da corrida, abordando tópicos bem diversificados, como o impacto do ambiente nas corridas de ruas e os efeitos do calor no treino de $\dot{V}O_2$máx. Um dos seus trabalhos mais relevantes teve foco na comparação dos benefícios de vários programas de treino para maratona e nas formas mais eficazes de se fazer o polimento. Ele também traçou o perfil de grandes corredores americanos, como Leo Manzano, medalhista olímpico dos 1.500 metros, e passou um tempo no Quênia com Wesley Korir, campeão da maratona de Boston de 2012, e com Abel Kirui, vice-campeão da Olimpíada de Londres.

Corredor por quase duas décadas, Latter recebeu cinco menções honrosas na Universidade da Carolina do Norte em Asheville, antes de se tornar o treinador principal de *cross-country* na Universidade de Radford, na Virgínia, aos 23 anos. Quatro anos depois, como assistente principal na escola de ensino médio Fort Collins, no Colorado, ele ajudou garotos e garotas a se qualificarem para a etapa nacional da Nike Cross e a ficarem entre os seis melhores nas classificações nacionais em 2009 e em 2010.

Hoje, Latter treina corredores do ensino médio nas montanhas da Carolina do Norte, onde ele e sua esposa, Macy, vivem com as duas filhas, Aspen e Willow. Ele continua a correr de 80 a 145 km por semana, na esperança de melhorar seus recordes pessoais de 14:47 para 5 km, de 25:03 para 8 km, de 31:24 para 10 km e de 1:12:11 para meia maratona.

Sobre o Livro
Formato: 17 x 24 cm
Mancha: 11,8 x 18,8 cm
Papel: Offset 90g
nº páginas: 360
1ª edição: 2020

Equipe de Realização
Assistência editorial
Liris Tribuzzi

Edição de texto
Gerson Silva (Supervisão de revisão)
Fernanda Fonseca (Preparação do original e copidesque)
Roberta Heringer de Souza Villar (Revisão)

Editoração eletrônica
Évelin Kovaliauskas Custódia (Capa, adaptação de projeto gráfico e diagramação)

Impressão
BMF Gráfica e Editora